文海　编著

# 陪孩子玩转中国史 2

## 明清简史

人民东方出版传媒
People's Oriental Publishing & Media
東方出版社
The Oriental Press

# 图说历史

**明朝开国**
*1368—1644*
结束元朝统治，享国270多年
中国帝制发展的高峰

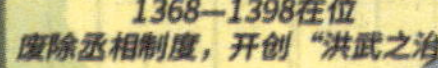

**朱元璋：和尚当皇帝**
*1368—1398在位*
废除丞相制度，开创“洪武之治”

**朱棣与靖难之役**
*1402—1424在位*
通过叛乱夺取皇位
开创“永乐盛世”

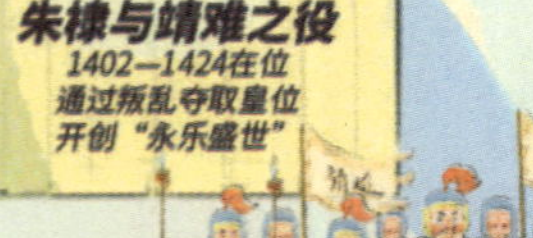

**土木堡之变**
*1449*
明朝由盛转衰的转折点

**张居正改革**
*1573—1582*
巩固了明朝统治
史称“万历新政”

**悲剧皇帝朱由检**
*1627—1644在位*
明朝末代皇帝

**李自成的十八骑**
*1606—1645*
领导农民起义，称“闯王”
曾建立大顺政权

**清朝崛起和入主中原**
*1636—1912*
中国历史上最后一个封建王朝

**努尔哈赤：十三副铠甲起兵**
*1559—1626*
清朝奠基人，建立后金政权

明清简史
吴三桂冲冠一怒
1612—1678
引清军入关，史上著名"汉奸"
清
戊戌政变
1898
变法历时103天，又称"百日维新"
康熙智除鳌拜
1661—1722在位
史上在位时间最长的皇帝
开创"康乾盛世"
曾国藩：鄱阳湖之难
1811—1872
湘军创建者，晚清四大名臣之一
郑成功收复台湾
1662
台湾重新回到祖国怀抱
拜上帝会
清
晚清变局
1840—1912
列强入侵
中国沦为半封建半殖民地
洪秀全与太平天国
1851—1864
持续十四年，建立太平天国政权
定都南京
林则徐虎门销烟
1839
第二年鸦片战争开启

# 目录

明清时期，是中国封建社会由盛而衰的时期，也是中国帝制从巅峰到终结的时期。

明朝建立后，将皇帝的权威发展到了极致。朱元璋取消丞相制度，把权力都收归到自己一人手里；设立特务机构，对全国官员和百姓进行监控。还有一件事，影响深远，那就是朱元璋改革科举，以“八股取士”，要求所有考生都用同一种格式来写作文，回答问题只能用一种标准答案。

这样一来，皇帝的统治是稳固了，但是人民的思想却被禁锢了，国家再也没有了活力。

清朝继续限制人民的思想，大兴文字狱，并实行闭关锁国。当19世纪中期，西方列强用坚船利炮侵入中国，腐朽的清政府无力抵挡，不断丧权辱国。

1911年10月10日，辛亥革命爆发。在人民的觉醒面前，清朝很快退出了历史舞台，存在了数千年之久的帝制到此终结。

《诗词里的历史》索引

# 明朝开国二祖

1276年，元灭南宋；1368年，元朝被赶出北京，结束统治。元朝入主中原的时间，不足百年。代之而起的是朱元璋建立的明朝。

1368年，朱元璋在应天府（南京）称帝，国号大明。同年攻克大都（北京），推翻元朝的统治。朱元璋就是明太祖。明太祖统治时期，社会经济得到了很好的发展，史称“洪武之治”（“洪武”是太祖的年号）。

明初诸帝中，可与太祖相提并论的是成祖朱棣。1399年（建文当皇帝的第一年），燕王朱棣发起“靖难之役”，争夺统治权；1402年，朱棣胜出，称帝，即明成祖，之后迁都北京。成祖统治时期，明朝成为当时世界上的一流强国，重要的史事有：营建恢宏无比的北京城、编修文化巨著《永乐大典》、郑和七次下西洋……史称“永乐盛世”（“永乐”是成祖的年号）。

明初二祖时代，是明朝最辉煌的时期。两人的统治风格也奠定了有明一代的政治走向：明太祖为了强化皇权，干脆废除了丞相制度；为了监控官员和人民，先后设立锦衣卫、东厂等特务机构，开启特务政治；为了加强思想控制，发明了“八股取士”；明朝皇帝滥用宦官的程度，堪称史上一绝……

#  朱元璋：和尚当皇帝

zhāng 璋：一种玉器。

wēn yì 瘟疫：指容易引起广泛流行的烈性传染病。

bō 钵：用来盛饭或水的容器。

háo 濠：护城河。

听了这么多故事，大家或许有一个印象：能**改朝换代**的人，不是出身**名门望族**，就是掌权的重臣将领。这当然是一般规律，但是也有例外。比如曾经那么强大的元朝，愣是被一个贫农出身的小和尚给推翻了。这个超级给力的小和尚，就是朱元璋。

朱元璋是苦孩子出身，在家里排行第八，老爸就给他取名叫朱重八。家里太穷了，他从生下来就没吃饱过奶水，长牙就没吃饱过饭。他最大的梦想就是守着一大堆美食把肚子撑圆。这当然只能是个美梦。想要活下去，朱重八小小年纪就得出来干活——给地主家放牛。风里来雨里去，只能混个饿不死。

十七岁这年，家乡发生旱灾，蝗虫泛滥，庄稼绝收，瘟疫也开始蔓延。朱重八的父母和两个哥哥相继去世，不算出嫁的姐姐，家里只剩下他和二哥。兄弟俩想把家人安葬，但是穷得连块墓地都买不起。幸亏邻居刘继祖心地善良，让他们把家人埋葬在刘家的地里。

兄弟俩埋葬了亲人后，哥哥**远走他乡**，以讨饭为生；朱重八则到了附近的皇觉寺，当了小沙弥。在寺里虽然有很多杂活要干，但总算有口饭吃。可惜**好景不长**，还不到两个月，寺里也没粮了，大家只好四处云游，**自谋生路**。

朱重八没办法，也拿着化缘钵，开始了流浪。哪家烟囱冒烟，他就奔哪家化斋饭；到了晚上，找个荒废的古庙去过夜。这一路云游，朱元璋对社会现实有了深刻的认识。三年之后，他回到皇觉寺。又过了几年，他二十六岁了，忽然收到昔日小伙伴汤和的一封信。信里说，汤和正在郭子兴领导的红巾军中，已经做了军官，希望朱重八去投奔他，兄弟一起造反。

朱重八赶紧悄悄地烧掉信。造反被抓到了是要杀头的，朱重八有点拿不定主意。就在他**犹豫不决**的时候，有人偷偷告诉他，他被举报私通红巾军，官兵很快就会来抓人了。这下好了，反不反都是一样的了！朱重八连夜逃往濠州（安徽凤阳），加入郭子兴的队伍。

朱重八为人沉着冷静，作战勇猛，富有谋略，很快就在起义军中**脱颖而出**，做了将领。跟别的将领**好大喜功**、夸耀自满不同，朱重八缴获的战利品从不私藏，全都献给元帅郭子兴。而元帅奖赏他的物品，他都分给手下的士兵。因此他在起

义军中威信越来越高。也就在这一年，朱重八给自己改名为“朱元璋”，谐音“诛元璋”。“元”是元朝；“璋”是一种尖形的玉佩；“诛”与“朱”谐音，诛杀的意思。朱元璋希望自己化身为诛灭元朝的锐器，事实证明，他真的做到了。

1368 年年初，在经历了十多年的生死拼杀、消灭了众多起义竞争势力之后，朱元璋在应天府（南京）登基，建立新政权，国号大明。讨过饭的小和尚终于从社会金字塔底部爬上了塔尖，实现了梦一般的身份飞跃。同年八月，明朝军队攻下元朝的都城大都，不可一世的大元帝国灭亡了。

## 历史考点

1368 年，朱元璋在应天府（南京）称帝，建立明朝。同年攻克大都，推翻元朝。朱元璋就是明太祖，他统治时期，史称“洪武之治”。

## 语文考点

**化缘**

佛教术语。可理解为乞食、募款。

**好大喜功**

“好”读 hào。指不管条件是否许可，一心想做大事、立大功。形容作风浮夸。有贬义。

例句：他这个人好大喜功，因而容易摔跟头。

## 诗词里的历史

### 题明太祖陵

（清）赵翼

戡乱兼能致治平，规模宏远照寰瀛。
身从乞食艰俱试，目不知书学自成。
养士末流犹气节，亲儒初运已文明。
始知三百年天下，尽是开天一手擎。

赵翼是清代著名诗人，“我劝天公重抖擞（dǒu sǒu），不拘一格降人材。”“国家不幸诗家幸，赋到沧桑句便工。”这是很多人都耳熟能详的名句。这首《题明太祖陵》，是他拜祭明太祖陵时写下的组诗中的一首。这首诗很好地概括了明太祖朱元璋的出身、经历，以及对其事功的评价。

“戡（kān）乱”是平定战乱；“寰瀛（huán yíng）”是天下的意思。第一句是讲述太祖功迹：既结束了元末战乱，又开创了太平治世，是位既能打天下、也能坐天下的人才，他的功绩规模宏远，照彻宇宙。

“身从乞食艰俱试，目不知书学自成。”这两句尤为写实，非常准确地介绍了朱元璋的出身和经历：他当过和尚，四处乞食、化缘，尝遍人间艰辛；他本没有文化，但是通过自学，能够识文断字，还学会写作诗歌。朱元璋是很有成就的皇帝，后世诗人很少能够如此平实地提及他的这些经历，赵翼这两句，便显得很不平凡。

后两句赞颂朱元璋的功绩，尤其是“始知三百年天下，尽是开天一手擎”，认为朱元璋创下的制度，奠定了大明三百年的基调。从历史上来看，这一评价是很贴切的。

# 朱棣与靖难之役

| wén<br>炆 | dì<br>棣 | bǐng<br>昺 | gòu<br>蓬头垢面 |
|---|---|---|---|
| 很弱的火。 | 一种植物。 | 明亮，光明。 | 头发蓬乱，脸上很脏。泛指不事妆容。也用来形容生活条件很差。 |

*明成祖朱棣是明太祖朱元璋第四子，建文帝朱允炆的叔父。1370 年被册封为燕王。*

*建文帝即位后，厉行削藩政策。朱棣发动“靖难之役”，起兵攻打建文帝。1402 年攻破南京，正式即位。1421 年，迁都北京。朱棣在位时期，励精图治；明朝经济繁荣，国力强盛，史称“永乐盛世”。*

太祖朱元璋去世后，皇位由皇太孙朱允炆继承，即建文帝。建文帝登基后，推行削藩政策，也就是朱元璋曾经把儿子们分封到各地为王，给予他们很多权力，如今建文帝想把这些权力收回来。这样一来，就**捅了马蜂窝**。

燕王朱棣是朱元璋的第四子，是朱允炆的皇叔。这朱棣的封地在燕京（今北京），他本事大，文武全才，在兄弟当中非常有威望。建文帝要削藩，派人对各藩王严密监控，朱棣不敢**轻举妄动**，他想了一招：装疯。

一天大清早，朱棣穿着睡衣，光着脚，**蓬头垢面**就跑出了家门。朱棣来到大街上，逮谁骂谁，捡啥吃啥。府里的人发现王爷不见了，全家出动，满大街找王爷。

于是燕京城里都知道，燕王朱棣疯了。

建文帝在燕京安排了两个人——张昺和谢贵，成天没别的任务，专门监视朱棣。听说朱棣突然疯了，这俩人也很纳闷，职责所在，必须亲自去调查一番。于是两人来到燕王府，一顿**点头哈腰**，说："我们听说燕王生病，特意前来探望，燕王他没什么大碍吧？"

朱棣的夫人**愁眉苦脸**地说："王爷现在不方便见客，二位的心意我们领了，就不必见他了吧？"

这俩人抱着调查的目的来的，当然是非要见到燕王不可。

夫人就带这二位去见朱棣。大夏天的，只见屋子中间放一火炉，朱棣身穿皮袄，还披着个棉被，抱着那炉子烤火呢；一边烤一边还说："冷啊，天真冷啊。"

俩人躬身施礼，说："王爷可好？我们给您请安了。"

朱棣嘻嘻一笑，说："天冷啊，你们吃了吗？"——反正就是**答非所问**。

夫人也冲着两人诉上苦了，她说："已经找了几位名医，都说王爷这病太重，不光是脑子坏了，身体也快不行了，估计不久就要撒手归西。可怜我们的两个儿子，还在京城待着，不知道能否见上父亲最后一面呢，呜呜……"

张昺和谢贵热得直冒汗，赶紧告辞了，回去就把燕王发疯的消息汇报了上去。

建文帝听说朱棣快要死了，等着儿子送终，也不好从中**作梗**，就把那俩小子放了。等俩小子跑没影了，建文帝才明白过来，赶紧下诏书把朱棣贬为平民，又暗中指派驻守燕京的大将张信带兵去捉拿朱棣。

张信久居燕京，深知朱棣的厉害。他接到密旨，在家里**犹豫不决**。张信的母亲很有头脑，她见儿子因这事为难，就对儿子说："朱棣不是一般的人物，轻易死不了，你是捉不住他的。如果得罪了他，反而会遭到**灭顶之灾**。”

张信觉得有道理，就决定站到朱棣这边。他来见朱棣，朱棣不了解底细，仍然躺在床上装疯，**胡言乱语**。

张信只好把话挑明了：“皇上密旨派我来抓您！您要是还这么装疯，那我是抓还是不抓呢？”

这句话如同**灵丹妙药**，朱棣一下子就恢复了正常。他赶紧从床上跳下来，一把握住张信的手说：“我一家人能活命，全靠你呀！”

既然皇上已经翻了脸，再装下去已经没必要了，朱棣决定撕破脸皮，反了！之后，朱棣以“靖难”为名，发兵南下。“靖难”是替皇帝解救危难的意思，朱棣打的旗号是帮助建文帝消灭身边的奸人，实际的目的自然是奔着皇位去的。

战争打了四年，1402 年，朱棣打进南京，夺取了皇位。朱棣就是明成祖。

而建文帝，有人说他死于乱兵之中，有人说他化装成和尚，从地道里偷偷逃了。更有一种说法是，明成祖派太监郑和七下西洋，目的之一就是查访建文帝的下落，以斩草除根。

## 历史考点

建文帝即位后，推行削藩政策。1399 年，燕王朱棣发动“靖难之役”；1402 年，攻破南京，称帝，他就是明成祖。

1421 年，明成祖迁都北京。朱棣在位时期，明朝成为当时世界的一流强国，史称“永乐盛世”。

### 郑和下西洋

为了加强同海外各国的联系，明成祖派遣郑和出使西洋。1405 年，郑和第一次出使西洋。他率领两万七千多人，乘坐两百多艘海船，从江苏刘家港出发。到 1433 年，郑和前后出使西洋共七次，经历了亚非三十多个国家和地区，最远到达非洲东海岸和红海沿岸。这是世界航海史上的壮举。郑和船上满载着金银宝货，销路最好的是丝绸和青瓷碗盘。他们从各国换回珠宝、香料和药材等特产。郑和的远航，促进了中国和亚非各国的经济交流。

## 成语迷宫

沿横向或纵向行走，试着找出迷宫中的全部成语。

| 辉 | 生 | 逃 | 口 | 绣 |
|---|---|---|---|---|
| 庆 | 荜 | 焦 | 虎 | 心 |
| 称 | 蓬 | 头 | 垢 | 锦 |
| 手 | 额 | 烂 | 面 | 满 |
| 释 | 不 | 爱 | 红 | 光 |
| 染 | 目 | 濡 | 耳 | 赤 |

答案：1. 蓬头垢面；2. 面红耳赤；3. 满面红光；4. 耳濡目染；5. 焦头烂额；6. 额手称庆；7. 爱不释手；8. 蓬荜生辉；9. 虎口逃生；10. 锦心绣口。

# 明朝的没落与灭亡

明成祖之后，明仁宗和明宣宗时期，国家仍处于兴盛时期，史称“仁宣之治”。公元1449年秋，北方瓦剌（là）部首领也先带兵侵犯明朝边境，明英宗朱祁镇亲征北伐，在土木堡被围困，明英宗被俘。史称“土木堡（pù）之变”（或“土木之变”）。“土木堡之变”导致了一连串的严重后果，是明朝由盛转衰的转折点。

明朝中后期，社会经济继续发展，农产品丰富，手工业生产具备很高水平，陶瓷业、丝棉纺业、冶炼、建筑等闻名世界。但另一方面，政治日益腐败，皇帝常常不理政务，如明神宗，在位48年，有20年不上朝。宦官专权，被称作“立皇帝”的刘瑾，有“九千岁”之称的魏忠贤，以及王振、汪直等臭名昭著的宦官，都出自这一时期。大臣们也钩心斗角、争权夺利。人民背负着沉重负担，受尽盘剥，生活苦不堪言。

1573年，首辅张居正开始改革，到1582年张居正去世时结束。史称“万历新政”。

1628年，高迎祥起义，称“闯王”。高迎祥死后，李自成接过“闯王”旗帜，领导起义；1644年，起义军打下北京，明朝崇祯皇帝绝望自杀，明朝灭亡。

# 73 土木堡之变

瓦剌（là）

明朝对西部蒙古诸部的总称。

私塾（shú）

中国旧时一种私人办的启蒙学校。

钰（yù）

珍宝。

在讲“土木堡之变”之前，我们先介绍一个人，这就是王振。王振本来是个私塾老师，但是他觉得做老师没前途，于是一狠心，改行进宫当了太监，运气好，被分配在东宫，侍候太子朱祁镇。

这时太子才几岁，还是个小孩子，被王振哄得团团转，对他简直比对爹妈还要亲。接着，明宣宗去世，九岁的朱祁镇即位了，这就是明英宗。朱祁镇把自己最喜欢的玩伴王振封为司礼太监，这是太监里边最高的职位了。

王振**一步登天**，但并不满足，还想在政治上有所作为。因为太皇太后还在世，喜欢重用老臣，善于**察言观色**的王振决定善加利用这一点。一次，朱祁镇跟几个小太监在宫里玩，王振看到有老臣要来汇报工作，当即“扑通”一声就跪在地上，做出一副**忧国忧民**的样子对朱祁镇说：“为了大明的江山社稷，皇帝可千万不要沉迷玩乐，误国误民呀！”

门后边几位老臣一听，感动坏了：一个太监能说出这样有见识的话，此人难得呀！就这样，王振给老臣们留下了深刻的好印象。有一次他犯了事，被太皇太后知道了，老太后十分生气，把他抓来要杀头。

朱祁镇哪里舍得啊，抱着老太太的大腿千求万求。之前那些曾被王振迷惑的老臣，也纷纷跪倒求情，说王振是个忠臣。老太后没想到王振还有这么好的人缘，于是放了他一马。

又过了几年，老太后去世了，老臣也所剩无几，王振的时代到来了。皇帝对他**言听计从**，王振说往东，皇帝绝不往西。时间到了公元 1449 年，七月，蒙古瓦剌部落兵分四路，进犯明朝，边境告急。瓦剌首领也先亲自率主力部队，攻打山西大同。大同抵挡不住了，派人**马不停蹄**地向中央求救。

大太监王振一看，炫耀武功的机会到了。他极力怂恿明英宗朱祁镇御驾亲征。御驾亲征？打仗可不是遛猫逗狗，上战场是要死人的！这下，连那些平时拼命巴结王振的官员，也都变成了反对派，请求皇帝收回命令。但朱祁镇都**不为所动**：“既然王先生说了亲征，那朕就亲征好了！”火急火燎地凑了五十万大军，粮草都没准备好，就向大同出发了。

也先听说明朝皇帝亲征，故意装作打不过，打一阵就往后退，把明朝军队往圈套里引。明军走了很远都没有遇到像样的抵抗，王振很得意，对朱祁镇说：“您看！蒙古人见皇帝您亲自出马，吓得都逃跑了。”

朱祁镇**信以为真**，命令大军全速前进。直到遇见从大同逃回来的人，告诉他们：前线战败了，输得可惨啦；而且也先在**诱敌深入**，要是再往前走，就要进入包围圈了！

王振这才**恍然大悟**，赶紧下令撤军。但已经来不及了。八月十五这天，也先带领骑兵在河北怀来附近的土木堡，把明军团团围住。这是一处没有围墙也没有水源的秃岭，十几里外有一条河。几十万明军又渴又饿，被围困了两三天，早就没有抵抗力了。也先又派人来，假装议和，让出那条河来。明军都不顾一切地跑去喝水，一下子乱了套，蒙古骑兵趁机从四下里杀出来，明军当场溃败。

朱祁镇见大势已去，王振也不知道跑哪去了，他反倒淡定了，索性就坐在地上**束手就擒**。护卫将军原本还在跟蒙古骑兵搏斗，当知道皇帝已经被抓走了，气得**暴跳如雷**。这时他发现了躲藏在角落里的王振，抡起大铁锤，一下就砸碎了王振的脑袋。

大明皇帝被俘了，随行的文武大员一百多人几乎死光了，士兵也死了几十万。消息传到北京城，皇宫大殿里哭声震天。

国家不能没有皇帝，皇太后只好让朱祁镇的弟弟朱祁钰（yù）代理办公。后来，因为朱祁镇一直在也先手里，回国的日子**遥遥无期**，在大臣于谦的主张下，大家拥立朱祁钰正式做了皇帝。这就是明景帝。

这场变乱，历史上称为“土木堡之变”。

## 历史考点

公元 1449 年，七月，蒙古瓦剌部侵犯明朝边境，明英宗朱祁镇御驾亲征，在土木堡被围，明英宗被俘。史称“土木堡之变”，这是明朝由盛转衰的转折点。

## 语文考点

两袖清风

于谦是明朝著名的忠臣，为官清正廉明。他有一首诗表达志向，其中两句特别出名：“清风两袖朝天去，免得闾（lú）阎（yán）话短长。”“闾阎”指老百姓。

成语“两袖清风”就是这么来的，比喻做官清廉。

# 74 张居正改革

dá dá
鞑靼
明代称蒙古族的一部，即东蒙古人。

hòu
垕
同“厚”。也用于地名，如神垕（在河南）。

jūn
钧
古代的重量单位，三十斤为一钧。成语“千钧一发”，意思是千钧的重量吊在一根发丝上，比喻情况万分危急。

wō
倭
古代称日本国为“倭”。

yì
翊
辅佐，帮助。

历朝历代都不缺少改革家，明代最著名的改革家，要数张居正了。

张居正年少时就聪颖过人，有“神童”之称，远近闻名。后来他参加科举，一路都很顺利，还得到了州郡长官的欣赏，称赞他是将相之材。

科举及第之后，张居正进入翰林院。在这里，很多人热衷于吟诗作赋。张居正对此**不屑一顾**，他热心政治，关注现实，花了大量的时间来研读历代治国的典故。

这期间，内阁重臣徐阶对他影响很大。徐阶也很重视**经邦济世**的学问，在他的指导下，张居正更加努力，同时也有了更多机会来了解

高层政治。这些经历都让张居正收获良多。

1564年，在徐阶的推荐下，张居正当上了裕王朱载垕（hòu）的侍讲侍读（老师）。明世宗去世后，朱载垕继位，这就是明穆宗。**一朝天子一朝臣**，新皇帝一般都会重用自己身边的旧人。所以，张居正被提拔为吏部左侍郎兼东阁大学士，开始进入内阁，参与朝政。

当时的大明王朝，可以说是**危机四伏**。国库里没钱，天灾人祸不断，老百姓**流离失所**；边境也不稳定，北方有鞑靼的进攻，南方有土司作乱，东南沿海还有倭寇骚扰。就是这种情况下，朝廷里的官员还在**钩心斗角**，谋取私利。所以，大明朝可以说是内忧外患。

1572年，明穆宗朱载垕去世了，继位的是儿子朱翊钧，这就是明神宗，人们常称为万历皇帝。这年六月，张居正成为内阁首辅。

朱翊钧还是个十岁的孩子，所以，张居正身为内阁首辅，同时也担任了皇帝的老师。他开始推行一系列新政，史称“万历新政”。

政治上，张居正着重整顿吏治。他**大刀阔斧**地整顿官僚队伍，实行考成法，对官吏进行考核，严肃纪律，提高行政效率。

军事上，张居正陆续任用了一大批有能力的将领，包括抗倭名将戚继光等人，积极操练兵马，提高军队战斗力；巩固城池防务，增强防守能力。在提高军队战斗力的同时，他也注意改善和蒙古各部的关系。这样，边境相对安定了，几十年里，北边没有发生过大的战争。

经济上，张居正推行“一条鞭法”，这也是他改革的重点。从明朝中期开始，土地兼并、隐瞒、漏报的情况非常严重，严重影响了朝廷的税收。一条鞭法就是把田赋、徭役，还有其他杂税，合成一条，一起征收银两，按亩折算缴纳。这样做的好处就是，大大简化了税制，方便征收税款；同时，地方官员很难作弊，因而增加了财政收入。

改革为张居正带来了巨大的威望，也带给他很多诟骂和诋（dǐ）毁。1582 年，张居正因工作劳累，病死了。随着他的去世，“万历新政”也宣告结束。

## 历史考点

明神宗时，内阁首辅张居正开始改革，史称“万历新政”，时间从 1573 年到 1582 年。

张居正实行推行“一条鞭法”，大大简化了税制，增加了财政收入。又任用戚继光等名将，提高军队战斗力，使得边境安定。

### 戚继光抗倭

明代嘉靖年间，政治腐败，边防松弛，加以东南沿海工商业发展，一些富商和海盗商人与倭寇勾结劫掠，致使倭患愈演愈烈，危及漕运，东南沿海百姓深受其苦。著名将领戚继光，领导抗击倭寇十余年，扫平为祸多年的倭患，确保了沿海人民的生命财产安全。他率领的军队，被称为“戚家军”。

## 语文考点

### 钩心斗角

“斗”读dòu。心：宫室的中心。角：檐角。出自唐杜牧《阿房宫赋》：“各抱地势，钩心斗角。”成语的原意是形容宫殿建筑的结构交错精致。后比喻各用心机，互相排挤、攻击。

例句：我们做人和做事，应该光明磊落，互相包容，不要学小人的钩心斗角。

# 76 悲剧皇帝朱由检

熹（xī）

天亮，明亮。

经筵（yán）

古代帝王教育的一种。讲课的内容为经书和历史，主讲者为饱学之士或官员，主要听课者是皇帝，有时文武大臣也参加听课。

凋（diāo）零

稀少，衰落。

朱由检的哥哥叫朱由校，也即明熹宗，大名鼎鼎的太监魏忠贤，就活跃在这一时期。哥哥死后，弟弟朱由检接班，即崇祯皇帝。可想而知，朱由检接过的是怎样的一个烂摊子，可以说大明朝已经病入膏肓（gāo huāng）了。

跟哥哥相比，朱由检算是个不错的皇帝。刚登基，他就号召“文官不爱钱”，提倡节俭。这可不是**空口白牙**喊喊口号就算，这位新皇帝说到做到。他当政十七年，宫里没有进行任何工程营造的活动，吃喝穿用也都不讲究。作为一个皇帝，能这样**以身作则**，是非常不容易的。

光靠节俭当然还不够，既然是皇帝，就要干工作。从明朝历史来看，崇祯皇帝称得上是罕见的勤政皇帝，几乎能跟太祖朱元璋**相提并论**。据说，他经常彻夜不眠地处理公文。白天在文华殿批阅奏章，接见群臣，讨论国事；晚上就在乾清宫接着看奏章。遇到需要紧急处理的事情，他可以连续几个昼夜都不休息。

有一次，朱由检去拜见宫中最有威望的祖母辈人物刘太妃，聊天的时候，他竟然坐着就睡着了。刘太妃也很心疼，赶紧命人拿来锦被给皇帝盖上。你看看，这皇帝当的，也够辛苦的。

除了日常的工作，他还要继续学习，要参加日讲和经筵。一天，他听课的时候，实在太累了，随意抬起脚，放到台上，想歇一下。负责日讲的官员正好讲到《尚书》，其中有一句“为人上者，奈何不敬”，意思是君主就可以这么不庄重吗？官员一连重复念着这个句子，还盯着皇帝翘起的脚。朱由检赶紧用袍袖遮掩着，慢慢放下脚。

一个皇上，为啥要这么辛苦呢？

因为他手下的大臣都不得力。最初登基时，朝廷里都是魏忠贤的党羽，皇帝自己说了都不算，崇祯皇帝根本没有可用的人。好不容易把魏忠贤铲除了，整个王朝人才凋零。他也想找个合适的人辅佐，找来找去，他找到了一个叫周道登的人。

这个周道登，在接受朱由检面试的时候，提出了三条建议：一是听老祖宗的话，二是当公而无私，三是讲求实效。朱由检一听，很满意，当即提拔他做了宰相（内阁大学士）。可惜，做了宰相后，周道登再也没有说过一句有水平的话。

有一次，朱由检读书看到一句话“宰相须用读书人”，就问周道登是什么意思。周道登想了半天，说不上来什么见解，就对朱由检说：“等微臣回去查阅明白，再禀告皇上。”又有一次，朱由检问周道登：“最近大臣的奏折上总有‘情面’两个字，情面是指什么？”

周道登这次回答得倒快：“情面就是面情的意思。”这不是废话吗？皇帝要的是你的意见，而不是让你做名词解释题。朱由检气得差点晕倒。

就这样过了快一年，朱由检实在无法忍受这个愚蠢宰相，就把他赶回了老家。

这之后，朱由检频繁更换内阁辅臣。他当了17年皇帝，总共换了50个内阁辅臣。这一方面是人才的确不好找，另一方面也是朱由检疑心重，君臣之间互相猜忌。总之，朱由检就是这么一个悲剧皇帝。他辛辛苦苦、累死累活十几年，然后李自成打来了，没人能救他，朱由检只得用一条丝带把自己吊在树上，自缢而亡。

## 历史考点

明朝最后一位皇帝明思宗朱由检（“崇祯”是他的年号），他在位期间，爆发了李自成领导的农民起义。1644年，李自成攻入北京，朱由检自缢而死。明朝灭亡。

## 语文考点

病入膏肓

比喻事情严重到了无可挽救的地步。

膏肓（gāo huāng）：古人以心尖脂肪为膏，心脏与膈膜之间为肓。膏肓之间是药力无法到达之处，一旦病坏便无法医治。

# 77 李自成的十八骑

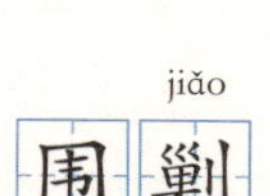

围剿（jiǎo）：包围起来灭杀。

洪承畴（chóu）：明朝名将，后来降清。

崤（xiáo）函：崤山和函谷关。古代著名关隘险地。

明朝末年，天下大乱。又是瘟疫又是干旱，老百姓都活不下去了。各地陆续爆发了农民起义。其中，闯王李自成率领的起义军，声势越来越大。朝廷赶紧派兵围剿。到了公元 1637 年，不少义军迫于形势，纷纷投降休战。李自成不肯投降，于是成了明军的主攻对象。明军集中精锐部队来围剿他，闯王大军几度崩溃。

五省总督洪承畴专门负责围剿李自成。他看到李自成带着残存的三千人马，要逃往四川，就命令陕西的明军追击，四川的明军堵截。又经过几次激烈交锋，闯王的部下死的死、投降的投降，只剩下一千多人，逃进了陕西汉中的深山老林。

在汉中休整了几个月，李自成心里很不甘。总不能就这么认输吧？于是他决定闯出陕西，到河南去，和其他义军会合。这样一来，潼（tóng）关就是他的必经之地。洪承畴一直密切关注着李自成的动向，他下令围追堵截，一只苍蝇也不要放走。李自成就这样一路上被追着打，边打边跑。明军的埋伏一道接着一道。李自成带领部下左冲右突，纠缠厮杀了好几天，义军又累又饿，连吃饭睡觉的工夫都没有，渐渐体力不支。这时明军全力进攻，李自成的义军几乎全军覆没。

李自成的妻子儿女都被打散。他也顾不了那么多，只能和部下刘宗敏、田见秀等人奋力厮杀出一条血路，逃进河南西部的崤函大山里。等到停下来歇息的时候，一清点人员，身边只剩下了十八个人！

这一刻，无疑是李自成起义以来最惨淡的时光。所有人都觉得他再也不可能崛起了，明将洪承畴也觉得，李自成经过这次挫败，不可能再成什么气候，对他不再关注。但令人惊奇的是，李自成自己却没有放弃，他以这十八人为骨干，东山再起。最后终于攻破北京，推翻了大明的统治。

## 历史考点

明末农民起义领袖李自成，最初是闯王高迎祥的部下。高迎祥牺牲后，李自成继续称“闯王”，领导起义。1643 年，李自成在襄（xiāng）阳称王；1644 年正月，建立大顺政权。不久攻克北京，推翻明朝。清兵入关后，李自成退出北京，1645 年兵败被杀。

## 语文考点

东山再起

比喻失势之后，重新得势。出自《晋书·谢安传》，谢安辞职后在东山隐居，多年之后重新出来做官，担当重任。

例句：遭受挫败后，只要自己不放弃，迟早会有东山再起的那一天。

## 金陵杂感

（清）赵执信

深宫燕子弄歌喉，粉墨尚书作部头。

瞥眼君臣成院本，输他叔宝最风流。

明朝灭亡后，明朝宗室及拥护明朝的势力，相继在南方组建起小朝廷，史称“南明”，时间从 1644 年弘光帝在南京称帝起，到 1662 年永历年死于吴三桂之手止。

南明原本最有希望的是弘光政权。北京城破、清军入关后，逃到南京的文武大臣，拥护福王朱由崧（sōng）称帝，即弘光帝。当时淮河以南大片领土仍属明朝，只要弘光政权能在南京坚持住，进而北伐，收复失地也不是不可能；至少，也可以学历史上的东晋、南宋，与北方的清朝划江而治。但事实上却是，弘光政权仅仅支撑了一年便土崩瓦解了。

这首《金陵杂感》写的便是南京弘光政权的事情。“燕子”指传奇剧本《燕子笺》；“尚书”指《燕子笺》的作者阮大铖（chéng），他善于钻营，依附宰相马士英做了兵部尚书；“部头”是戏班子的班头；“叔宝”指南北朝时陈朝的末代君主陈叔宝，荒淫无道，这里指弘光帝。诗的意思是说：国家危在旦夕，南明深宫里皇帝和大臣却在唱戏，兵部尚书阮大铖亲自登场，演出他创作的《燕子笺》；转眼间清军打来、朝廷覆灭，南明君臣都成了他人剧本里的角色，跟这样的皇帝比起来，陈叔宝都要自愧不如呀！

全诗对弘光政权进行了辛辣的讽刺，也透露出作者深沉的失望。

# 清朝崛起与入主中原

清朝（1636—1912）是中国历史上最后一个封建王朝，其建立者是由女真族发展而来的满洲族。

女真族是生活在我国东北的古老民族，历史上曾经建立过强大的金朝。到明末时，首领努尔哈赤经过几十年的征战，把分散的各支女真部落重新统一起来，1616年，建国“金”，史称“后金”。1635年，皇太极改族名为满洲，第二年改国号为大清。

1644年，正当李自成领导的农民起义军庆祝胜利而在北京城里狂欢之时，驻守山海关的明朝将领吴三桂降清，引清军统帅多尔衮（gǔn）入关。李自成败退，清军顺利进入北京，开始了入主中原的历史。顺治皇帝成为清朝入主中原的第一位皇帝。

# 15 努尔哈赤：十三副铠甲起兵

多尔衮（gǔn）：清初名将、权臣。衮，古代君王等的礼服。词语“衮冕”，指帝王或王公贵族穿戴的礼服和礼冠。

堪（kān）：可，能。

铠（kǎi）甲：古代作战时穿的护身衣。

女真族是个古老的民族，一直生活在我国的东北部，在**白山黑水**之间，以游猎为业。

努尔哈赤的祖父和父亲都是受到明政府册封的官员。不幸的是，在努尔哈赤刚成年时，祖父和父亲都被人害死了，凶手就是女真族的另一首领尼堪外兰和明朝的辽东总兵李成梁。

努尔哈赤决心复仇。复仇要有资本，他的资本是啥呢？就是父辈遗留下来的十三副铠甲，这是他最大的财产了。努尔哈赤很有本事，他用这些铠甲武装了一批追随者，开始了复仇之旅。

尼堪外兰在李成梁的帮助下，除掉了对手，还得到了大量的金银财宝，整天饮酒作乐，以女真族的老大自

居。公元 1584 年，努尔哈赤带着自己的小部队，来攻打尼堪外兰。

尼堪外兰正在喝酒，听说努尔哈赤要来复仇，心想这小子真是**不知天高地厚**，就凭他那点儿人马，敢跟我斗！他召集起本部人马，慢悠悠地准备去会会努尔哈赤。可他刚出营门，努尔哈赤就**一马当先**，冲了过来，手下的士兵也纷纷跟上，一个个仿佛**出山猛虎**一般。没一会儿，尼堪外兰的部队就被打散了，尼堪外兰逃到了明朝那边。

**初战告捷**，努尔哈赤很受鼓舞。他给明朝中央政府写信，提出条件。他说：我知道我父亲和祖父的死和政府无关，所有的事都是尼堪外兰捣的鬼；所以我只有一个要求，那就是能把祖父和父亲的遗体，还有尼堪外兰交给我，我要用仇人之命来祭奠九泉之下的祖父和父亲。

大明朝廷接到信，考虑到努尔哈赤势头正猛，国家财政又很困难，最后决定：

封努尔哈赤为龙虎将军，任命他为建州女真的一把手，并赠送好马三十匹；努尔哈赤祖父和父亲的遗体不但送回，还免费给搭配一副好棺材。

明政府所做的这一切，努尔哈赤当然很高兴。但尼堪外兰仍然逍遥在外，令他很不痛快。

公元1586年，努尔哈赤再一次率领人马，开到明朝边境，要求交出仇人尼堪外兰。这时候，原来的辽东总兵李成梁已经被停职在家了，新接任的负责人不想惹事，一听说努尔哈赤带人来了，吓得浑身直冒冷汗，连忙把尼堪外兰骗上囚车，给努尔哈赤送了过去。努尔哈赤终于成功复仇。

这就是努尔哈赤凭借十三副铠甲起兵的故事。但这远不是努尔哈赤征程的终点，他借着这个机会，在明朝政府的默许下，开始了统一女真部落的英雄之旅。后来，他直接向明朝发起抗战，并接连取胜。最终他的继承者取明朝而代之。

## 历史考点

清朝是中国历史上最后一个封建王朝。

明末，努尔哈赤经过几十年的征战，统一女真各部落。1616年，努尔哈赤建国“金”，史称“后金”。

1636年，皇太极称帝，改国号为大清。1644年，多尔衮率领清兵入关。顺治成为清朝入主中原的第一位皇帝。

## 语文考点

### 不知天高地厚

出自《荀子·劝学》：“故不登高山，不知天之高也；不临深谿（xī），不知地之厚也。”不到高山之巅，就感受不到天有多高；不到大沟深处，就体会不到地有多厚。成语“不知天高地厚”，用来比喻不知事情的艰巨、复杂、严重。

例句：他喜欢吃零食，就不知天高地厚地开了一家零食店，结果可想而知，很快就倒闭了。

# 78 吴三桂冲冠一怒

cù 猝不及防：事情突然发生，来不及防备。

tòng 恸哭：放声痛哭。

gǎo 缟素：指丧服。

吴三桂出身将门，善于骑射。1644 年引清兵入关，大败李自成。清朝入主中原后，吴三桂因功封为平西王。后攻入缅甸，擒获南明永历帝并将其处死。成为史上最著名的“汉奸”之一。

吴三桂与靖南王耿精忠、平南王尚可喜并称“三藩”。1673 年，清廷撤藩，吴三桂不服，开启“三藩之乱”。1678 年，吴三桂在湖南衡阳称帝，国号大周，同年秋病逝。“三藩之乱”被平息。

1644 年，三月，李自成率领农民起义军攻进了北京。

在这之前，大明辽东总兵吴三桂在山海关驻守，崇祯皇帝本来调他火速发兵保卫京城。但吴三桂心里有个小九九，他觉得农民军势头浩大，打起来后果很难预料。于是他就放慢速度，边走边瞧。果然，很快传来消息：京城四十万禁军**不战而降**，皇帝上吊自杀。

吴三桂琢磨：大明已经完蛋了，关外的清军势头猛烈，山海关是**兵家必争之地**，自己必须尽快决定。是投靠李自成呢，还是投靠清军呢？他一时拿不定主意。

李自成的谋士李岩，建议他拉拢吴三桂。李自成觉得有道理，就让吴三桂的老爹吴襄写信劝降，又派明朝降将唐通拿着这封信去招降吴三桂。李自成虽然想招降吴三桂，但却没有给予足够的重视。没多久，吴襄就被李自成的部将刘宗敏捉去拷打追赃。这刘宗敏，不仅劫财，还要劫色。他听说吴三桂的爱妾陈圆圆美若天仙，就抓去霸占了。吴家的仆人赶紧飞奔去山海关给吴三桂报信。

吴三桂原本倾向于和李自成合作，于是让唐通留在山海关替他处理军务，自己赶紧带上一部分人马往北京进发。路上正好碰上仆人风风火火地跑来报信，说陈圆圆被李自成的人抢走了。

吴三桂顿时**怒发冲冠**：“身为大丈夫，不能保全家室，有啥脸活着？”当即下令队伍掉头，回山海关。投降李自成是不可能了，那么唯一的出路就是跟清军合作。于是，吴三桂联络大清的摄政王多尔衮，表示愿意和清军合作，一起攻打李自成，消灭流寇，以报国恨家仇。

多尔衮一听，乐坏了。他正想着怎么能入主中原呢！于是，他率领清军向山海关进发。

这时候，坐在北京城皇宫里的李自成才得到消息。他非常惊讶，等他调查清楚事情原委之后，愤怒不已，想要杀掉刘宗敏，却被众将拦住了。李自成很无奈，起义军进京后，开始腐化变质，对此他也**无可奈何**。

没办法，李自成亲自挂帅，带领十万大顺军去讨伐吴三桂。吴三桂渐渐招架不住。这时候，多尔衮的清军也赶到了。

李自成是真没想到清军出现，一下子猝不及防，伤亡惨重。双方展开了拉锯战，李自成看到无法取胜，只好撤退。

撤回北京后，李自成匆忙登基称帝，第二天就丢弃了北京城，仓皇逃走。清军顺利入关，进了北京后，就

在这里留了下来。一个新的统一王朝开始了，这就是清朝。

几年后，诗人吴伟业把吴三桂引清兵入关的故事，写成一首长诗，这就是著名的《圆圆曲》，其中名句有“恸哭六军俱缟素，冲冠一怒为红颜”。讽刺吴三桂为了一名女子而丢了大义。

## 历史考点

明朝将领吴三桂引清兵入关，大败李自成，清朝得以入主中原。吴三桂因功受封平西王，与靖南王耿精忠、平南王尚可喜并称“三藩”。

1673 年，“三藩之乱”爆发。1678 年，吴三桂在湖南衡阳称帝，国号大周，同年秋病逝。

## 语文考点

### 冲冠一怒为红颜

全句为“恸哭六军俱缟素，冲冠一怒为红颜”，意思是全军将士都身穿丧服，痛哭流涕，因为将军为了一名女子而怒发冲冠（发起战争）。出自明末清初诗人吴伟业（字骏公，号梅村）的《圆圆曲》。

冲冠一怒，即怒发冲冠，愤怒得头发都竖立，把帽子顶起。红颜，指美女，即陈圆圆。

## 诗词里的历史

### 圆圆曲（节选）

（明末清初）吴伟业

鼎湖当日弃人间，破敌收京下玉关。
恸哭六军俱缟素，冲冠一怒为红颜。
红颜流落非吾恋，逆贼天亡自荒宴。
电扫黄巾定黑山，哭罢君亲再相见。

在政治生活中，“帝王将相”才是历史舞台上的主角，“才子佳人”只是舞台上的小小花絮。但是，也有些时候，似乎无关轻重的人，几句饭后闲谈的诗，却可以很大程度地影响后世人们对某件事、某个大人物的评价。“恸哭六军俱缟素，冲冠一怒为红颜。”这一句诗，把明末清初的大人物吴三桂，送上了历史的审判席。

《圆圆曲》，顾名思义，这是一首介绍陈圆圆生平的叙事诗。全诗很长，有三百多字。陈圆圆父母早亡，在姨父家长大，后来被姨父卖到梨园。梨园是旧时的戏班子，主人会买一些穷人家的小孩来培养，出师后就可以为梨园赚钱。陈圆圆长大后，色艺双绝，迅速有了一些名气。当时很多有钱人、文学才子都来跟她交往。

如果一直这样下去，陈圆圆可能会嫁入某富家为妾，平凡而富足地过完一生。但是意外出现了，当朝贵妃的父亲田弘遇路过江南，看上了陈圆圆，把她强行带回北京。在田家的一次家宴上，年轻的吴三桂见到陈圆圆，当即心生爱慕。当时吴三桂手握重兵，是朝廷新贵，田弘遇为了讨好他，便以陈圆圆相赠。

英雄美人，两情相悦。可惜好景不长，吴三桂领兵镇守山海关，李自成攻破北京城，崇祯皇帝自杀，陈圆圆被起义军的将领刘宗敏强夺而去……一连串的意外接踵而至，直到吴三桂引清兵入关，赶跑李自成，惊魂未定的陈圆圆才被重新迎回吴家。

《圆圆曲（节选）》前八句说的就是这一经过。“鼎湖”指帝王去世，这里指崇祯皇帝自杀。然后吴三桂“破敌收京”，收复北京。“逆贼”指李自成；“黄巾”指东汉末年的黄巾起义，这里指李自成的起义军。诗人以吴三桂的语气自辩说：我引兵入关并不是因为要夺回我的爱人，逆贼李自成的败亡完全是因为他沉迷饮宴。

接下来诗中还说到，“若非壮士全师胜，争得蛾眉匹马还？”若不是吴三桂打了胜仗，哪里还能有陈圆圆安全返还？

清军入主中原后，吴三桂充当先锋，镇压各地抗清的势力，最后得以封侯。陈圆圆的身份也水涨船高，由一介歌妓成为王侯妃子。“旧巢共是衔泥燕，飞上枝头变凤凰。”诗人对陈圆圆的生平介绍到此为止，接下来主要是一些感慨。“妻子岂应关大计，英雄无奈是多情。全家白骨成灰土，一代红妆照汗青。”古人认为，妻子家人是“小”，国家大计为“大”，小不能干涉大，家事不能影响国事。但是偏偏吴三桂英雄多情，最终令陈圆圆这样一位女子，在史册中留下了自己的人生痕迹。

《圆圆曲》是文学史上一首著名的叙事长诗，且因为与明末史事交织，使得全诗笼罩着一种深沉的历史感，可与唐代白居易的《长恨歌》相提并论。诗成之后，世人争相传诵。据说吴三桂曾出重金，请求删改诗中于他不利的句子，但遭到了诗人的拒绝。

# 清朝的巩固与发展

在中国古代历史上，清朝是统一多民族国家进一步巩固和发展的关键时期。经过了最初的混乱之后，清军很快肃清了明朝政权的残余势力和各地的抗清力量，逐步建立起对全国的统治。

相比于以往的朝代，清朝大大地加强了中央政府对西藏、西北边疆等的有效管辖；在东南，设立了台湾府；在东北，雅克萨之战成功抵御了沙俄的入侵。清朝前期，中国的疆域西跨葱岭，西北至巴尔喀什湖，北接西伯利亚，西南达喜马拉雅山脉，东北至黑龙江以北的外兴安岭和库页岛，东临太平洋，东南到台湾及其附属岛屿，包括钓鱼岛、赤尾屿等，南至南海诸岛。幅员辽阔，人口众多，国力强大。

# 康熙智除鳌拜

| 生词 | 释义 |
| --- | --- |
| 烨（yè） | 火光，明亮。 |
| 鳌拜（áo） | 清初名将，三朝元老。 |
| 精湛（zhàn） | 精通，熟练。 |
| 噶尔丹（gá） | 蒙古族准噶尔部的首领。 |

清圣祖爱新觉罗·玄烨，年号康熙。在位61年，是中国历史上在位时间最长的皇帝。

康熙、雍正、乾隆，祖孙三朝，是清朝最强盛的时期，史称“康雍乾盛世”。

顺治皇帝是清朝入主中原后的第一位皇帝，他去世后，儿子玄烨继位，这就是著名的康熙皇帝。康熙当时年纪还小，只有八岁，实际权力掌握在他的顾问团队手里，是四个人：索尼、苏克萨哈、遏必隆、鳌拜。但是不久，索尼去世；接着苏克萨哈在斗争中失败，被处死。剩下的遏必隆和鳌拜勾结，实际上以鳌拜为主。就这样，鳌拜的势力越来越大，他拉帮结派，专横残暴，不把小小的康熙当回事。

渐渐地康熙长大了，已经十四岁，他不愿意再做个木偶皇帝，他必须打一场自卫反击战，以夺回权力。在这件事上，少年康熙展现出了令人震惊的胆识和勇气。鳌拜被称为“满洲第一勇士”，个人战力非常强悍，就像一头大象。为了扳倒这头大象，康熙找来一批跟自己同龄的宫廷侍卫，每天和他们一起沉迷于舞枪弄棒，摔跤打架，对自己的本职工作反而不热情。

鳌拜上朝的时候，经常看到这些半大孩子玩得**不亦乐乎**，嘴里嚷嚷得震天动

地，一副旁若无人的样子。皇上不务正业，喜欢打闹，鳌拜心里很高兴，他试探着问康熙："皇上，朝廷的事情你真的撇下不管了？"

少年皇帝正玩得起劲，汗流浃背的，上气不接下气地回答说："大人，国家有你做主办事，我还管啥？"

听小皇上这么一说，鳌拜高兴坏了，皇帝贪玩呢，他就可以高枕无忧。

但鳌拜还是四肢发达、头脑简单了。他不知道，自己的好日子马上就要到头了。经过一段时间的磨炼，少年康熙和他的小伙伴们，一个个是身强力壮、武艺精湛。于是康熙制定了一个突袭计划。

一天，康熙突然召见鳌拜。鳌拜狂傲自大，根本没多想，像往常一样，大摇大摆地来到康熙面前。这时，他抬头一看，心里头觉得很不对劲。今天的小皇帝怎么不像以前那样嘻嘻哈哈了？显得很沉稳。侍卫们也是站得笔直。

鳌拜一进来，康熙就笑脸相对，吩咐侍卫说："还不快请鳌大人坐下。"

侍卫连忙给鳌拜搬来椅子。

鳌拜刚坐下，康熙又吩咐上茶。鳌拜进宫这一路也挺长的，自己也渴了。小皇上这么有礼貌，接过来喝吧！就从侍卫手上把茶接了下来。这一接茶，把他烫得龇（zī）牙咧（liě）嘴。茶杯摔了，身子也往一边栽去。

原来，这茶是康熙和小伙伴们"精心熬制"的，滚水里煮了一个多小时，鳌大人能不被烫得七荤八素吗？给他坐的椅子，也是康熙"特制"的。这椅子一条腿已被弄折了，然后再胡乱粘上。鳌拜坐上去，一侧身，折了的椅腿就断了，整个人随即跌倒在地。旁边的两个侍卫顺势把椅子扣在了鳌拜的身上，其他侍卫一拥而上，当场就把鳌拜按住了。

"满洲第一勇士"鳌拜，就这样成了笼中之物，只能胡乱挣扎和大喊大叫。

制伏了鳌拜之后，康熙把鳌拜关进监狱，宣布他的十三条罪状，要把他凌迟处死。鳌拜老泪纵横，他脱去上衣，露出满身伤疤的身体，对康熙说：“皇上，您仔细看看，我的这些伤疤，可都是为了你们家的江山而落下的！”

康熙见了，也不免感慨，最终，他免了鳌拜的死刑，改为终身监禁。鳌拜在监狱里待了两个月，郁闷而死了。

康熙除掉权臣后，开始亲政，他整肃纲纪，平定“三藩之乱”；统一台湾；挫败沙俄侵略军；三征噶尔丹；笼络汉族士人，发展经济，终于打造出了一个盛世。

## 历史考点

康熙皇帝玄烨，少年时挫败权臣鳌拜，开始亲政。康熙是中国历史上在位时间最长的皇帝，在位 61 年。

康熙、雍正、乾隆，祖孙三朝，是清朝最强盛的时期，史称“康雍乾盛世”。

### 清朝文字狱

文字狱，就是故意从人的文章中摘取字句，加以曲解，罗织成罪。清代统治者为巩固统治，大兴文字狱。从顺治开始，经康熙、雍正、乾隆三朝，文字狱最为严重，历时 140 余年，世所罕见。著名的案例有康熙年间的《明史》案、《南山集》案，雍正年间的吕留良案、屈大均案、“清风不识字”案、“维民所止”案等。

文字狱严重禁锢了思想，堵塞了言路，阻碍了科学文化的发展。

## 语文考点

### 不亦乐乎

“乐”读lè。“不亦乐乎”用来表示极度、非常、淋漓尽致的意思。出自《论语·学而》。

例句：雨停了，两个孩子在低洼处踩水，玩得不亦乐乎。

### 龇（zī）牙咧（liě）嘴

龇：牙齿暴露在外。成语用来形容凶狠或者疼痛难忍的样子。

例句：他不小心被螃蟹钳住了小手指，疼得他龇牙咧嘴，直掉眼泪。

# 79 郑成功收复台湾

dā 耷拉

下垂。

yì 翌

第二天或第二年。

公元 1661 年，清朝入主中国已经过去十六年了，但各地还是不断有一些反抗活动。这其中，郑成功是最大的一股力量。

不过，一直积极抗清的郑成功，现在已经退守到了厦门，而且遇到了很大的困难。当时清军已经基本占领了福建和广东，对厦门形成严密封锁。郑成功招不到兵、筹不到粮，进不能攻，退也没啥退路。他计划向台湾发展。

很早以来，台湾就是中国的领土。明朝末年，政府腐败无能，荷兰人趁机霸占了台湾的海岸，在这里修筑城堡，向台湾人民征收苛捐杂税。台湾人民不断反抗，但遭到了荷兰侵略军的残酷镇压。

郑成功少年时期，就跟随父亲到过台湾，亲眼看到过台湾人民遭受的苦难，心里早就想收复台湾。现在，他更是下定决心要赶走荷兰侵略者。

巧的是，一个在荷兰军队里当过翻译的人，在这时赶到厦门来见郑成功，向他详细汇报了荷兰人的军事布置，还送给郑成功一张台湾地图。这下子，郑成功更有信心了。

没过多久，郑成功留下部分军队守卫厦门，自己率领两万五千人马，驾着几百艘战船，浩浩荡荡杀向台湾岛。

前进途中，有些部将听说西洋鬼子的大炮火力很猛，很害怕，想打退堂鼓。

郑成功看到这种情况，果断地把自己的船开到队伍的最前面，慷慨激昂地鼓励大家说："火炮有什么可怕的？你们只要跟着我的船前进就是了。"

荷兰侵略者早就听说过郑家军的厉害，现在一听他们要进攻台湾，十分惊慌，连忙把军队集中在郑成功船队要登陆的港口，还在港口沉了好多破船，以阻挡船队登岸。但这些都难不住沙场老将郑成功，军队顺利登上了海岸，与敌人展开正面战。

台湾人民听到郑成功来了，马上**成群结队**地推着小车，为自己的同胞送来饭和水。而荷兰侵略者只能躲在堡垒里，不敢外出。

荷兰人**气急败坏**，连忙又调来四艘大军舰，**张牙舞爪**地向郑成功的船队开了过去。然而很快就被郑成功的军队给团团围住。郑成功一声令下，大炮齐发，把敌人的一艘军舰打了个透心凉，一下子大火熊熊燃烧，把海面照得通红。其他三艘军舰一看形势不妙，吓得掉头就逃。

荷兰侵略者遭到惨败后，派人到郑成功的大营来讲和，条件是只要郑成功退出台湾，就给他十万两白银。

郑成功瞪起双眼、扬起眉毛，威严地说：“台湾本来就是我们中国的领土，收回这个地方，那是**天经地义**的事。你们如果识相，就赶快滚出台湾。如果赖着不走，别怪我不客气！”

派来的人知道没戏，只好耷拉着脑袋走了。荷兰人最后没辙，只好扯起了白旗投降。

翌年年初，荷兰侵略者灰溜溜地离开了台湾。

## 历史考点

1662 年，郑成功从荷兰侵略者手中收复台湾。1683 年，台湾归入清朝版图；第二年，设置台湾府，隶属福建省。

## 语文考点

### 打退堂鼓

古代戏曲中，衙门升堂时打升堂鼓，退堂时则打退堂鼓。打退堂鼓，表示结束。现用来比喻做事情中途退缩。

例句：我们做事情要有耐心、有恒心，不要一遇到困难就打退堂鼓。

## 成语迷宫

沿横向或纵向行走，试着找出迷宫中的全部成语。

| 黄 | 灯 | 青 | 纯 | 火 |
|---|---|---|---|---|
| 卷 | 唇 | 红 | 千 | 炉 |
| 齿 | 白 | 皂 | 紫 | 万 |
| 赤 | 山 | 黑 | 水 | 流 |
| 者 | 墨 | 者 | 落 | 金 |
| 朱 | 近 | 出 | 石 | 铄 |

答案：1. 青红皂白；2. 青灯黄卷；3. 白山黑水；4. 水落石出；5. 近墨者黑；6. 近朱者赤；7. 齿白唇红；8. 万紫千红；9. 炉火纯青；10. 流金铄石。

## 诗词里的历史

### 咏史

（清）龚自珍

金粉东南十五州，万重恩怨属名流。
牢盆狎客操全算，团扇才人踞上游。
避席畏闻文字狱，著书都为稻粱谋。
田横五百人安在，难道归来尽列侯？

龚自珍生活在清朝道光时期，道光是清朝入主中原后的第六任皇帝，此时清朝统治已十分稳固；经过康熙、雍正、乾隆长达一百多年的文字高压政策，读书人都放弃反抗，以声色自娱，以沉默自保。此诗便写于这样一种背景之下。

“金粉”，奢华繁荣的意思；“牢盆狎客”，指依靠有钱人养着的轻薄文人；“团扇才人”，讽刺文人才子像女子一样；“田横五百人”，指秦末汉初，刘邦得到天下后，派人招降齐王田横，田横不肯臣服，自刎而死，追随田横的五百壮士也拒绝了朝廷的招抚，纷纷自杀。

全诗大意是说：江南富庶繁华之地，所谓的名流们沉迷声色，热衷名利；轻薄文人攀附上有钱人，生活滋润，不以为耻，反而沾沾自喜；像倡优戏子一样的人占据着朝堂上的高位。读书人因害怕文字狱而明哲保身，著书立说已放弃更高追求，只是为了混口饭吃。让人不由想起曾追随田横的那五百壮士，假如他们没有毅然赴死，而是归顺朝廷，真的就能人人封侯吗？

诗人对江南读书人慑于清朝统治而苟安偷生的现象进行了无情的讽刺，同时也是以诗为史，记录了文字狱下人们的真实心理。“避席畏闻文字狱，著书都为稻粱谋”是传诵至今的名句。

# 晚清变局

清朝前期，通过几任统治者的励精图治，中国成为一个幅员辽阔、人口众多、国力强大的统一多民族国家。然而危机也在潜伏，文字狱阻碍了学术进步；官场腐败、军队腐败；社会贫富分化严重；从顺治皇帝开始实行的闭门锁国政策，更是使中国逐渐落伍于世界历史的发展进程。

当西方列强正在大踏步地迈向工业化和对外扩张时，东方的清朝还沉醉在“天朝上国”的美梦中。落后就要挨打，这个后果来得既快又重。1839年，清政府派林则徐在广州处理了英国鸦片商人，第二年，英国就发动了鸦片战争，用坚船利炮打开了古老中国的大门。1842年，清政府被迫同英国侵略者签订了中国近代史上第一个不平等条约——《南京条约》。一个前所未有的大变局来临了。

西方列强鱼贯而来，像鲨鱼闻着了血的气味，向中国张开凶残的大嘴。与此同时，清政府内部也面临着重大危机。1851年1月，一个落第秀才洪秀全，领导发动金田起义，起义军以风卷残云之势，迅速搅动了大半个中国。最后以天京（南京）为国都，建立太平天国。史称“太平天国运动”，从发动到被平定，共历时十四年。

内忧外患，国难当头，激发了大批有识之士的救国之心。19世纪中期，曾国藩、李鸿章、左宗棠等人在编练新军、平定叛乱的同时，发起了洋务运动，“师夷长技以制夷”。1898年，康有为、梁启超等人在光绪皇帝的支持下，发起维新改良运动，史称“戊戌变法”。变法仅103天就宣告失败，因此又称“百日维新”。

没有人可以叫醒一个装睡的人，但不包括炮声。洋务运动、维新运动都没能促使腐朽的清政府作出改变，但是1911年10月10日晚，武昌起义的炮声震垮了清廷。在革命形势的逼迫下，1912年2月12日，清朝最后一位皇帝宣布退位。清朝结束。

# 81 林则徐虎门销烟

chāng jué
**猖獗**
凶猛而放肆。

chāi
**钦差**
临时官职，由皇帝亲自派遣。

jì
**伎俩**
手段，花招。有贬义。

shù
**戍边**
驻守边疆。

道光皇帝时期，西方不法商人为了赚钱，大量向中国走私鸦片，在沿海的广东等地，鸦片贸易尤其猖獗。吸食鸦片会令人上瘾。老百姓吸了，不少人**倾家荡产**；要命的是，政府官员和军队里的士兵也都吸鸦片，官场更加腐败，军队也没有了战斗力。鸦片真是**祸国殃民**，国家的白银也是哗哗地往外流。

看到这种情况，湖广总督林则徐坐不住了。他给道光打报告说：“不把洋人的鸦片给打掉，只怕十年后，国家就得成空壳，一分钱也没有。士兵也都是毫无战斗力的大烟鬼。”

道光皇帝一听，也觉得挺害怕，于是任命林则徐为钦差大臣，马上去广州主持工作，查办鸦片。

林则徐知道，洋人能疯狂走私鸦片，广东方面肯定有内鬼。要想打击海外毒品走私集团，就得先揪出内奸。于是，他先是**明察暗访**，了解腐败官员的内幕，掌握当地的基本情况。当一切准备就绪后，林则徐马上采取了行动。

一天，全体官员都收到了命令，要开个紧急会议。于是大家纷纷来到会议厅。可大家刚坐下，负责人就高声宣布：“钦差大臣林大人今天主持会议。”

大家都感到很惊讶，心想，这么大的领导要来，怎么也不提前打个招呼？正纳闷，林大人已经就座了。

这位林大人，一脸正气，扫视大家，然后严厉地说：“朝廷这次打击毒品走私，决心很大。我作为钦差大臣也绝不会手软。我知道，今天到场的，有洋人的内线，如果你们能主动交代问题，还可以从轻处理；不然的话，就别怪我林某无情。”

林则徐说完这句话，台下顿时议论纷纷，但就是没有人站起来认罪。林则徐早就掌握了情况，立刻派士兵把这些内奸直接带走了。

铲除了内奸，林则徐立即开始了行动。他命令洋人烟贩三天内交出全部鸦片。可洋人根本不害怕，拒不交出。林则徐马上派人封锁了他们的住所，断了他们的水和粮，洋人饿得头昏眼花，只好妥协，象征性地交出了一些鸦片。这种小伎俩当然糊弄不了林则徐，他宣布，再不交出全部鸦片，就要将人逮捕论罪。按中国的法律，他们犯下的罪行，杀一千次也不过分。

洋人见硬的不行，就来软的。趁着晚上，派人送来一个大箱子，里面全是白花花的银子。林则徐一看，肺都气炸了。他一拍桌子，**怒不可遏**地说：“赶快带着你们的银两给我滚出去，别弄脏了我的屋子。”

最后，洋人再无招可使，只好交出了全部的鸦片。

1839 年 6 月 3 日的清晨，广州军民像过节一样，**兴高采烈**地涌向虎门海滩，因为今天，林则徐要把缴来的鸦片

全部销毁。海滩上早已挖好两个很大的池子，里面倒满了生石灰。随着林则徐的一声令下，工作人员把缴获来的鸦片都倒进池里，再灌入海水。顿时，池子里就冒起了一股白烟，水也沸腾起来，鸦片算是彻底销毁了。

林则徐的禁烟运动，一定程度上遏制了鸦片在中国的泛滥，增强了中国人民对鸦片危害性的认识，同时也唤起了人民的爱国意识，具有积极意义。但英国为了打开中国市场，却以此为借口，在1840年悍然发动了鸦片战争，清朝战败，被迫求和。林则徐被构陷革职，发往新疆戍边。清政府的软弱无能，令人扼腕叹息。

### 历史考点

1839年，林则徐赴广东禁烟，将缴获的鸦片全部销毁，史称“虎门销烟”。

1840年，英国发动鸦片战争，清朝战败，于1842年同英国侵略者签订近代史上第一个不平等条约——《（中英）南京条约》。

### 语文考点

**海到无边天作岸，山登绝顶我为峰**

林则徐少年时有个巧对的佳话。一次，老师出上联“海到无边天作岸”，让学童们对下联。林则徐首先对出“山登绝顶我为峰”。不但平仄、对仗工整，而且意境阔大，体现出少年的远大志向。

# 82 洪秀全与太平天国

神谕（yù）
神的指示。

颁（bān）布
发下，公布。

清朝晚期，西方列强都看到了中国这块肥肉，不断地侵略。随着炮火而来的，还有西方的文化，其中就包括宗教。基督教也开始大范围在中国各地传播，传教的印刷品到处都有。

这种情况，影响了一个人。他就是领导了太平天国运动的洪秀全。

洪秀全是广东人，少年时代就很聪明，书读得不错，积极参加科举考试。可是，他考最低等级的秀才，考了两次都是**名落孙山**。第三次应考，结果老天又一次戏弄了他，他再一次失败。这回刺激太大了，洪秀全的心理防线彻底崩溃。他大病一场，整个人**奄奄一息**，家人都认为他不行了，买了棺材准备给他办丧事。

说来也奇怪，这年冬天，洪秀全的病突然好了。但性格大变，行为举止都很怪异。据说他在病中曾得到神谕，有天人告诉他，说他身份不凡，上帝派他来人间**降妖除魔**！所以洪秀才彻底抛弃了四书五经这些科举用书，而是找来一本基督教的普及读物《劝世良言》，仔细研读。

基督教的这一套，对洪秀全的思想产生了影响。经过反复研究，洪秀全认定了，上帝其实有两个儿子，自己就是上帝的二儿子，耶稣是他的大哥。之后，他还写了几本关于基督教的专著，但其中掺入了中国的很多封建迷信思想。

自古以来，广东就是中国开展对外贸易的地方，思想比较开放。洪秀全不洋不土的那一套思想在广东没什么市场，于是他带着专著来到了广西。当时的广西信息闭塞，老百姓文化不高，迷信思想比较重。在这里，洪秀全**如鱼得水**，获得了不少追随者，成立了地下宗教组织“拜上帝会”。

随着队伍不断壮大，到1850年，洪秀全觉得起义的时机成熟了。他命令所有的拜上帝会成员到金田村开会。当会员到齐后，洪秀全进行了一番演讲。

他慷慨激昂地说：“我们都是上帝的子女，所以大家都是平等的。可你们看看，官府的老爷们成天吃香的、喝辣的，我们却连口粥都喝不上。你们说这公平吗？”

被他这么一鼓动，大家的情绪也非常激动，都高声地喊着：“不公平！不公平！”

洪秀全趁机问道：“那你们说该怎么办？”

下面的人群一下子被点燃了，纷纷大声喊：“反了！”

目的达到了！洪秀全带领教会成员们起义了。

很快，官府派了军队前来镇压。可是大家群情高涨，哪会把清军放在眼里，都拿起随身带着的锄头、长矛，奋勇抵抗。

平时**老实巴交**的老百姓发起了狠，可把清军吓得不轻，本来就没啥战斗力，现在更不可能拼命！**三十六计，走为上计**，咱还是跑吧！就这样，起义军赶跑了清军，并且乘机拿下了附近的永安县城。

清朝历史上最大规模的一次农民起义——太平天国起义，由此拉开了大幕。1853 年，太平天国占领南京，改名天京，作为都城。颁布《天朝田亩制度》，作为施政纲领。

## 历史考点

1851 年 1 月 11 日，洪秀全领导发动金田起义，建立太平天国政权。1853 年定都天京（南京），颁布《天朝田亩制度》。

## 语文考点

名落孙山

名字落在榜末孙山的后面。比喻考试失败，没有被录取。

古时有个叫孙山的人，考取了末名举人，回乡后，有人问他：“我的儿子考中没有？”孙山回答说：“解名尽处是孙山，贤郎更在孙山外。”意思是榜上最后一名是孙山，你的儿子还在孙山的后边。——自然是没有考中！

## 成语迷宫

沿横向或纵向行走，试着找出迷宫中的全部成语。

| 蜜 | 腹 | 剑 | 唇 | 箭 |
|---|---|---|---|---|
| 口 | 笑 | 舌 | 枪 | 暗 |
| 常 | 里 | 藏 | 明 | 鬼 |
| 开 | 大 | 刀 | 阔 | 斧 |
| 眼 | 动 | 干 | 旦 | 神 |
| 界 | 枕 | 戈 | 待 | 工 |

答案：1. 大刀阔斧；2. 鬼斧神工；3. 笑里藏刀；4. 笑口常开；5. 大开眼界；6. 大动干戈；7. 枕戈待旦；8. 口蜜腹剑；9. 唇枪舌剑；10. 明枪暗箭。

## 83 曾国藩：鄱阳湖之难

pó
鄱阳湖
我国第一大淡水湖，位于江西省北部。

shà
霎时间
一会儿，极短的时间。

shú
赎罪
用钱物或某种实际表现来抵销罪过。

洪秀全领导的太平天国运动，给清政府带来了巨大打击。清朝的军队不是对手，无奈之下，朝廷号召各地自练民团，以抵抗太平军。在这样的背景下，曾国藩开始组建湘军。

1854 年冬天，曾国藩率领湘军水师顺长江而下，直奔鄱（pó）阳湖湖口，准备拿下九江城。

镇守九江的，是太平军的名将石达开，他的水师在湖口布防。刚开始，曾国藩的湘军很顺利，很快就被打败了太平军。湘军的水师，由两类战船组成，大小不一样。大船叫“快蟹”“长龙”，比较笨重，船上配有重炮，可以远程轰击，但主要任务，还是给小船提供弹药和粮草；小船叫“三板”“四板”，没有篷盖，每艘船有二十多把桨、三五尊小炮，可以灵活驾驶，速度快，是主要的作战力量。这两类战船只能互相配合作战而不能分开。

刚开始湘军大获全胜，从将领到士兵，都开始有点飘飘然。那些轻便的小船，就**争先恐后**地往鄱阳湖里开进去。曾国藩也一样，他乘着小船冲在最前面。小船全部进了湖，可是装着粮草弹药的大船，还在湖口外的长江水面上呢。

太平军将领石达开一眼看出这是个机会。于是，他命令太平军马上封锁湖口，把湘军的大船和小船分离开来。然后，石达开决定先解决长江上的大船，以彻底打灭湖内湘军的士气。于是，几十只太平军小船，满载柴草、火药，冲进湘军的大船当中放火。霎时间，长江江面上黑烟滚滚，火光冲天，比当年周瑜火烧赤壁，那是一点不差。

湘军这边，一看江面上的大船被烧了，都急了，着急忙慌地掉转船头想回去救援。可惜，**为时已晚**。湖口已经被太平军围堵起来，跟铁桶一般。想要过去，只能继续打。他们只好继续在湖里和太平军作战。坚持到中午饭点，湘军都饿了，总得啃点干粮吧。可是一摸口袋，**空空如也**，干粮全在大船上放着呢！湘军的士气马上泄了一半。而太平军干粮充足，吃得是**津津有味**，仗也是越打越勇。饱汉打饿汉，最后的结局可想而知。湘军这次受到了严重的损失。

明明是胜局，眨眼间就变成这样了。曾国藩非常痛苦。他望着那浩浩荡荡的湖水，长叹一声说："想不到，我曾某人一生谨慎，这次竟犯了这么大的错误，都是高兴过了头啊！才害得这么多湖南的子弟战死。我还有什么脸面去见潇湘的父老乡亲？唯有一死才能赎罪。"

说完，他纵身一跃，就跳进了湖里。旁边的参谋看见主帅跳湖了，连忙让人去捞他。曾国藩被救上来后，还是心有死志，有人劝他说："曾大帅，您这还叫男子汉大丈夫吗？不就是打输了一场仗吗，从古至今，谁还没打输过？像当年刘邦被项羽打得**落花流水**，最后不一样坐天下吗？”

这句话，**一语点醒梦中人**！曾国藩很是羞愧，心想：我这是咋了！输了一场仗就**寻死觅活**，这么没志气吗？他终于打消了自杀的念头。

在鄱阳湖没死成的曾国藩，以后带领湘军，克服了一个又一个困难，最终平定太平天国，成就了一番伟大事业。不但建立了功业，而且还成了近代的名臣。

## 历史考点

曾国藩是湘军的创建者，清政府平定太平天国的功臣。他与李鸿章、左宗棠、张之洞被称为“晚清中兴四大名臣”。

## 语文考点

一语点醒梦中人

也作一语惊醒梦中人。比喻用一句很有道理的话，让人突破思想或行为的迷局，不再糊涂。

例句：我冥思苦想了好几天，也没想出有效的办法来，听你这一说，我突然就有了灵感。这可真是“一语点醒梦中人”啊！

# 戊戌政变

sì
嗣
子孙；继续，继承。

官吏的俸（fèng）禄。

清朝末期，“老佛爷”慈禧太后**垂帘听政**，实际权力都掌握在她的手里。年轻的光绪皇帝在她跟前，地位连宫里的大太监都不如。眼看着王朝一天不如一天，光绪心里很着急，他想改变现状，也想夺回本属于自己的权力。这时候，**志同道合**的人出现了。就是学者康有为和梁启超、谭嗣同这些青年人。他们向皇帝提建议，希望学习西方，传播科学，改革政治、教育制度等等，进行维新变法。光绪皇帝和他们很投缘，于是，1898 年，一场热热闹闹的维新运动开始了。

年轻人干得**热火朝天**的时候，都忽略了一件事，那就是光绪没有实权，而掌控实权的慈禧太后反对变法。眼看着光绪帝翅膀越来越硬，身边又聚集了这么多帮手，慈禧感到了威胁，她安排亲信荣禄担任直隶总督和北洋大臣，把兵权握在手里，准备对皇帝和维新派人士动手。

光绪帝预感到不妙，赶紧传密诏，告诉康有为、谭嗣同等。大家都急坏了，也赶紧想办法。可是满朝文武里，有兵权，还能支持维新派的，数来数去，也就只有袁世凯了。

袁世凯虽然是荣禄的手下，但他曾经长期驻兵朝鲜，比较了解国际形势，思想也比其他人开明。于是，谭嗣同向光绪提建议，叫他拉拢袁世凯。光绪马上给袁世凯升了官。

为了保险起见，一天夜里，谭嗣同还亲自去见了袁世凯。一见面，谭嗣同就**开门见山**地问：“袁将军，你觉得皇上怎么样？”

袁世凯说：“皇上那还用说，五百年出一个的人物。”

谭嗣同又问：“老佛爷和荣禄的阴谋，你知道吗？”

袁世凯说：“稍微知道一点。”

于是谭嗣同激动地说：“现在可以救皇上的，只有你了。如果你想救皇上，那再好不过；如果你不打算救，可以立刻去告发我，让太后砍我的头。那样的话，你就有享不尽的荣华富贵！”

袁世凯装出一副很生气的样子，大声说：“你把我当什么人了！皇上是我们共同的皇帝。男子汉大丈夫，你有话尽管说，我听着！”

这番话说得响当当，谭嗣同十分感动。接着，他详细说明了自己的想法，希望借助袁世凯的力量，除掉荣禄，让慈禧太后失去依靠，还政与皇帝。这样一来，维新改革就能顺利进行。

袁世凯当场又来了一套慷慨激昂的表演，胸脯拍得山响，保证愿意为变法做贡献，保护皇上的安全。谭嗣同万分欣慰。

可他万万没想到的是，他前脚刚走，袁世凯后脚就把所有的事情都告诉了荣禄。荣禄连夜进京，向慈禧告发。慈禧得知这件事，吓得脸色都变了。她真是做梦也想不到，光绪这个小皇帝，平常一直**唯唯诺诺**，现在竟然有胆子要对付她了！慈禧是个**心狠手辣**的人，她**当机立断**，把光绪软禁了起来，并派兵逮捕康有为、谭嗣同等人。

康有为等人在日本大使馆的保护下，离开中国去了日本。他们临走之前，也劝谭嗣同一起走，可谭嗣同坚决不同意。他对大家说："各国的变法，哪个不是经过流血牺牲才成功的？而在中国，从没听说过有为变法而牺牲的人，这大概就是我们改革失败的原因吧。如果是这样，我谭嗣同愿意做第一人！再说，现在皇上不知道是生是死，我不忍心走！"

第二天，谭嗣同就被逮捕了。最后，他和康有为的弟弟等一共六人，在菜市口被杀了，历史上称为"戊戌六君子"。

随后慈禧又把所有的改革派官员撤了职，光绪实施的新政，除了京师大学堂（北京大学前身）被保留，其他的全部被废除。变法彻底失败了，因为这一年是戊戌年，史称"戊戌变法"。慈禧太后发动的这场政变，史称"戊戌政变"。再过了十几年，"辛亥革命"中，清朝的统治被推翻。

## 历史考点

1898 年 6 月 11 日开始实施变法，到 9 月 21 日慈禧太后发动政变，囚禁光绪帝，变法失败。变法历时 103 天，史称"戊戌变法"，又称"百日维新"。

1911 年 10 月 10 日，革命党人在湖北武昌发动起义，"辛亥革命"爆发。1912 年 2 月 12 日，清帝颁布退位诏书，清朝灭亡。

## 语文考点

志同道合

志：志向、志趣。意思是志向相同，意见一致。形容彼此理想、志趣相合。

例句：两个人虽然性格迥异，但是志同道合，所以一起工作很合拍。

# 诗词里的历史

## 春愁

（清末）丘逢甲

春愁难遣强看山，往事惊心泪欲潸。

四百万人同一哭，去年今日割台湾。

戊戌变法往前倒推三四年，中国历史上发生了一件震惊世界的大事：号称当时亚洲最强的大清北洋舰队，遭到日本海军的蓄意突袭，最终清朝战败，北洋水师全军覆没。这就是中日甲午战争。1895 年 4 月 17 日，清政府被迫和日本签订了丧权辱国的《马关条约》，支付巨额赔款，并割让台湾及附属岛屿。

甲午战争的后果给中华民族带来了空前严重的民族危机，中国人民饱受其苦，文人志士闻之慷慨流涕。同时这件事也是导致戊戌变法的直接因素之一。

丘逢甲是清末著名爱国诗人，他祖籍广东，出生于台湾，会试成功后无意在京为官，回到台湾开办教育。甲午战争爆发时，他正是三十而立的年纪。台湾被割让日本后，他以血书请愿无果，又亲率义军抵抗日寇，激战二十余日，终因孤军无援而失败。

此诗创作于《马关条约》一年后。潸（shān），流泪的样子。全诗语言平实，通俗易懂，蕴含的情感却极为深沉而强烈。

## 书读完了，来测验一下你的学习成果吧！

成语迷宫（每题10分）。从“入口”开始，沿横向或纵向行走，经过的路线必须可组成成语，直到成功到达“出口”。

| | | | | | |
|---|---|---|---|---|---|
| | 秋 | 毫 | 发 | 不 | 爽 |
| | 察 | 高 | 悬 | 崖 | 勒 |
| 入口→ | 明 | 镜 | 梁 | 刺 | 马 |
| 出口← | 清 | 花 | 水 | 骨 | 仰 |
| | 河 | 好 | 月 | 圆 | 人 |
| | 晏 | 海 | 倒 | 山 | 翻 |

1. 写下你认为的正确路线。
2. 来试试你能找出多少个成语吧！

成语理解（每题5分）。

1. 与成语“蓬头垢面”中，“垢”的读音相同的是（ ）？

A. 逅　B. 诟　C. 后

2. 成语“钩心斗角”中，“角”的本义是（ ）？

A. 牛角　B. 檐角　C. 号角

3. 下列成语中，与“两袖清风”意思最接近的是（ ）？

A. 高风亮节　B. 一贫如洗　C. 贪赃枉法

4. 下列与成语“好大喜功”中的“好”字，用法相同的是（ ）？

A. 好高骛远　B. 好景不长　C. 不怀好意

5. 下列成语中，与“病入膏肓”意思最接近的是（ ）？

A. 病入骨髓　B. 病从口入　C. 积劳成疾

6. 下列对成语“恍然大悟”理解正确的是（ ）？

A. 从迷茫中醒来　B. 从精神不振中惊醒　C. 突然醒悟

连连看（每题 4 分）。将历史人物和对应的典故，正确地连起来。

| | |
|---|---|
| 秦始皇 | 杯酒释兵权 |
| 汉武帝 | 玄武门之变 |
| 唐太宗 | 焚书坑儒 |
| 宋太祖 | 广积粮，缓称王 |
| 明太祖 | 罢黜百家 |

连连看（每题 4 分）。将历次变法和对应的变法内容，正确地连起来。

| | |
|---|---|
| 赵武灵王改革 | 一条鞭法 |
| 商鞅变法 | 胡服骑射 |
| 王安石变法 | 废八股，兴西学 |
| 张居正改革 | 废井田，开阡陌 |
| 戊戌变法 | 青苗法、保甲法 |

选择题（每题 10 分）。

1. 下列皇帝中，属于亡国之君的是（ ）？

A. 汉献帝刘协　B. 宋神宗赵顼　C. 明思宗朱由检

2. 下列农民起义中，曾成功推翻了当时统治王朝的是（ ）？

A. 黄巢起义　B. 李自成起义　C. 太平天国运动

你的得分：________

参考答案

成语迷宫：
正确路线：1. 明镜高悬；2. 悬崖勒马；3. 马仰人翻；4. 翻山倒海；5. 海晏河清。
一共 10 个成语：
6. 明察秋毫；7. 毫发不爽；8. 悬梁刺股；9. 镜花水月；10. 花好月圆。
成语理解：1.B；2.B；3.A；4.A；5.A；6.C。
选 择 题：1.AC；2.B。

图书在版编目（CIP）数据

陪孩子玩转中国史．2，明清简史 / 文海 编著.—北京：东方出版社，2022.3

ISBN 978-7-5207-2465-4

Ⅰ．①陪… Ⅱ．①文… Ⅲ．①中国历史－明清时代－青少年读物 Ⅳ．① K209

中国版本图书馆 CIP 数据核字 (2022) 第 002073 号

陪孩子玩转中国史 2：明清简史
(PEI HAIZI WANZHUAN ZHONGGUOSHI．2，MING QING JIANSHI)

编　　著：文　海
责任编辑：辛春来
策　　划：闫　冬
封面设计：后声文化・胡振宇
美术设计：壹点插画工作室
插画绘制：王梦婕　贾迎欣　刘　冲
艺术指导：李朋威　李春华
出　　版：东方出版社
发　　行：人民东方出版传媒有限公司
地　　址：北京市西城区北三环中路 6 号
邮　　编：100120
印　　刷：三河市嘉科万达彩色印刷有限公司
版　　次：2022 年 3 月第 1 版
印　　次：2022 年 3 月第 1 次印刷
印　　张：24（全六册）
开　　本：700 毫米 ×1000 毫米　1/16
字　　数：350 千字（全六册）
书　　号：ISBN 978-7-5207-2465-4
定　　价：120.00 元（全六册）
发行电话：(010) 85924663　85924644　85924641

文海　编著

# 陪孩子玩转中国史 2

## 春秋战国简史

人民东方出版传媒
People's Oriental Publishing & Media

東方出版社
The Oriental Press

# 图说历史

**史前时期**
距今约170万年前
元谋人出现
距今约70万—20万年前
北京人出现

**尧舜禹的故事**
距今约6000—4000年
从部落发展到奴隶制国家

**周文王的故事**
约前1152—约前1056
中国历史上第一位公认的贤君
华夏文明的开创者

**周朝的建立**
前1046
周朝是第一个
以“华夏”自称的朝代

**东周的开始**
前770
周平王迁都洛邑
史称东周

**烽火戏诸侯**
西周末年
周幽王荒淫失国

**春秋纷争**
前770—前476
周王室权威衰落
诸侯势力崛起

**春秋首霸齐桓公**
前685—前643在位
尊王攘夷，九合诸侯

**大器晚成晋文公**
前636—前628在位
在即位国君之前
曾流亡19年

**一飞冲天楚庄王**
前613—前591在位
开创春秋时期
楚国鼎盛时代

# 春秋战国

**吴越槜李之战**
前496
吴越争霸中的一次
重要战役
越王勾践对阵吴王阖闾

**勾践卧薪尝胆**
前496—前464在位
春秋时期最后一位霸主

**荆轲刺秦王**
前227
燕国灭亡之前的挣扎
几年后秦王嬴政统一中国

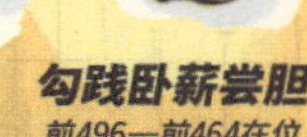

**战国剧变**
前475—前221
七大诸侯国相互征战
最终秦国实现统一

**吕不韦奇货可居**
？—前235
投资秦异人成为国君

**晋阳之战：**
**三家分晋的前奏**
前453
晋国三大家族形成
即后来的赵、魏、韩三国

**一代奇人赵武灵王**
前326—前295在位
推行“胡服骑射”
强大赵国军事

**商鞅变法**
前356—前338变法
奠定了秦国成为
最强帝国的基础

**战国人才代表：吴起**
？—前381
先后在魏国、楚国主持变法
均有突出成就

# 目录

泱泱华夏，上下五千年，云蒸霞蔚，源远流长。

盘古开天、女娲（wā）造人，是中华民族最久远的神话传说，不过我们这套历史小书的第一页，将从尧、舜、禹三位圣王说起。

尧、舜、禹时期，往上承续三皇五帝，往下开启夏商周三代。这是中华文明从部落到国家的一个转折时期。

商灭夏，周灭商；公元前770年，周平王迁都洛邑，历史进入东周，即春秋战国时期。需要强调的是，“春秋战国”不只是一个新的历史阶段的名词，而是从这里开始，中国历史有了一个最可喜的变化：历史长河中那些杰出的人物和他们的故事，开始被史官们一一记载下来，历史这部大书，顿时变得丰富、生动。

春秋战国，是天下英豪的试练场，春秋五霸、战国七雄，儒道墨法、诸子百家。很幸运，一翻开书页，历史就是如此精彩！

# 传说时代

中华民族被称为“炎黄子孙”，炎帝和黄帝是中华民族的人文初祖。在炎帝和黄帝之后，尧、舜、禹这三位首领最为人所乐道。一般认为，尧是陶唐氏部族的首领，舜是有虞（yú）氏部族的首领，禹是夏后氏部族的首领。尧把王位让给舜，舜把王位让给禹，这种将王位让给贤能之士的方式，称为禅（shàn）让制。从禹开始，王位由儿子继承，称为世袭制。

这一时期的历史，因为缺乏足够的历史记载和文物佐证，所以被称为传说时代。距今约 6000–4000 年。

# 尧舜禹的故事

**有虞（yú）氏**：中国上古时代的部落名。

**鲧（gǔn）**：古人名，传说是夏禹的父亲。

**禅（shàn）让**：中国原始社会末期推举部落联盟首领的制度。传说上古帝王，尧让位给舜，舜让位给禹，传贤不传子，史称禅让。

**瞽（gǔ）叟（sǒu）**：中国上古人物，因双目失明，故称“瞽叟”。

上古时代，中华民族有很多杰出领袖。尧就是其中的一位。他在位的时候，干了不少大事，比如说：他派人测算日月星辰的运行规律，制定出历法，将一年中白昼最长的那天定为夏至，白昼最短的那天是冬至，中间有两次白天和夜晚一样长，分别是春分和秋分。有了历法的指导，老百姓就知道什么时候该播种了，什么时候该收割了。

在尧的治理下，人民生活越来越好，但是尧还是住茅草屋，喝野菜汤，穿粗布衣服，生活特别**俭（jiǎn）朴**。他常说：“有一个人挨饿，就是我的错；有一个人受冻，就是我的错；有一个人犯错，就是我害了他。”只有大家都好了，尧才能安心。

相传有一位老人，一边“击壤”（古代一种投掷游戏），一边唱歌：“**日出而作，日入而息**。凿井而饮，耕田而食。帝力于我何有哉？”

意思是说：太阳出来就去干活，太阳落山就回家休息。凿一眼井就有水喝，种出庄稼就有饭吃。日子自由自在的，我为啥要羡慕帝王的权力呀？这说明，老人的日子过得舒坦、自由，**自食其力**，不愁温饱，也不受管束，不羡慕别人。这不就是好日子吗？！这就是著名的《击壤歌》。说明在尧的治理下，老百姓都**安居乐业**。

传说尧当了七十年的天子，等他老了，要找一个接班人。他有个儿子叫丹朱，丹朱没什么才能，而尧想寻找一位品德高尚、才能突出的人来接班，领导大家过上好日子。最终他选中的人，就是舜。

舜是一个孝子。他的生母很早就死了，后妈心肠很坏。后妈又生了个弟弟，名叫象，被大人宠坏了，用现在的话说，是个“熊孩子”。可偏偏，舜的父亲糊涂透顶，人称“瞽叟”，就是“瞎老头”的意思。瞽叟什么都偏向后妈和象。舜的日子很不好过，每天挨打受骂，还要干活。可是，舜一句抱怨都没有，对父母和弟弟都挺好。

舜的品德远近闻名，大家把他推荐给尧。尧决定考察一下舜，就把自己的两个女儿，娥（é）皇和女英，都嫁给舜，还给舜建粮仓，分给他很多牛羊。

后妈和弟弟一看，简直**天上掉馅（xiàn）饼**，舜也太幸运了吧？他们又羡慕，又妒忌，不停地在瞽叟耳朵边吹风，要把舜害死，把这些财产都抢过来。

瞽叟竟然同意了。他让舜修补粮仓。舜刚爬到粮仓顶上，瞽叟就把梯子拿走了，还在下面放起火来。幸好舜随身带着两顶大斗笠，遮雨遮太阳用的，他**急中生智**，用斗笠做成一对简易的滑翔翅膀，从屋顶上飞了下来，**毫发无损**。

还有一次，瞽叟让舜去挖井。等到舜越挖越深的时候，瞽叟和象就往下面扔石头，一块接一块，把井填上了。这下他们觉得舜肯定会死在里面了，就高高兴兴地回了家，边走还边算计着霸占舜的财产。没想到，他们一进家门，却看到舜正坐在屋里弹琴呢。原来，舜从井的侧面挖了一个通道钻了出来，安全回家了。瞽叟和象大吃一惊。舜呢，好像什么事都没发生过一样，对待父亲、后妈和象，还是和和气气的。从这以后，瞽叟和象再也不敢害舜了。

经过各方面的考验，尧放心地把王位禅让给了舜。

尧舜时期，黄河经常发大水。尧帝派了有崇部落的首领鲧来治水。鲧的想法很简单，哪里涨水，就在哪里建造堤坝，挡住它！结果，水越淹越高，前前后后，花了九年时间，还没完成任务，就被杀掉了。

可是，水灾还得接着治啊！接替任务的，就是鲧的儿子——禹。

禹可比父亲聪明多了。他先去实地调研，带着人**翻山越岭**，**风餐露宿**，走遍各地，了解山川地形，规划河道。接着，他总结吸取父亲的经验教训，决定以疏导为主。水不是都往低处流吗？这是自然规律呀！禹就带人疏通河道，把泛滥的洪水引进海里。传说，大禹治水的时候，一门心思扑在工作上，完全忘了自己的存在，在外面十三年，三过家门而不入。最终，成功治理了洪水，解除了水患（huàn）。

因为治水的巨大功劳，人们都把禹当成神一样尊敬，称他为“大禹”“神禹”。舜老的时候，把王位禅让给了禹。禹建立了夏朝，所以，也被称为“夏禹”。禹把天下划为九州，还铸（zhù）造了九鼎，象征九州。九鼎可了不起，后来成为国家王权的象征。成语**“一言九鼎”**，就与此有关，形容某人说话非常有分量，作用极大，可与九鼎**相提并论**。

## 历史考点

中华民族被称为“炎黄子孙”，炎帝和黄帝是中华民族的人文初祖。

尧把王位让给舜，舜把王位让给禹，这种方式称为禅让制。从禹开始，王位由儿子继承，称为世袭制。

## 语文考点

### 谏鼓谤木

传说尧在院子里摆了一面鼓。谁要是对他个人有什么意见，对部落的事情有什么建议，就敲响这面鼓。尧一听到鼓声，立刻出来接见。舜在交通要道上竖起一块木板，老百姓有什么意见，写在木板上，舜就能知道人民的心声。这就是成语“谏鼓谤木”的故事，后该成语泛指领导者能虚心接纳人们的意见。

# 周朝的建立

大约公元前2070年，禹建立夏朝，这是中国历史上的第一个王朝。之后，夏朝历经400多年，被商朝取代（约公元前1600年）；商朝再历经500多年，被周朝取代（公元前1046年）。夏、商、周三朝，史称“三代”。

“三代”建立了各项制度，创造了丰富灿烂的文明，最具代表性的是青铜器和甲骨文。从商朝开始，我国有了文字可考的历史。

周朝的建立，奠（diàn）基于姬（jī）昌，完成于姬发。约公元前1056年，姬昌去世。十年后，其子姬发灭商建周，定都镐（hào）京（在今西安）。姬发即周武王，追尊父亲姬昌为周文王。

周文王是中国历史上第一位公认的贤君。据说他“拘而演周易”，创作出《周易》这部书，后来被儒家奉为“六经”之首。周朝是第一个以“华夏”自称的朝代，所以周文王也被称为华夏文明的开创者。

# 周文王的故事

**生词学习**

jī 姬：姓氏；古代对妇女的美称。

hào 镐京：古都名。西周国都。故址在今陕西省西安市西南沣水东岸。

diàn
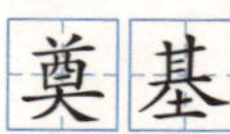

奠基：奠定建筑物的基础。

yǒu 羑里：古地名，在今河南省汤阴县一带。

xī

伏羲：古代传说中的人物。

huì lù 贿赂：用财物买通别人，也指用来买通别人的财物。

禹建立夏朝，后来夏朝被成汤所灭，成汤建立商朝。到了商朝末年，周部落逐渐强大起来。几代首领都特别能干，尤其是到了季历这一代，商朝封季历为西伯侯。但是，就因为太能干了，商王文丁一看：这不行啊，你强大了，就会威胁我啊。于是，找了个借口把季历杀掉了。西伯侯的位子，由季历的儿子姬昌继承。可是，商王打错了算盘，因为姬昌跟父亲一样优秀。在他的治理下，周的力量更加强大。此时的商纣王又睡不好觉了。

一天，谋臣崇侯虎跟纣王说："姬昌这几年四处行善，威望很高，很多人对他**心悦诚服**，这恐怕不利于商朝的发展！"这话说到纣王心里了，纣王说："你说得太对了！马上把姬昌抓来！"于是，人在家中坐，祸从天上来，姬昌**莫名其妙**就被纣王拘禁在羑里。被关押的日子苦啊！姬昌是怎么过的呢？他利用这段时间，整理出一些资料，根据伏羲氏创造的先天八卦，推演出六十四卦，写出了《周易》一书。这就是司马迁《史记》中说的"文王拘而演《周易》"的事。

那么，纣王有谋臣，姬昌也有啊。大臣散宜生**急中生智**，献财宝，献美女，贿赂商纣王。纣王本来就荒淫无道，看见美女和财宝便双眼放光，一高兴，就把姬昌放回去了。

重获自由后，姬昌要推翻商朝的暴政。他一边积蓄力量，一边寻找人才。

有一天，姬昌外出打猎，在河边看到一位老人在钓鱼，口中还念念有词："上钩吧，上钩吧，愿意上钩的都来吧。"姬昌觉得又奇怪，又好笑。等他走近一看，更觉得奇怪了：这老人的鱼钩是直的，而且还没有鱼饵。最奇怪的是，鱼钩根本没放进水里，而是离水面三尺高。这怎么钓鱼啊？姬昌纳闷了，就问老人："老人家，您这样怎么能钓到鱼呢？"老人微微一笑，说："愿者上钩嘛！"

这一句话，就让姬昌觉出老人不一般了。接着再一聊，姬昌发现，这人不得了啊，**上知天文，下知地理**，政治、军事都说得**头头是道**。这老人是谁呢？就是后来鼎鼎大名的姜尚，也叫姜子牙。他看到商纣王昏庸无道，老百姓**敢怒不敢言**，预感到商朝很快就要灭亡了，所以每天都坐在河边，等待明君寻访。姬昌**大喜过望**，请姜子牙做自己的军师。有了姜子牙的帮助，姬昌**如虎添翼**，周部落发展得越来越好，成为百姓们向往的"人间天堂"。

有个小故事，可以说明周地究竟有多好。

有两位诸侯发生了纠纷，谁也不让谁，于是来找姬昌仲裁。当他们来到周地，发现这里的人们都心情愉快、友好谦让，社会秩序**井井有条**。两位诸侯一看，太惭愧了："你看人家多有礼貌；跟人家一比，咱们为点儿小事就争吵，多让人笑话啊！"于是，两人互相

让步，和好如初。

就这样，姬昌成了道德模范，赢得了民心，开始打出“伐商”的旗号。天下人痛恨商纣王已经很久了，一看姬昌站出来带头反抗，都纷纷加入他的队伍。

可惜的是，眼看**万事俱备**，姬昌却突然病逝了。十年后，姬昌的儿子姬发继承父亲的事业，成功灭掉商朝，建立了周朝。姬发即周武王，追尊姬昌为周文王。周文王成为中国历史上第一位公认的贤明之君。

## 历史考点

约公元前2070年，禹建立了夏朝，这是中国历史上的第一个王朝。

公元前1046年，周武王带领的军队和商朝军队在牧野决战，周武王获胜，商朝灭亡。周武王建立周朝，定都镐京，史称西周。

夏、商、周三个王朝，史称“三代”。

### 谥（shì）号

姬昌、姬发父子二人都称王，为何一个称“文王”，一个称“武王”？原因与周朝实行的谥号制度有关。谥号，是天子、诸侯、高官等死后，人们根据其生平事迹而作出的评价。姬昌是仁政爱民的道德模范，故死后被谥为“文”。姬发以武力伐纣，安邦定乱，死后被谥为“武”。两人的谥号正是根据他们的不同功绩来定的。

## 语文考点

### 姜太公钓鱼，愿者上钩

姜尚钓鱼，既不挂饵，甚至鱼钩都不入水，这样能钓到鱼吗？但是周文王却心甘情愿地“上了钩”。这个俗语常用来比喻心甘情愿地落入别人的谋划。类似的故事有“周瑜打黄盖，一个愿打一个愿挨”。“姜太公钓鱼”有时也可理解为“别有所图”的意思，类似“醉翁之意不在酒”。

例句：他虽然也贴出了求助告示，实际上抱的还是“姜太公钓鱼”的心态，有人相助自然更好，无人相助他就自己完成，无非是多花时间、多辛苦一些。

# 东周的开始

周王朝建立于公元前1046年，史称西周。实行分封制，将宗亲和功臣分封到各地，建立诸侯国。诸侯国有很大的独立性，但需要向周王进贡，并服从周王调兵。

两百多年后，周幽王上台，这是西周王朝的最后一位王，他重用佞（nìng）臣，导致社会矛盾激化，终于亡国。公元前771年，也就是“烽火戏诸侯”故事发生的这一年，犬戎（róng）族攻入都城镐京，周幽王身死，西周灭亡。

之后周幽王的儿子周平王继位，第二年迁都洛邑（今河南洛阳），史称东周。从这时开始，中国历史进入一个全新的时期，一个有确切文字记载的信史时代。

# 3 烽火戏诸侯

佞(nìng)臣：花言巧语奉承君主的大臣。贬义。

犬戎(róng)：古代游牧民族。

虢(guó)：古国名。

褒(bāo)姒(sì)：人名。褒，跟“贬”相对，赞美、夸奖，如“褒义”。

粲(càn)然一笑：露齿大笑。

气喘(chuǎn)吁(xū)吁：呼吸急促，大声喘气。

洛邑(yì)：今洛阳。邑，泛指城市。

西周王朝最后一个王——周幽王上台后不久，就把他讨厌的褒（bāo）国国君关进了监狱。褒国人很害怕，知道幽王喜欢美女，就送来一个叫褒姒（sì）的美女。这个褒姒**美若天仙**，周幽王一见就喜欢上了，立即释放了褒国国君。

就这样，周幽王和褒姒生活在了一起，两个人甜甜蜜蜜。可时间一长，周幽王发现了一个问题：从来没见褒姒笑过。

“这是咋回事呀？”周幽王的心一下子紧张了起来。

褒姒说：“我也不知道呀，我就是不会笑。”

“不会？那我教你好了！”周幽王马上咧着嘴、扯着脸上的肌肉，给褒姒摆出一个笑脸。

可不管幽王怎么折腾，褒姒就是学不会怎么笑。周幽王最后累得不行，摆摆手，让人找来手下的官员们，命令他们想办法。

有人说，让乐队演奏乐曲，褒姒听得高兴了，肯定会笑。也有人说，给她看最棒的小丑表演，和最有趣的猴戏。结果这些都试过了，褒姒还是不笑。

这下可把周幽王愁坏了，愁得眉头都快拧成疙瘩了。

这时，一个叫虢（guó）石父的官员想到了一个办法——点火。

周幽王没听明白，问：“点火？点什么火？”

虢石父说：“点烽火台。”

周幽王还是没明白。这跟烽火台有什么关系呢？原来，周朝在交通要道上建了不少烽火台，里面堆着一些木柴、干牛粪之类，打仗的时候，一旦点燃，浓烟滚滚、火光冲天，就跟发信号弹一样。诸侯们远远地看见了，就知道有敌人来了，于是大家都赶来帮忙。

虢石父解释说：“这样呀，大王和王后在游玩的时候，点起烽火。那些诸侯看见了，还不得带着兵马连夜赶来？结果到了以后，发现啥事也没有，被捉弄了，那样子肯定很有趣。王后见了，一定会开心而笑。”

周幽王明白了，就是跟诸侯开个小玩笑嘛，可以有！

这天夜里，幽王让人点燃烽火，又擂起大鼓。这下子**鼓声如雷**，**烽火冲天**。周王朝的诸侯们一见烽火，都着急忙慌起来：“不好，大王有难，在召唤我们前去救援！”于是一个个连衣服都来不及穿戴齐整，就集合人马，往都城飞奔而来。

可当他们气喘吁吁地赶到时，都傻眼了：敌人呢？连个敌人的影子都没有；倒是我们的大王和王后，正坐那儿饮酒呢，美妙的音乐缓缓奏起，翩翩的舞蹈**动人心弦**。

周幽王派人来解释说：“是跟大家开个玩笑呢。这儿没有敌人，大家辛苦了！”

诸侯们听了这话，你看我我看你，都**哭笑不得**；再看看各自狼狈赶路的模样，也不知道该说什么了，只得默默转身，各回各家。褒姒在楼上看见这一幕，情不自禁地粲然一笑，那笑容真是闭月羞花，令天地失色。周幽王心下感叹：值了！

人往往就是这样，觉得什么事情好玩，就会天天想玩。这不，周幽王就玩上瘾（yǐn）了，隔一段时间就来玩一回火，诸侯们次次被捉弄，而褒姒也次次被逗得大笑。

荒唐总是要付出代价的。

这一年，犬戎族入侵，攻打西周都城镐京，周幽王急忙命人点起烽火。可是这一次，敌人真的来了，诸侯们却以为又是国王和王后的恶作剧，没有一个人前来帮忙。敌人顺利攻破都城，周幽王和褒姒双双被杀。西周就这样灭亡了。

不久后，太子在几个诸侯的扶持下，继位为王，史称“周平王”。由于都城镐京损毁严重，周平王便迁都洛邑，一个新的历史时期——东周开始了。

## 历史考点

为什么分西周和东周？

公元前 1046 年，周武王建立周朝，定都镐京（在今陕西西安）。到了公元前 771 年，犬戎族攻入镐京，周幽王身死。太子逃到洛邑（在今河南洛阳），继续称王，即周平王。镐京在西，洛邑在东，为了区别这两个王朝，历史学家称前者为西周，后者为东周。类似的如后世的西汉和东汉：西汉都城长安，偏西；东汉都城洛阳，偏东。

## 语文考点

### 道路以目

意思是人们在路上遇到，不敢交谈，只以眼神来互相打招呼。形容统治者对言论的控制和人们对暴政的恐惧。这个典故跟西周天子周厉王有关。周厉王害怕人民批评他，就派出大量巫师到民间去监督，听到有人说他坏话，就抓起来处死。因此人们在路上相遇，不敢说话，只用眼神示意。公元前 841 年，不堪忍受的人民发起暴动，冲入王宫，放逐了周厉王。这个事件史称“国人暴动”。

例句：军阀们实行恐怖统治，特务横行，人们见了面，只能“道路以目”。

# 春秋纷争

公元前770年，周平王东迁，定都洛邑（今河南洛阳），国号仍是周，史称东周。东周时期，周王势力衰弱，诸侯纷争，这是中国历史上文化灿烂、人物和故事精彩纷呈的时代，在明末文学家冯梦龙的小说《东周列国志》里，对这一波澜壮阔的时代进行了丰富的描写和演义。

东周又分为春秋和战国两个时期。“春秋”作为一个时代的名称，来自孔子编订的鲁国史书《春秋》。春秋时期从公元前770年开始，到公元前476年止（或说止于公元前453年，或说止于公元前403年）。

春秋时期持续了约300年，齐桓公、晋文公、宋襄公、秦穆公、楚庄王相继称霸，史称“春秋五霸”（另一说认为春秋五霸是齐桓公、晋文公、楚庄王、吴王阖闾、越王勾践）。

# ④ 春秋首霸齐桓公

| 波澜（lán）壮阔 | 攘（rǎng）夷（yí） | 鲍（bào） | 纠（jiū） |
| --- | --- | --- | --- |
| 比喻声势雄壮浩大。 | 抗拒外族入侵。 | 姓。 | 1. 缠绕。2. 姓。3. 集合。4. 纠正。 |

公元前685年，齐桓公即位，任用管仲为相，君臣合力，开启了齐国的霸主时代。在管仲的建议下，齐桓公提出“尊王攘夷”，谁不听周王的话就打谁，同时还帮助其他诸侯抵抗夷狄的侵犯。这样，周王感谢他，一些弱小诸侯也感谢他，齐桓公因此而获得了极高的声誉。他一共九次召集诸侯开会（九合诸侯），被推选为盟主，代天子以令诸侯。公元前651年的葵丘会盟，周襄王都派了代表参加。公元前645年，管仲去世。之后，齐国“三奸”作乱。公元前643年，一代霸主齐桓公凄惨而死。

齐桓公是齐国的国君，“春秋五霸”之首。他的一生之所以能取得很高的成就，除了有管仲为他出谋划策，齐桓公自己也是一个非常优秀的人，有很多突出的优秀品质。

齐桓公本名“小白”，他

的老师是鲍叔牙。小白的哥哥公子纠，老师则是管仲。公子小白和公子纠争夺国君之位时，兄弟俩都在国外，谁先回到齐国都城，谁就可以继位为君。

管仲想了个招数，他对公子纠说："您带着大部队继续赶路，我去小白回国必经的路上埋伏着，等小白一经过，我就刺杀他。只要杀了小白，这国君之位，就只能是您的了！"结果，管仲等到公子小白经过时，对着小白就是一箭。小白惨叫一声，从马上掉下来，口吐鲜血，很快就躺在地上一动不动了。管仲一看：嘿，成了。他把消息通知了公子纠，公子纠一听：好消息啊，这下放心了，不用着急赶路了。于是一路上慢悠悠地走着。

其实，小白根本没死，连口吐鲜血都是装的。原来，管仲那一箭，好巧不巧地射在了小白的衣钩上。小白特别机智，为了迷惑敌人，他自己咬破舌头，喷出鲜血，假装倒地而死，随后就被手下抬进马车里，日夜兼程地赶回都城，坐上了国君宝座，史称齐桓公。

齐桓公当上国君后，自然要找管仲报仇，准备杀了他。这时候老师鲍叔牙站了出来，他可不是为管仲求情，而是直接对桓公说："您是想当一个合格的齐国国君呢，还是想成就霸业，做诸侯中的老大？如果是前者，那行，有我帮您就能做到；如果是后者，那我告诉您，不但不能杀管仲，您还要请他做您的丞相，辅佐您治理国家！"

齐桓公听了大怒："管仲可是差点要了我的命！你还要我用他做丞相？这怎么可能？"

但是，齐桓公一冷静下来，"不可能"也变成了"可能"：说到底，管仲和他并无私仇。以前，彼此是敌对方，各凭手段来抢夺国君之位；如今不存在竞争了，既然管仲是人才，那就

好好用起来吧。于是，齐桓公最终任命管仲为相，对他非常信任。

齐桓公重用管仲，管仲也果然没有让他失望。他辅佐齐桓公打出“尊王攘夷”的旗号，先后九次召集诸侯会盟，齐桓公次次都当选为盟主。最威风的一次是葵丘会盟。不仅宋、鲁、郑等强国都参加了，而且新上台的周襄王也特意派了代表出席，承认齐桓公的天下霸主地位。桓公霸业，至此达到巅峰。

公元前643年，齐桓公病重，他亲信的三个小人易牙、开方、竖刁作乱。他们把齐桓公锁在屋子里，不给吃喝。一代霸主齐桓公，竟被活活饿死了，令人叹惜！

## 历史考点

齐桓公是齐国的国君，“春秋五霸”之首。

齐桓公重用管仲，管仲辅佐齐桓公打出“尊王攘夷”的旗号，先后九次召集诸侯会盟。在葵丘会盟上，周襄王派代表出席，承认齐桓公的天下霸主地位。

## 语文考点

### 庭燎招士

“庭燎”，就是在庭院里燃起火炬。这是春秋时期，天子或国君在重要场合时才使用的接待礼仪。齐桓公为了招揽人才，特意设立庭燎，隆重迎接优秀人才的到来。后世用这个典故来形容君王求贤若渴的心情。

# 5 大器晚成晋文公

lí 骊

姓。

yǎn 偃

1. 仰面倒下；放倒。
2. 停止。

yǔ 圉

1. 监狱。2. 养马的地方。
3. 养马的人。

cuī 衰

古代用粗麻布制成的毛边丧服。又读 shuāi，力量减退，衰落，没落。与“盛”相对。

大器晚成

比喻能做出大事业的人，成就比较晚。

晋国是周朝的诸侯国，首任国君唐叔虞是周武王姬发之子，周成王姬诵之弟。国号初为唐，唐叔虞之子燮即位后改为晋。

晋国在晋献公时期崛起。但晋献公宠爱骊（lí）姬，骊姬想让自己的儿子做国君，害死了太子，并千方百计想要除掉其他几位公子，公子们纷纷逃离晋国，史称“骊姬之乱”。这些流亡的公子中，就有未来的晋文公重耳。公元前656年，重耳开始流亡，直到公元前636年，在秦穆公的支持下，重耳回到晋国，即位成为晋国国君。晋文公继位后，大败楚国，一战而霸。

晋文公名叫重耳，是晋献公的儿子。晋献公还活着的时候，被人蒙骗，要杀重耳。重耳不得不逃亡在外。晋献公去世后，晋国经过一阵内乱，最终，重耳的弟弟公子夷吾即位，就是晋惠公。

晋惠公想着哥哥还在外面流浪，万一哪天突然杀回来抢夺王位，可咋办？不如索性**斩草除根**！于是派出杀手，追杀重耳。

这时重耳在干什么呢？他正和翟国国君打猎呢，听到消息，顿时慌了神。

好在重耳身边还跟随着几位大臣。大臣们说："还愣着干啥？赶紧逃命吧。"

重耳万分委屈："我的妻子儿女都在这里，能逃到哪儿去？"

可把其中一位大臣赵衰气坏了，赵衰骂道："大丈夫在世，应该想着**建功立业**，儿女情长的怎么成大事？"

重耳被骂醒了，慌忙收拾了些值钱的物件，堆在一辆牛车上，让仆人赶着逃跑了。跑了一阵，杀手倒是摆脱了，大家气喘吁吁的，一看：车子不见了！大家的行李和值钱物件，都被仆人趁乱给卷走了！这下连路费都没了！正不知如何是好时，听说齐国的齐桓公做人公道、**乐于助人**，重耳便决定去投奔。

不久，一行人来到了卫国边境。大家满以为，凭晋公子重耳的身份，卫国国君多少会给点资助。没想到，卫国国君是个势利眼，一见他们这么落魄，直接拒绝接待。可怜**落毛的凤凰不如鸡**，一行人只好**忍饥挨饿**，继续前行。他们又来到一个叫五鹿的地方，看见有农民正在地头吃饭。重耳让舅舅狐偃去讨要些饭菜。

那农民打量一下他们，没好气地说："几位看起来是贵人啊，怎么还跟我们要饭呢？我只够自己吃的，多一口都没有！"

狐偃厚着脸皮继续恳求。农民不耐烦了，从地上捡起一块土坷垃，往瓦盆里一放，递给狐偃："喏，吃吧！"

土坷垃让人怎么吃？这不是欺负人嘛！重耳在旁边听了，**火冒三丈**，拿起鞭子就要打那个农民。

狐偃连忙拦住他，说：“公子是做大事的人，何必跟乡下农民一般见识呢？再说了，土地是国家的根本，得到一顿饭容易，得到土地可是难上加难！现在农民向您献泥土，这是好兆头，预示您将来会得到晋国！快谢谢人家去！”

重耳一听：嗯，也只能这么想了！于是饿着肚子，上前感谢老农。

就这样，一路狼狈，终于到了齐国。齐桓公果真没让他们失望：房子，给！车子，给！钱，给！还把家族里一位漂亮的齐姜姑娘嫁给了重耳。重耳苦尽甘来，在齐国过上了幸福美满的日子，晚上睡觉都能乐得笑醒。

重耳是幸福了，跟随他的这些大臣们可是看在眼里，急在心里，都说：“重耳啊重耳啊，咱们一路流亡，吃了这么多苦头，为的是什么呀？您是不是忘了我们的初心了？”

重耳还真是忘了，无论别人怎么劝，他就是要把自己沉浸在蜜糖罐里，不肯出来。妻子齐姜也看不过去了，说：“公子您是有四方之志的人，您的生活不应该是在齐国做个有钱人，吃香喝辣。您应该回到晋国去，去那片广阔的土地上，做王一样的男子！”

但重耳还是听不进去。没办法，在齐姜的帮助下，几个大臣把重耳灌醉，不由分说把他拉上车，离开了齐国。等重耳醒过来，哭也好闹也好，都没用了。

天大地大，何处是我家？一路上，重耳又到过曹国、宋国、郑国、楚国。有苦涩，也有短暂的欢乐。

最后还是秦国的秦穆公最贴心，知道重耳一行人追求的是什么。这一年，晋惠公去世，儿子公子圉即位，即晋怀公。秦穆公派出大军，护送重耳回到晋国，杀死了晋怀公。

至此，重耳在阔别故国十九年后，终于衣锦还乡，登上了国君宝座，即历史上鼎鼎有名的晋文公。这时候，他已经六十二岁了。这就是晋文公的流亡传奇。

## 历史考点

### 晋国是怎么来的

周朝初期，周武王去世后，儿子周成王即位时，还是个小孩子。成王和弟弟叔虞玩耍，用一片桐叶剪成玉圭（帝王信物）的形状，对叔虞说：“我用这个分封你！”周公知道后，请成王选定良辰吉日分封叔虞，成王说：“我是和弟弟开玩笑呢！”周公回答：“天子无戏言！”于是成王把唐地封给了叔虞。这就是晋国的由来，叔虞即晋国第一任国君。这个故事，史称“桐叶封弟”。

## 语文考点

### 退避三舍

重耳在楚国的时候，得到了楚成王的款待。楚成王问：“公子将来返回晋国，拿什么来报答我？”重耳回答：“等我做上国君，一旦晋国和楚国发生战争，我就让我的军队退避九十里地。”后来晋楚两国发生冲突，重耳果真兑现了自己的承诺。这就是成语“退避三舍”的出处，比喻在冲突中主动退让。在古代，一舍是三十里，三舍就是九十里。

例句：遇到不讲道理的人，我们宁可退避三舍，不与其打交道。

## 成语迷宫

沿横向或纵向行走，试着找出迷宫中的全部成语。

| 晚 | 成 | 王 | 败 | 寇 |
|---|---|---|---|---|
| 器 | 也 | 萧 | 何 | 足 |
| 大 | 失 | 不 | 乐 | 挂 |
| 一 | 所 | 为 | 民 | 齿 |
| 如 | 望 | 人 | 除 | 之 |
| 里 | 表 | 师 | 害 | 马 |

答案：1.大器晚成；2.成也萧何；3.何乐不为；4.为人师表；5.表里如一；6.大失所望；7.为民除害；8.何足挂齿；9.成王败寇。

# ⑥ 一飞冲天楚庄王

huì
稻光养晦
比喻隐藏才能，不使外露。

xiè
燮
1. 调和。2. 姓。

xūn
醉醺醺
形容人喝醉了酒的样子。

> 楚国是先秦时期位于长江流域的诸侯国，立国之初，国力贫弱；经过几百年发展，楚国在春秋时楚成王之世开始崛起，不断兼并周边各小诸侯国，周天子命楚国镇守中南。
> 公元前 614 年，楚穆王去世，楚庄王即位。当时国内形势动荡，爆发了公子燮、斗克与子孔的内乱。楚庄王韬光养晦，三年后，重用伍举、苏从等贤臣，励精图治。楚国强盛起来，开始扩张领土。公元前 606 年，楚庄王问鼎中原，开创了春秋时期楚国最鼎盛的时代。

楚庄王即位的时候，还不到二十岁，年纪轻轻，没有治理国家的经验。更要命的是，这时候的楚国，实际上已经乱成一团。

这不，庄王刚上任，手下人就互相打了起来：一派（公子燮和大臣斗克）在都城准备发动政变，另一派（执政官子孔）则围攻都城。前面这派眼看打不过了，挟持着楚庄王就跑了。好在庄王命大，被地方官员给救了回来。

总之，楚庄王就是个看戏的，一点话语权也没有。回来之后，楚庄王大概想明白了，你们乱就乱吧，我有吃有喝有玩儿的就行了！于是，他过起**醉生梦死**的日子。为了避免被打扰，他索性下令：“敢来向我提意见的，一律杀！”

他弄了这一出闹剧，权臣当然高兴，可有些大臣是真急坏了：这样下去，楚国怎么办哪？

急归急，谁也不敢去劝庄王。一转眼，三年过去了。

这一天，大夫申无畏终于忍不住了，闯进宫里，要跟楚庄王说道说道。

一看这庄王，正盘腿坐在钟鼓之间，醉醺醺地观赏歌舞。见申无畏进来，他眯着眼睛问道："大夫来这里，是想喝酒呢，还是要看歌舞啊？"

申无畏说："有人给我出了一个谜语，我猜了很多天，怎么也猜不出啊。特来向您请教！"

楚庄王好笑："什么谜语这么难？你说说看！"

申无畏就说："楚国有只大鸟，在土坡上栖息，三年不飞，三年不叫，令人好费解呀。人们都在猜，它心里到底想什么呢？臣也弄不懂。"

楚庄王听了，哈哈大笑，说："这有何难？我猜它三年不飞，是为了一飞冲天啊！它三年不叫，是为了一鸣惊人哪！"

这就是成语**"不飞则已，一飞冲天""不鸣则已，一鸣惊人"**的出处。

申无畏听出了话外音，原本还**提心吊胆**，现在顿时高兴起来，心里一块石头落了地，恭敬地退了出来。

又过了几个月，楚庄王依旧没啥变化。大夫苏从也忍不住了，闯进宫里，一进门就大哭起来。

楚庄王奇怪了："先生，什么事让您这么伤心啊？"

苏从边抹眼泪边说："楚国快要亡了，我也快要死了，所以伤心。"

楚庄王很吃惊："楚国不

是好好的吗？您不也是好好的吗？”

苏从说：“您这样下去，楚国能不亡吗？我忍不住来劝您，您能不杀我吗？”

楚庄王一愣，忽然站起来，激动地说：“唉，这几年，我天天都希望得到贤良的大臣！现在我发现了几个。好吧，让我们开始吧！”

楚庄王即刻撤下了歌舞酒宴。第二天，他召见了申无畏和苏从。两个人又推荐了一批能干的人。楚庄王心想：当家做主的感觉真是好啊！被人期待的感觉真是好啊！既然大家都这么有热情，那咱就撸（lū）起袖子加油干吧！

就这样，在接下来的二十年里，楚庄王奋发图强，楚国日益强盛，很快就有了争霸诸侯的实力。后来，楚庄王被称为“春秋五霸”之一，实现了他自己“不飞则已，一飞冲天”的承诺。

## 历史考点

### 问鼎中原

九鼎，传说是夏禹时所铸，象征国家权力；中原，是当时中国的核心，代指天下。成语的意思是企图争夺统治天下的权力。楚国强大后，楚庄王有了争夺天下的野心，向周王室打听九鼎的轻重。周王室拒绝说：“统治天下，在德不在鼎。”想要争夺统治权力，必须德行高、人民拥护才行，而不在于鼎在谁手中。楚庄王见事不可为，也就放弃了向周王室讨要九鼎的念头。

## 语文考点

### 不飞则已，一飞冲天；不鸣则已，一鸣惊人。

比喻平时没有突出的表现，却一下子做出惊人的成绩。成语出自西汉司马迁的《史记·滑稽列传》：“此鸟不飞则已，一飞冲天；不鸣则已，一鸣惊人。”类似的说法也见于《韩非子》。

# 7 吴越槜李之战

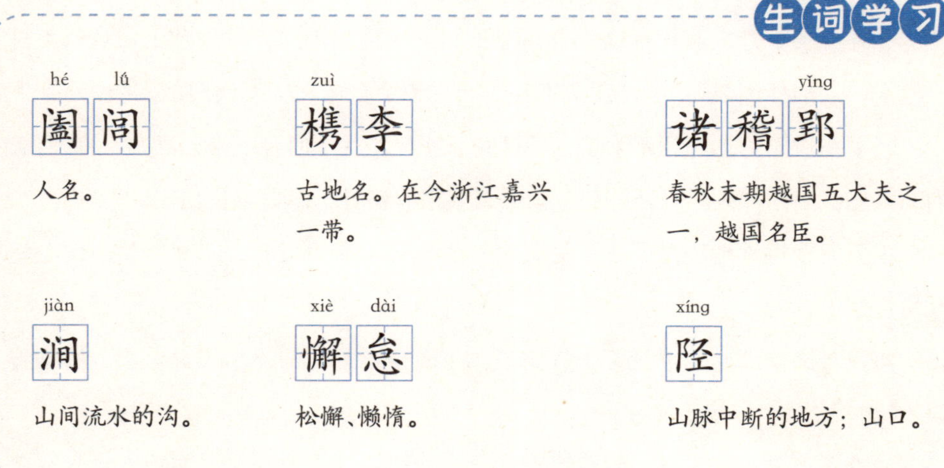


吴国是周朝的诸侯国，始祖为周文王的伯父太伯，是春秋中后期最强大的诸侯国之一。吴王寿梦时期，吴国开始联晋反楚，国力日益强盛，至吴王阖闾、夫差时期，国力达到鼎盛。

公元前496年夏，阖闾执意兴师伐越，越王勾践带兵在槜李（今浙江嘉兴南）抗击，史称“槜李之战”。这是吴越争霸中的一次重要战役。越军在姑苏（今江苏苏州）大败吴军。阖闾在这一战中受伤，死于陉。太子夫差继位为吴王。

在能臣伍子胥的帮助下，吴王阖闾打败了楚国，一下子威震中原。回到吴国，阖闾是志得意满啊，人也开始骄纵起来。想起当初跟楚国打仗的时候，邻居越国曾经偷袭自己，阖闾心里一直生气。就和伍子胥商量，准备教训一下越国。伍子胥不同意，认为这理由不充分。

过了一段时间，越国王位更替，新王勾践继位了。阖闾心里又痒痒起来。于是又找来伍子胥，想趁越国大办丧事的时候，讨伐越国。伍子胥还是不同意。可是这次，阖闾是铁了心，不管伍子胥怎么劝，他都听不进去。

说干就干。阖闾让伍子胥留在国内看家，自己带着一队人马，向越国进发。越国正在办丧事，大家正在伤心着，想不到吴国这么**乘人之危**。越王勾践气不打一处来，立刻拜诸稽郢（yǐng）为大将，自己也亲自出马，率兵迎战阖闾。

两军在槜李遭遇，相距十里，各自**安营扎寨**。几个回合下来，双方**不分胜负**。阖闾大怒，率全部人马排开阵势，只等越兵稍有懈怠，然后乘机出击。

越王勾践远远地望过去，只见吴军队伍整齐，衣甲鲜明，纪律严整。他心里开始打鼓了。

勾践对诸稽郢说："吴军士气正旺，正面交锋，咱们恐怕不是对手，必须智取才行啊。"

诸稽郢很赞成。于是，勾践组织了一支敢死队，人数众多，左边五百人拿着长枪，右边五百人拿着大戟（jǐ），一阵呐喊，向吴军杀过来。

谁知，吴军注意力非常集中，眼皮都不眨一下，只管用强弓硬弩放箭。阵线坚固得像**铜墙铁壁**一般，越兵一连三次冲锋，都没打下来。

一招不灵，勾践更犯愁了。

诸稽郢偷偷地说："大王别忘了，咱们还有秘密武器呀！"

勾践顿时**恍然大悟**。他把准备**戴罪立功**的死刑犯全部集中了起来。总共有三百人，分成三行，全都脱去上衣，每人脖子下面挂一把剑，一步步走到吴军阵前。吴军哪见过这么奇怪的阵势，都盯着看，**交头接耳**，议论纷纷：这什么情况？

只见这些人来到吴军面前，领头的一个对阖闾说："我家大王**不自量力**，得罪了贵国，让您跑这么远来讨说法。我家大王非常过意不去，我们愿意以死来替大王谢罪。"

说完，一个接一个用剑抹脖子自杀了，顿时尸横遍地。吴兵都被这阵势给惊着了，都睁大眼睛，不知所措。就在这时，越军阵中鼓声大震，一千多人的敢死队，个个手持刀剑盾牌，呼啸着杀过来了。吴兵措手不及，一下子就被冲乱了阵脚。

勾践大喜，率军全力出击，乘势攻进吴军的主阵。一片混乱中，越军的猛将灵姑浮一抬眼，正好撞上吴王阖闾，他抡刀就砍。

阖闾往后一闪，灵姑浮一刀砍在他右脚上，大脚趾一下被砍了下来。幸亏身边的护卫拼死相救，总算把阖闾救了下来。

吴军不敢恋战，急忙传令收兵。勾践岂肯善罢甘休，一通追杀，吴兵死伤过半。出师不利，阖闾也受了伤，这仗是没法打了。将领们一商量，只能撤兵。不幸的是，大军还没走出七里地，吴王阖闾连急带气，再加上脚伤，生病倒下了。

阖闾知道自己不行了，他把儿子夫差叫到面前，问道："你能忘记勾践的杀父之仇吗？"

夫差流着泪说道："不能！"

阖闾放心了，大叫一声，一命呜呼了。

阖闾去世后，夫差继承了王位。他把父亲安葬在破楚门外的海涌山，用稀世名剑鱼肠剑殉（xùn）葬，并且埋下了很多兵器盔甲和珍宝美玉。后来，有人看见墓穴上面蹲着一只白色的老虎，因此就给山取名叫虎丘山。

几百年后，秦始皇派人凿山挖洞，发掘阖闾的墓穴，想找到那把稀世珍宝鱼肠剑，结果一无所获。凿山的地方于是成了深涧（jiàn），就是今天的虎丘剑池。

## 历史考点

公元前496年夏，吴王阖闾兴师伐越，越王勾践带兵迎战，史称"槜李之战"。阖闾受伤而死，太子夫差继位为吴王。

## 语文考点

### 心腹之患

指隐藏在内部的祸害，也泛指危险性最大的隐患。吴王夫差为父报仇，成功打败了越国，他开始得意起来，想和东方的齐国争霸，发兵伐齐。伍子胥劝阻说："越国才是吴国的心腹大患，虽然暂时很安分，一旦有变，吴国就会受创严重。"吴王不听，不久越国生变，灭了吴国。

例句：这次数学考试又失利了，这都不算什么，但是对数学的畏难情绪，才是我学习数学的心腹之患。

## 成语迷宫

沿横向或纵向行走，试着找出迷宫中的全部成语。

| 冲 | 天 | 长 | 地 | 久 |
|---|---|---|---|---|
| 飞 | 莫 | 展 | 翅 | 负 |
| 一 | 筹 | 飞 | 高 | 盛 |
| 分 | 文 | 短 | 流 | 名 |
| 三 | 不 | 取 | 长 | 难 |
| 木 | 入 | 直 | 驱 | 副 |

答案：1.一筹莫展；2.展翅高飞；3.飞短流长；4.长驱直入；5.入木三分；6.一飞冲天；7.天长地久；8.久负盛名；9.盛名难副；10.分文不取。

# 8 勾践卧薪尝胆

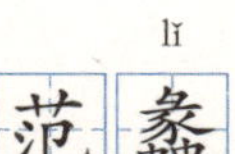


人名。蠡另有lí音，指贝壳、瓢，成语“以蠡测海”，用贝壳做成的瓢来测量海水，比喻见识短浅。

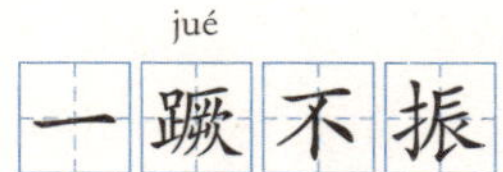


蹶：栽跟头；振：振作。意思是一跌倒就再也爬不起来，比喻遭受一次挫折以后，就再也振作不起来。

pǐ
嚭

大；也用作人名。

春秋时期，吴、越两国互相征伐，战争延续了二十多年。公元前 496 年，越王勾践即位，并在槜李大败吴军。吴王阖闾受伤死去，吴王夫差继位。公元前 494 年，吴军大败越军，勾践被迫求和，被拘于吴国，三年后被放回。返国后，勾践重用范蠡、文种，卧薪尝胆，使越国国力逐渐恢复。公元前 482 年，勾践出兵大败吴王夫差。公元前 473 年，越军攻破吴都，吴王夫差自尽，勾践灭吴称霸，成为春秋时期最后一位霸主。

吴王夫差眼看着父亲惨死在自己面前，发誓要报仇。继位之后，他在老臣伯嚭和伍子胥的帮助下，励精图治。几年后，夫差发兵攻打越国，大军包围了会稽（kuài jī）山。越王勾践没办法，听取大臣范蠡和文种的意见，派人贿赂伯嚭。伯嚭收了好处，就向吴王求情，说勾践夫妇求和，情愿到吴国来侍奉大王。伍子胥坚决反对。可是夫差心软，同意了。

就这样，勾践夫妻带着范蠡，在吴国做起了苦力。夫差让他们住石头房子，就在阖闾墓地的旁边，还让他们给自己喂马。

不过，越国的君臣表现得很好。每次夫差出行，勾践都给他牵马，恭恭敬敬的。甚至夫差生病了，勾践也像仆人一样，守在一边伺候他。什么事都尽心尽力。

不知不觉，一晃三年。夫差对勾践的戒心终于瓦解了，他不顾伍子胥的百般劝阻，把勾践他们放回了越国。

伍子胥长叹一声，这是**放虎归山**啊！从此，伍子胥自称生病，不肯再去朝廷上班打卡了。

正如伍子胥所料，勾践回国之后，立志报仇。他怕自己过得太舒适，会忘记仇恨，就变着法子折磨自己，比如，冬天抱冰，夏天烤火，抹辣椒水，睡柴草堆。又在屋子里吊上几只苦胆，吃饭、睡觉前都要尝一尝，并问自己：你忘了所受的屈辱吗？以此坚定意志。这就是“卧薪尝胆”的典故。

要复仇，要发展生产，都需要人口。越国本来就不大，上次一场败仗，家当都没了。于是，勾践就制定了几条政策，鼓励生育，增加人口。这些还不算，勾践自己带头下地劳动，他的夫人也亲自纺纱织布，给老百姓做表率。他又派人到深山里，采集葛麻织成细布，用黄丝织成细绸，献给吴王，让他安心玩乐，放松警惕，没时间盯着越国。

紧接着，勾践采纳文种的计策，多送金银财宝、美

女给吴王，消磨他的意志；又送去木头等建筑材料，让吴国大兴土木，建造姑苏台，耗费人力物力。又借着灾荒，向吴国借粮食。而还回去的呢，都是被蒸煮过的种子，吴国种下之后，**颗粒无收**。再送去**能说会道**的人，扰乱吴国的国家发展规划，挑拨君臣关系。

这些计策，一齐发挥了作用。吴王夫差果然上当了。尤其是越国把美女西施送过去之后，夫差再也不管国家的事了。

而最倒霉的人，要算伍子胥了。因为他经常忠言劝谏，吴王夫差已经对他厌烦了，公元前484年，夫差派人给伍子胥送去一把剑。伍子胥明白：这是让我自杀呀！临死前，他留下遗言：把我的眼睛取出来，挂在城门上，我要亲眼看着越国灭掉吴国！

这样一晃过了几年，终于，越国的力量逐渐恢复了。勾践一直在寻找机会复仇。

公元前482年，吴王夫差亲自率领人马去卫国的黄池，和诸侯会盟。就是大家一起开个会，讨论一下谁最厉害。

这可是个好机会。勾践迅速发动猛攻，**势如破竹**，吴王夫差只能赶紧带兵回援。两军一交锋，吴军立刻败下阵来，吴王守着孤城求饶。文种一看，越军消耗得差不多了，应该**见好就收**。于是越军收兵了。

虽然得到喘息之机，可是吴王夫差已经老了，也没有了伍子胥这样的左膀右臂，自己也没有什么雄心壮志了，只能凑合着过日子，从此吴国**一蹶不振**。

公元前476年，勾践再次出兵伐吴。大军围困吴国。夫差也来求和：“我也可以给越王养马！”

勾践回答：“从前，上天把越国给了吴国，吴国不接受；现在，上天要把吴国给越国，我不敢拒绝。”

公元前473年，越军攻入吴国都城。勾践本想把夫差流放，再给他百十来户人家，让他终老，可是夫差说：“我老了，不能再侍奉越王。我后悔不听伍子胥的话，让自己陷入这个地步。”于是拔剑自杀，吴国也就灭亡了。

据说，吴王死的时候，用白布蒙着头，因为自觉愧对伍子胥，不想在黄泉里见到他。

## 历史考点

公元前494年，吴军大败越军，越王勾践被拘于吴国。三年后，勾践返国，重用范蠡、文种，“卧薪尝胆”，使越国国力逐渐恢复。最终，勾践大败吴王夫差，成为春秋时期最后一位霸主。

## 语文考点

### 兔死狗烹

烹（pēng），烹煮。这个成语是“因果式”结构，“兔死”是原因，“狗烹”是结果。意思是兔子死了，猎狗失去了存在的价值，就会被主人杀了吃肉。与“过河拆桥”类似。范蠡和文种帮助越王勾践打败了吴国。范蠡认为勾践只可同患难、不可共富贵，于是悄悄离去，并留信给文种，说“飞鸟尽，良弓藏；狡兔死，走狗烹”，劝他也离开；文种不听劝告，后来被勾践逼迫自杀。

例句：我们这里绝不允许出现兔死狗烹的事情，无论是谁立了功、出了成绩，都会得到相应的回报。

# 战国剧变

经过春秋时期旷日持久的争霸战争，周朝境内的诸侯国数量大大减少，几个大诸侯国争夺最后的胜利，而周王室进一步被边缘化，无奈成为这场剧变的旁观者。

“战国”作为一个时代的名称，出自西汉刘向所编《战国策》一书。通常从公元前475年开始算起，到公元前221年，秦灭六国，统一中国，标志着战国时代的结束。

战国剧变从晋国开始，公元前453年，晋国的三大家族韩、赵、魏推翻智氏，三家坐大。公元前403年，周威烈王正式册封三家为诸侯，史称“三家分晋”。

# 9 晋阳之战：三家分晋的前奏

biē

一种爬行动物，生活在水中。

fén
心急如焚

焚：烧。心里急得像火烧的一样，形容非常着急。

晋国有四大家族，其中智氏的实力最强。智氏的家主智瑶，人们尊称他为“智伯”。智伯这人一贯横行霸道，目中无人，别人受了他的欺负，都敢怒不敢言。

其中，赵家的家主赵襄子被他欺负得最厉害。有一次，智伯和赵襄子一起带兵攻打一座城池，眼看就要取胜了，智伯问赵襄子：“我们马上就要打赢了，这最后一仗是你上还是我上？”

赵襄子很客气，说：“您是领导，这一仗就交给您吧！”赵襄子的本意是把功劳让给智伯，可智伯不领情，还嘲笑他：“你这样的胆小鬼哪配跟我一起上战场呀！”

又有一次，二人一起吃饭，智伯喝多了，拿起杯子就砸在赵襄子的脸上。赵襄子这个气呀，心想：我好歹也是赵家的领导，你这么打我脸，此仇不报，誓不为人。

可是还没等到赵襄子想出报仇的法子，智伯又来欺负人了。这次他欺负的对象除了赵襄子，还有其他两大家族韩家和魏家。智伯强迫大家交出一部分土地给他，韩家害怕，给了；魏家看韩家给了，也不敢不给。只有赵家的赵襄子，**忍无可忍**，也不准备忍了，他把脑袋摇得跟拨浪鼓一样，说：“不给，就是不给，打死也不给！”

遭到了赵襄子的拒绝，智伯哪里受得了！当即**暴跳如雷**，大骂说："这个赵襄子，看我不把他打得他祖宗都不认识他。"

很快，智伯就带着大队人马来攻打赵襄子，韩、魏两家的人马也来了——不敢不来呀，智伯在旁边看着呢。三家打一家，赵襄子不是对手，被打得不断后退，很快就只剩下最后一块地盘——晋阳（在今山西太原）。

晋阳是赵氏家族的老巢，城墙坚固，三家联军一连打了几个月都没打下来。智伯着急了，把韩、魏两家的家主叫来，说："眼看**胜利在望**了，怎么这晋阳城就是打不下来呢？走，两位和我一起去城外看看，这晋阳城难道是**铜墙铁壁**不成？"

三个人走出营寨，只见晋阳城牢牢地挡在面前，城上防守严密，城外晋水则像一条宽宽的飘带绕城流过。

看到这里，智伯猛地一拍大腿："有了，晋阳城地势低洼，我们可以掘开晋水河堤，来一个水灌晋阳、城中养鳖！"

说办就办，这一招果然奏效，一夜之间晋阳城外洪水滔滔，而且水位越涨越高，估计不久就要冲破城墙了。智伯站在高处，看着这一幕，哈哈大笑，说："果然是洪水无情啊！洪水攻城真是太好用了，胜过**千军万马**啊！"

智伯很得意，旁边韩、魏两家的家主听了，心里却直叫苦。为什么？他们两家虽然不得不听从智伯的命令，来攻打赵襄子，但其实他们也一直是受欺负的对象；而且这两家的都城也都建在水边，万一哪天智伯也给他们来一个水灌城池，那赵襄子的今天恐怕就是自己的明天。

想到这儿，两家的家主偷偷对视了一眼，都没吭声。

而晋阳城内，赵襄子这会儿却是**心急如焚**，一会儿这边进水了，一会儿那边被淹了，一会儿看看城墙外，洪水又涨上来了一点……坏消息一个接着一个，再这么耗下去，只会是死路一条。想来想去，赵襄子觉得，唯一的希望还是在城外：打破封锁，策反韩、魏两大家族。毕竟，韩、魏、赵三家并无仇恨，相反三家都受智伯的欺负，有着共同的敌人。

很快，赵襄子选出一个能言善辩、胆大心细的人，让他乘夜色偷偷跑出了城。他找到韩、魏两家的家主，跟他们说："两位将军，难道不晓得唇亡齿寒的道理？如今智伯领着你们攻打赵家，水灌晋阳城，我们肯定是保不住了；但赵家灭亡了，对你们有什么好处呢？依我看，不但没好处，你们两家反而要危险了。等智伯灭了赵家，接下去就要轮到你们了。"

两家听了，半天都说不上话来。两人都清楚，来人说得很有道理。但是智伯实力强大，赵家眼下的局面，这两家也没有办法呀。

来人看出了他们的犹豫，接着又说："你们看，洪水的威力我们都已经感受到了，智伯能掘开河堤，让洪水灌入晋阳。那如果我们掘开另一侧的河堤，让洪水灌向智伯的军营，再趁着混乱，我们三家联手，突然向智伯发起攻击，说不定，这次就能彻底解决掉智伯对我们三家的威胁……"

听到这里，韩、魏两家的人相互看了一眼，当即决定：行，就这么办！

到了约定的这天夜里，赵襄子派兵掘开了另一侧的河堤，将水引向智伯的军营。智伯从睡梦中惊醒，看到赵襄子的军队正迎面冲来；混乱中，韩、魏两家的军队也突然向智伯发起攻击。这下，智伯就仿佛是馅，被三家包成了饺子。

此战之后，智伯战死，智家被灭。晋国四大家族变成了三大家族。这事发生在公元前 453 年，史称“晋阳之战”。

到了公元前403年，周天子正式承认三家的地位，赵、魏、韩三家独立，史称“三家分晋”。它们就是“战国七雄”中的赵国、魏国和韩国。

## 历史考点

公元前 453 年，晋国掌权的智氏、赵氏、韩氏、魏氏四家发生了晋阳之战，最终智家被灭。晋国四大家族变成了三大家族，这三家后来就发展成了战国七雄中的 赵国 、魏国和韩国。

公元前 403 年，周威烈王正式册封三家为诸侯，史称“三家分晋”。

### 周朝的爵（jué）位

春秋战国时期，同样是一国之主，为什么有的称公，有的称侯，还有的称王？这跟周朝的爵位制度有关。一般来说，周朝爵位分为王、公、侯、伯、子、男六个等级。男爵最低，不见于记载；子爵，如楚、越；伯爵，如秦、郑、吴；侯爵，如齐、卫、鲁、晋等；公爵较少，如宋国。王爵最高，本来只有周天子称王，但随着周天子权威的没落，各国纷纷“造反”，自抬身价：楚国嫌弃子爵太低，自己给自己升格为王；魏国和齐国互相承认王爵（“徐州相王”事件）；其他国家不管原来爵位是什么，也都陆续称王。赵襄子、智伯都是晋国的卿，分别是子爵和伯爵，故称。

## 语文考点

### 敢怒不敢言

心里很愤怒，但是迫于压力不敢说出来，或不敢在面上表现出来。

例句：他仗着个子高，经常欺负同学，很多人对他是敢怒不敢言。

### 暴跳如雷

跳着脚大喊大叫，像打雷一样，形容又急又怒、大发脾气的样子。

例句：他脾气急躁，又容不得别人的批评，一听到反对声，当即暴跳如雷。

### 心急如焚

心里急得像着了火一样。

例句：听说奶奶病了，他心急如焚，请了假就往医院里跑。

# ⑩ 战国人才代表：吴起

cuó
痤
1. 痤疮。2. 痈。

dào
悼
悲伤，哀悼。

战国争的是土地，但比土地更重要的，是人才。魏国地处四战之地，环境险恶。魏文侯雄心勃勃，他重用人才吴起，推行变法，使得魏国最先崛起，成为一流强国。

公元前 334 年，魏惠王和齐威王在徐州会盟，互相承认对方为王，史称“徐州相王”。“王”是最高等级，以前只有周天子可以称王，这件事标志着诸侯对周天子地位的否定，不再承认周王室的共主地位。

吴起是卫国人，非常有才能，后来在鲁国、魏国、楚国都任职过，成绩很突出。但是每一份工作经历，结局却都不美好。这其中有吴起自己的原因，这是个狠人，对别人狠，对自己也狠。所以人们都怕他。

吴起少年时喜欢舞刀弄枪，喜欢打架，经常把邻居小孩揍得**号啕大哭**。母亲很反感，训斥他说：“正经事不做，每天都打打闹闹，将来要么去当强盗，要么就得要饭。”吴起听了，很恼火，发誓说：“我现在就出去找事做，不做到卿相（执政大臣），我就死在外面。”于是不顾母亲的哭泣，离家而去。

吴起离开卫国，来到鲁国，跟随孔子的高徒曾参（即曾子，也有说吴起跟随的老师是曾子的儿子曾申）学习。他学习很卖力，得到了老师和同学的赞赏。但是老师发现，吴起在求学的五六年间，竟然一次也没回过家。问他，吴起说：“我离家的时候发过誓，不为卿相，不入卫国。”听得老师直摇头。

有一年，卫国有人送信给吴起，说他母亲去世了，让他回家奔丧。吴起仍然不肯回去。老师气得大骂：“母死不奔丧，这还是人吗？我的门下不留这样的学生！”于是让吴起卷了铺盖走人。

吴起离开老师后，开始钻研兵法，三年有成，便在鲁国丞相公仪休手下找了份差事。公仪休很看重他。一年后，齐国攻打鲁国，公仪休便向国君鲁穆公推荐吴起为将。

鲁穆公说：“吴起的确有才，可他的妻子是齐国人，让他带领鲁国军队去打齐国人，万一他背叛鲁国，那我们可就惨了！”公仪休把国君的担心告诉了吴起，吴起的“狠”劲又上来了。他回到家，就把妻子杀了，拿着妻子的人头给鲁穆公看。鲁穆公明白了：这是个狠人，以后得离他远点。

鲁国用吴起为将，吴起果然**不负所望**，他三战三胜，大败齐军，解了鲁国之危。但是鲁穆公可不敢再用他，客客气气地请他离开鲁国。吴起这是得到了大将军的职位，证明了自己的能力，却失了人心。何必呢？

离开鲁国，吴起到了魏国。魏文侯、魏武侯两任国君都对他非常看重，吴起也很满意，他很快就成了魏国的政治明星，改革魏国的军事制

度，带领军队多次打败秦国。当时，魏国丞相的威望都比不上吴起。

吴起扎根魏国二十多年，为魏国立下了**汗马功劳**。直到魏国新任丞相公叔痤上台，情况发生了变化。公叔痤是个精明透顶的政客，吴起在魏国**炙（zhì）手可热**，他把吴起当眼中钉，非要赶走而后快。他对魏武侯说："吴起的才能，百年难遇，就怕我们魏国庙小，容不下他这尊大佛啊。我很担心吴起有一天一不高兴，就跑到秦国去了。"

魏武侯很紧张："这可怎么办？"公叔痤说："这样，我们嫁一位魏国的公主给他。吴起娶了公主，自然会对魏国忠心不二；如果不愿意迎娶公主，那就说明他对魏国怀有二心。"

这个主意，魏武侯觉得很好。但是公叔痤的目的是要赶走吴起，所以暗地里，他请吴起到家里做客，故意使坏：让自己身为公主的妻子当着吴起的面，表现得非常恶劣，凶巴巴、恶狠狠。吴起见了，便庆幸自己没有娶一位公主做妻子。

第二天，魏武侯拉着吴起，说想把魏国的一位公主嫁给他。吴起吓得直哆嗦，当即回绝。他以为回绝的只是一门亲事，可魏武侯想，吴起这是对魏国怀有二心啊！脸上顿时阴沉了下来。

吴起是个聪明人，他回到家，收拾了一下家当便离开了魏国。

这次，吴起来到了楚国。楚悼王对吴起的到来极为欢迎。这可是国际人才啊。楚王立即拜吴起为相（令尹），请他主持变法，强大楚国。

短短几年时间，吴起就通过变法实现了楚悼王的愿望。他领导楚军取得了一系列的胜利，征服了楚国南方的少数民族"百越"，吞并了楚国北方的陈国和蔡国，打退赵、魏、韩三国联军，还向西方扩张，打得强大的秦国一个劲地往后退。

楚国崛起了！

但是这一次，吴起又得罪了楚国的贵族集团。改革损害了贵族们的利益，吴起成了他们的眼中钉。

公元前 381 年，吴起的保护人楚悼王去世。就在楚悼王的灵堂上，贵族们突然向吴起发起了攻击。吴起见躲无可躲，他急中生智，蹲在了楚悼王的尸体旁。

贵族们乱箭齐飞，吴起被射成了刺猬，可是楚王的尸体也被射上了很多箭。

冒犯国王的遗体，可是灭族的大罪。楚悼王的儿子楚肃王即位后，第一件事就是处理伤害先王遗体案。参与此事的七十多家楚国贵族，全部被灭族。

以往吴起都是对别人狠，这次则是对自己狠：他以自己的死，拉了无数人陪葬。史称他“死有余智”。

## 历史考点

公元前 334 年，魏惠王和齐威王在徐州会盟，互相承认对方为王，史称“徐州相王”。

## 语文考点

### 杀妻求将

吴起为了向鲁穆公证明自己的立场，狠心杀掉妻子，这是历史上很有名的一个典故“杀妻求将”。后用作成语，比喻为了追求名利而做出灭绝人性的事情。

例句：做人应该有所为、有所不为，有些底线不能突破，杀妻求将者，人性何在？

### 皮之不存，毛将焉附

魏文侯看见有人反穿皮衣，毛在里、皮在外，觉得奇怪，上前询问，那人回答：“我是因为怕做事时弄坏了衣服上的毛。”文侯感慨：“一旦皮坏了，毛又将依附在哪呢？”这就是成语“皮之不存，毛将焉附”的出处。毛依附在皮上，皮没了，毛也无法存在。比喻事物失去了借以存在的基础，只能一块消亡。

例句：国家存亡关头，贵族们依旧各怀心思，难道就不懂得皮之不存，毛将焉附的道理吗？

# 商鞅变法

yāng 鞅：古时指套在马颈或马腹上的皮带。

qián 虔：恭敬。

sì 驷：古时指套着四匹马的车。也指同驾一辆车的四匹马。

公元前770年，秦襄公因为派兵护送周平王东迁，被封为诸侯。秦国自此正式成为周朝的诸侯国。秦穆公时称霸西戎，位列“春秋五霸”。战国初，秦国经过了百年的衰落期；秦孝公时，任用商鞅变法，富国强兵。

公元前361年，商鞅入秦，这时他还是一个仅仅二十九岁的年轻人。而发布“求贤令”的秦孝公比他还年轻，才二十一岁，刚刚登基为王。公元前356年，秦孝公任商鞅为左庶长，开始了著名的“商鞅变法”，奠定了后来秦国成为战国最强帝国的基础。公元前338年，秦孝公去世，商鞅被新上台的秦惠文王以谋反罪处死。

商鞅是卫国人，一开始在魏国待了数年，但不受重视。恰好这时，秦国发出求贤令，欢迎天下英才都来秦国发展。商鞅便起程来到了秦国。

一开始，商鞅投在秦孝公的宠臣景监门下。景监发现商鞅很有才干，立即把他推荐给秦孝公。这便有了商鞅三见秦孝公的故事。

第一次见面，商鞅也不知道秦孝公想要什么，于是大谈特谈三皇五帝的治世之道。三皇五帝是多少年前的老皇历了，现在竞争这么厉害，他们的治理方法早过时了！秦孝公这么想着，一边听，一边打起了瞌睡。

这次见面自然没有结果。商鞅走后，秦孝公怒斥景监：“这就是你要给我推荐的大才？太弱！”

不过商鞅倒是很高兴：“原来秦孝公的志向不在帝道啊，好！”于是又跟景监**软磨硬泡**，非得再次求见秦孝公。

第二次见面，商鞅从王道谈起，这是儒家以仁义治天下的路数。这次，秦孝公的兴致比第一次好了点，但也仅是不打瞌睡而已。商鞅走后，秦孝公对着景监又是一通怒斥：“这就是你要给我推荐的大才？弱！”

秦孝公已经对商鞅失去了兴趣，但是商鞅对秦孝公却更加感兴趣了：“原来秦孝公的志向不在王道啊，好！”于是又跟景监软磨硬泡，非得要三见秦孝公。

第三次见面，商鞅没有再卖关子，**开门见山**地问道：“当今天下**四分五裂**，您难道不想开疆拓土，成就霸业么？”

秦孝公一听，立即精神百倍，示意商鞅继续说下去。商鞅便开始了他的“霸道”之谈。所谓“霸道”，与“王道”相对，就是以刑罚治国，以武力争夺天下。这一思路，自然更适合**弱肉强食**的战国时代。秦孝公握着商鞅的手，激动地说：“好！

好！”

这次，秦孝公不再向景监发脾气了，而是竖起大拇指：“景监你推荐的大才，强！”

秦孝公当即请商鞅主持变法，对秦国开始彻底而系统的改革：耕地少，粮食不够？那就改变土地制度，除井田，开阡陌，奖励开荒。社会治安不好，民众不服管？那就乱世用重典，搞连坐制，每五人设“伍长”，每十人设“什长”，一人犯罪，伍长、什长及其下辖者都要挨罚。贵族势力顽固守旧？将他们的特权取消就好了，无功不受禄。有功的，农民生产的粮食多，奖！士兵杀的敌人多，奖！

这么一番改革下来，国家的统治力强了，军队的战斗力强了，人民的生产积极性高了……不到二十年，秦国迅速从二流国家崛起为一流强国，令各国害怕。商鞅因功受封商地十五邑，号商君，“商鞅”名字中的“商”就是这么来的。

但是，秦国因为变法而强大了，可也有人因为变法而吃亏了，这就是秦国的旧贵族，他们对商鞅极为痛恨。其中有一个人，就是太子。太子阻挠变法，商鞅不能处罚太子，就处罚了负责教导太子的两位老师——公子虔被割了鼻子，公孙贾脸上被刺了字。对太子来说，这是奇耻大辱，当然怀恨在心。

公元前338年，秦孝公去世，太子驷（sì）继位，是为秦惠文王。公子虔等人告发商鞅谋反，惠文王派人追捕商鞅，商鞅仓皇出逃。

可是能逃到哪里去呢？他敲开一户农家，想乞求一些食物，并借柴房过一夜。农户告诉他：“商鞅大人早就下过命令，不许为没有身份凭证的人提供食物，更不许留宿，不然我们就会获罪。我一家获罪，邻里十户也是同罪。所以你还是赶紧走吧，免得连累众人。”

商鞅真想告诉这些人：我就是商鞅大人啊！但他不敢。无奈之下，只得继续逃跑。当他跑回封地时，就被抓起来，押到了咸阳。贵族们对商鞅恨极了，他们把商鞅公开车裂（五马分尸）而死。

就这样，作为秦国强大起来的最大功臣，秦国的恩人，商鞅最终死在了秦国最残酷的刑罚之下！

## 历史考点

公元前 359 年，秦孝公任用商鞅实行变法，商鞅变法奠定了后来秦国成为战国最强帝国的基础。

## 语文考点

### 作法自毙

毙（bì）：死亡。成语的意思是死在自己所立的法规之下，比喻自作自受。说的便是商鞅从秦国出逃时，想住宿，主人要求他出示身份凭证，并称这是商君的规定。商鞅无奈而叹：“嗟乎！为法之敝，一至此哉！”“为法之敝”，“敝”同“毙”，演变为成语“作法自毙”。

例句：你把规矩定得这么死，虽说方便了管理，却损害了所有人的积极性，你就不怕将来作法自毙吗？

### 徙木立信

徙（xǐ），移动，组词“迁徙”。商鞅在市场南门竖起一根木杆，宣布谁能把木杆搬到北门去，即奖赏十金。无人应募。当加到五十金时，有人抱着试一试的想法上前，将木杆搬到北门，果然得到了奖赏。通过这件事，商鞅树立了公信力，变法得以在民众中推行开来。成语“徙木立信”，比喻通过某种手段来树立公信力。

例句：我们是第一次举办这样的大型竞赛活动，首先得想办法树立起主办方的公信力，所谓徙木立信，必不可少。

# 12 一代奇人赵武灵王

yōng
**雍**

1. 和谐。2. 姓。

huì
**喙**

1. 鸟兽的嘴。2. 借指人的嘴。

> 三家分晋之后，赵国成为诸侯国。至赵武灵王时，施行“胡服骑射”改革，建立起中国历史上第一支成建制的骑兵，沿阴山修筑赵长城，灭中山国，成为东方六国最强大的国家，与秦国展开了数十年的争霸。
>
> 赵武灵王，名赵雍。公元前 326 年，约十五岁的赵雍即位；公元前 295 年，在政变中去世。在他执政时期，积极推动改革，使得赵国军力日益强盛。公元前 222 年，赵国被秦国所灭。

赵国的赵武灵王，可是一个奇人。

首先是长相奇特。他身高八尺八寸，胸宽三尺，生就一副马脸，嘴尖如鸟喙，连鬓（bìn）络腮胡子又浓又密，黑黑的脸庞泛着亮光，一看就是非常生猛之人。

其次，赵武灵王想法奇特。春秋战国时期，大家都推崇中原文明，鄙视少数民族的落后；但是赵武灵王发现，北方胡人的战斗力非常强，于是他就不顾国人的反对，**大刀阔斧**地开展学习胡人运动：学习胡人的服装，短衣窄袖皮靴子；学习胡人的骑马、射箭等战斗方式。这就是历史上著名的“胡服骑射”政策，这一改革，帮助赵国一跃成为军事强国。再者，赵武灵王做事也很奇特，不走寻常路。他在身体还很壮实的时候，就早早退位，把国家交给儿子管理，自称主父，也就是太上王。

这么做，赵武灵王是想干什么呢？原来，他是想打秦国。**知己知彼**嘛，为了了解秦国的底细，他决定亲自出马，去秦国走一趟。

于是这天，赵武灵王化名“赵招”，扮作普通随从，混在赵国出使秦国的队伍里，来到了秦国。秦王客客气气地接见了这一队赵国使者，问：“你们武灵王多大年纪了？”“赵招”回答：“正当壮年哩。”秦王又问：“既在壮年，为什么要把王位传给儿子？”“赵招”回答：“大王，您是不知道，咱们的赵武灵王可是一个有着**古道热肠**的人，他想早点儿让他的儿子接受锻炼，学习治理国家。但是，您放心，眼下，国家大事还是由老大王裁决。”秦王又问：“那你们的两位国君对咱们秦国的印象如何？”“赵招”回答：“咱们大王对您可是非常敬畏。这十多年来，虽然搞了胡服骑射，但是，那只是用来对付胡人的，哪敢对秦国有丝毫**非分之想**。我这趟出差之前，大王特别叮嘱，希望和秦国做好朋友。”

就这么一来一往，聊了许久。秦王很高兴，对这位“赵招”很敬重。但此人不凡的气质也引起了秦王的警觉。

转天，秦王传旨，宣赵国使者赵招入宫。但是这一次，赵国人回复说：“这个随从不懂礼节，已经被遣送回国了。”

秦王听了，**大吃一惊**，猜到了这人一定是赵武灵王，随即命大将白起领兵三千去追赶。可哪里还追得上！这就是赵武灵王“国君当间谍”的故事。

可惜赵武灵王，一代英豪，最后却死得很憋屈。他之前把王位传给了小儿子，后来又觉得大儿子可怜，于是动了“一国两王”的念头：把赵国一分为二，两个儿子各自为王。这自然不是一个

好主意。

这天，赵武灵王在行宫休息，两个儿子突然互相攻打了起来。大儿子打不过，手下人马都被杀了，自己也浑身是血地跑到父亲这里，躲了起来。

小儿子的人马搜查到这里，杀了大儿子。**一不做、二不休**，索性把赵武灵王也软禁了起来，不给吃喝。赵武灵王饥饿难忍，爬到树上掏鸟蛋充饥。支撑了一个月，最后还是被活活饿死了。史称“沙丘之变”。

一代著名君王，带着梦想和豪情，就此终结。真是令人扼腕叹息。

## 历史考点

赵武灵王发现北方胡人的战斗力非常强，于是实行改革，下令学习胡人的服装和骑马、射箭等战斗方式。这就是历史上著名的“胡服骑射”。

## 语文考点

### 轻虑浅谋

轻虑，考虑不周全；浅谋，谋划不深入。赵武灵王让小公子当国君，又把代地封给大公子。大臣李兑很担心，他说：“夫小人有欲，轻虑浅谋，徒见其利，不顾其害，难必不久矣。”意思是见识浅陋之辈（指大公子），一旦有什么想要的，都不会作周全考虑、细致谋划，而是眼里只看得到好处，自动忽略其危害，这样一来，祸难也就不远了。不久便发生了沙丘之变。

例句：见别人开店赚了钱，不做调查就去开店；见别人学习上得了大奖，以为自己也能得大奖，这种轻虑浅谋的行为，最终会令人一事无成。

# 13 吕不韦奇货可居

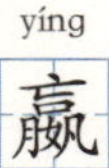


姓。

秦国经过商鞅变法，很快强大起来。秦惠文王即位后，虽然处死了商鞅，但继续奉行商鞅变法以来的国策，对外发展，逐渐掌控了对山东诸侯作战的战略主动权。

公元前 250 年，秦国异人继承王位，即秦庄襄王。他任命卫国商人吕不韦为相国，封侯。公元前 247 年，十三岁的嬴政即位，即后来的秦始皇，国事皆由吕不韦掌控。公元前 237 年，吕不韦罢相，两年后被迫自杀。

吕不韦原本只是个商人，但是有一天，他投资了一桩大买卖，从此走上战国历史的大舞台，并因此封侯拜相，留名青史。

这到底是一桩怎样的大买卖呢?

这天，商人吕不韦在赵国都城邯郸做生意时，发现了一个人。此人一身落魄，正在街上闲逛；不过，气质很好，不像是一般人。吕不韦就特意打听了一下。原来，此人是秦国太子安国

君的儿子，名叫异人，他被派来赵国做人质。但是秦国和赵国关系一向不大好，动不动就打仗，所以异人在赵国的日子挺难熬的，啥待遇都没有。

但是，吕不韦用商人的思维想了想，顿觉此人“奇货可居”，便决定做一桩大生意：把货物低买高卖，这是生意；把一个人低“买”高“卖”，也是生意嘛！这样的生意，还没人尝试过呢。吕不韦很兴奋，何况这异人是秦国的公子，是稀缺品，将来的回报一定更大。

就这么着，吕不韦开始接近异人，给予他各种物资帮助：马车、仆人、美酒佳肴……并许诺会帮助他回到秦国，登上王位。异人自然是开心得不得了。

合作的第一步是培养好的名声。安国君有二十多个儿子，异人在众多兄弟中并不突出，想获得关注，名声很重要。吕不韦给异人准备了一大笔钱，让他与当时的社会名人搞好关系，又招揽了大量门客。很快，异人的贤良之名便传播开来。

第二步，让安国君立异人为继承人。异人不能离开赵国，吕不韦就代表他出发去了秦国都城咸阳。他找到安国君最宠爱的华阳夫人，说服她认异人为子，请她帮助异人成为继承人。

两年后，长平之战爆发，赵国惨败，秦军围攻都城邯郸。在吕不韦的帮助下，异人趁乱逃回了秦国。

几年后，老秦王驾崩，太子安国君继位。但这位安国君只做了三天秦王就去世了，异人（已改名为“子楚”）接替为秦王。至此，吕不韦当初的谋划完全实现。

为了表彰吕不韦的功劳，秦王异人任命吕不韦为丞相，执掌朝政。这位异人，就是未来的秦始皇嬴政的父亲。嬴政上台后，尊吕不韦为“仲父”。

从商人到丞相，这就是吕不韦的投资传奇。“奇货可居”果然给他带来了巨大的回报。

## 历史考点

公元前 250 年，吕不韦帮助秦异人继承王位，即秦庄襄王。

公元前 247 年，秦王嬴政即位，这就是后世大名鼎鼎的千古一帝秦始皇。

## 语文考点

### 一字千金

本意是增删一字，给予千金奖赏，用来称赞文辞精妙，不可更改。后也用来形容文章或书法作品价值高。这个成语跟吕不韦有关。吕不韦组织门客编写了一部《吕氏春秋》，宣称只要有人能指出书中错误，每增删一字，就给予一千金的奖励，但最后没有人可以做到。可见这部书的确编写得很好。

例句：这幅作品很好，很珍贵，可谓一字千金。

## 成语迷宫

沿横向或纵向行走，试着找出迷宫中的全部成语。

| 如 | 焚 | 琴 | 煮 | 鹤 |
|---|---|---|---|---|
| 急 | 旁 | 骛 | 鸡 | 立 |
| 心 | 无 | 雄 | 群 | 龙 |
| 手 | 灰 | 逐 | 首 | 无 |
| 谁 | 死 | 鹿 | 当 | 其 |
| 如 | 阵 | 陷 | 锋 | 冲 |

答案：1.心急如焚；2.焚琴煮鹤；3.鹤立鸡群；4.群雄逐鹿；5.鹿死谁手；6.群龙无首；7.首当其冲；8.冲锋陷阵；9.心无旁骛。

# ⑭ 荆轲刺秦王

| jiǎn 翦 | jīng kē 荆轲 | fán wū jī 樊於期 | dū kàng 督亢 |
| --- | --- | --- | --- |
| 剪除，除掉；也作姓。 | 人名。 | 人名。 | 古地名。 |

公元前247年，秦庄襄王驾崩，嬴政被立为秦王。嬴政亲政后，重用李斯、王翦等人，自公元前230年至公元前221年，先后灭掉韩、赵、魏、楚、燕、齐六国，完成了统一中国大业，建立起中国历史上第一个统一的多民族的封建王朝，定都咸阳。

荆轲，卫国人，著名刺客。荆轲刺秦的故事发生于公元前227年，这是六国面对强秦的一次绝望挣扎。公元前222年，燕国灭亡。

时间到了战国末期，秦灭六国的态势已经很明显了，各国都恐慌不已。这其中就有燕国。

燕国太子丹，小的时候曾在赵国做人质，当时嬴政跟着身为人质的父亲异人，也在赵国。太子丹和嬴政，两个小孩子相处得还挺好的。

但是时间会改变很多。几年后，嬴政做了秦王，太子丹又被送到秦国来做人质。两个熟悉的人相见，地位已经大不同，秦王嬴政对太子丹态度很不友好。这让太子丹很不满，也很害怕，于是他找了个机会，偷偷逃回了燕国。

如今，随着秦灭六国的脚步更快地推进，亡国的恐惧加上从前的私人恩怨，使太子丹萌生出一个想法：刺杀秦王嬴政。

太子丹开始招揽（lǎn）勇士。其中有一个叫秦舞阳的人。秦舞阳凶名远扬，据说他十三岁就开始杀人，周围的人都怕他，不敢接近他。太子丹将他收在自己门下。

秦国原来有个将军叫樊於期，因为参与谋乱，被秦国通缉，逃到燕国，听说太子丹在招人，也来投奔。

但光这些人，还是不够。这时便有人推荐了荆轲。荆轲本是齐国一位贵族的后代。后来定居卫国，再后来又来到燕国。他剑术高明，慷慨侠义。

太子丹找到荆轲，请他担当起刺杀秦王的重任。荆轲一听，直摇头：事情太大，负不起这个责任。太子丹急得眼泪都下来了，好说歹说，荆轲才勉强答应。

太子丹腾出一幢（zhuàng）别墅，供荆轲居住，每天前去问安。荆轲觉得大乌龟好玩，太子丹差人给他送去；听说千里马的肝味道鲜美，杀了，炖好了，又给他送去。总之，荆轲想要什么，就给什么。荆轲叹一口气，心想，这是逼我出手啊。

太子丹很着急，三天两头地来问："可以出发了吗？"

荆轲答："还不行。"

"为什么？"

"还要等一个人。有他在，行动肯定能成功。"

但是一等仨月，约定的帮手还没来。太子丹心想：这荆轲不会是害怕了吧？于是时不时地来催促荆轲赶紧出发。

荆轲知道已不能再等，便跟太子丹说："那就出发吧，不过，我需要两样东西：燕国的督亢（dū kàng）地图和秦国叛将樊於期的人头。"

燕国的督亢地图好说，但是樊於期的人头，太子丹就为难了。荆轲便直接找到樊於期，开门见山地对他说：“我需要你的人头，我会去找秦王为你报仇。”

樊於期说：“好。”一抹脖子就自杀了。

过了几天，荆轲带着燕国的地图、樊於期的人头和一把名为“徐夫人”的匕首上路了，秦舞阳等人跟随着他。一行人到了边境易水，设宴为荆轲送行。酒过数巡，荆轲的朋友高渐离击筑，荆轲和着节拍，唱道：“风萧萧兮易水寒，壮士一去兮不复还……”歌声悲壮，满座的人无不落泪。

到了咸阳，荆轲以献上燕国地图、向秦国称臣为名，要见秦王。秦王一听，哈哈大笑，传令召见。荆轲捧着匣子，秦舞阳捧着地图，一前一后进了宫。秦舞阳哪见过这阵势，吓得脸色苍白。

秦王一瞪眼：怎么回事?

荆轲回头看了秦舞阳一眼，又走上前叩首，说：“边鄙（bǐ）之人，没见过世面，请大王不要见怪。”

于是，荆轲一个人上了殿。他打开匣子，给秦王看樊於期的头颅，秦王很高兴。紧接着，荆轲拿着地图，请秦王过目。秦王靠近，图徐徐展开，一把匕首出现，荆轲眼疾手快，抓刀在手，向秦王刺去。

秦王大吃一惊，拔腿就跑。一逃一追，两人绕着大殿的柱子转圈。大臣们此时只能干着急，因为秦王有规定：不召唤，不许上殿。

秦王身佩一把宝剑，长三尺有余，情急之下，根本拔不出来。御医夏无且急了，远远地用药箱来打荆轲，荆轲奋臂一挡，药箱被打得粉碎。秦王趁这空当，拔剑在手，几个回合下来，荆轲的胳膊腿都被砍断了，靠在柱子上不能动弹。荆轲知道行动失败了，但毫不畏惧，大笑，又大骂，秦王一发威，便将他砍死了。

荆轲刺秦王，虽然没能成功，也没能阻止燕国的灭亡，但他的无畏和侠义精神，赢得了世人的传颂。

## 历史考点

公元前 221 年，秦王嬴政先后灭掉韩、赵、魏、楚、燕、齐六国，完成了统一中国大业，建立起中国历史上第一个统一的多民族的封建王朝，定都咸阳。

## 语文考点

### 图穷匕见

荆轲把匕首藏在地图里，地图摊开到尽头，露出匕首。比喻事情发展到关键时刻，露出真相或本来意图。

例句：这人一直伪装得很好，跟大家有说有笑的，讨人喜欢，等大家对他不再有戒备心，他就图穷匕见，露出骗子本性了。

### 旁若无人

就好像旁边没有人。形容因为专注或傲慢，把其他人都当不存在。成语出自《史记·刺客列传》：“荆轲嗜酒，日与狗屠及高渐离饮于燕市，酒酣以往，高渐离击筑，荆轲和而歌市中，相乐也，已而相泣，旁若无人者。”典故“燕市悲歌”说的就是这一场景。荆轲、杀狗的、高渐离，三人经常在大街上喝酒，醉后高渐离击筑，荆轲高歌而和，时而狂笑，时而伤心痛哭，旁若无人。

例句：他旁若无人地站在那儿朗读课文，身边来来往往经过的人一点儿也影响不到他。

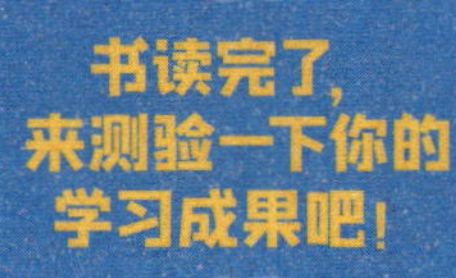


成语迷宫（10分）。沿横向或纵向行走，试着找出迷宫中的全部成语。

| 可 | 居 | 功 | 自 | 傲 |
|---|---|---|---|---|
| 货 | 怪 | 论 | 赏 | 罚 |
| 奇 | 谈 | 功 | 行 | 分 |
| 移 | 星 | 暗 | 争 | 明 |
| 山 | 转 | 斗 | 勇 | 知 |
| 倒 | 海 | 狠 | 犯 | 故 |

成语理解（每题5分）。

1. 成语“韬光养晦”中，“韬”的本义是指（ ）？

A. 遮光的帘子　B. 弓或剑的套子　C. 计谋

2. 成语“退避三舍”中，“舍”的意思是（ ）？

A. 房子　B. 放弃，退让　C. 三十里

3. 与成语“心腹之患”中的“患”，含义不同的是（ ）？

A. 患得患失　B. 患难之交　C. 防患未然

4. 成语“奇货可居”中，“居”的意思是（ ）？

A. 积蓄　B. 居住　C. 停留

5. 下列成语中，与“一蹶不振”意思相近的是（ ）？

A. 东山再起　B. 百折不挠　C. 心灰意冷

6. 下列成语中，与“轻虑浅谋”意思相反的是（ ）？

A. 老谋深算　B. 刚愎自用　C. 雷厉风行

连连看（每题 4 分）。将下列成语的前后句正确地连起来。

| | |
|---|---|
| 姜太公钓鱼 | 一鸣惊人 |
| 不鸣则已 | 愿者上钩 |
| 皮之不存 | 匹夫有责 |
| 人为刀俎 | 毛将焉附 |
| 天下兴亡 | 我为鱼肉 |

连连看（每题 4 分）。将历史人物和对应的典故，正确地连起来。

| | |
|---|---|
| 尧 舜 | 杀妻求将 |
| 赵武灵王 | 庭燎招士 |
| 吴 起 | 作法自毙 |
| 齐桓公 | 胡服骑射 |
| 商 鞅 | 谏鼓谤木 |

选择题（每题 10 分）。

1. 被称为中华民族的人文初祖的两人是（ ）？

A. 尧和舜　　B. 炎帝和黄帝　　C. 黄帝和蚩尤

2. 中国历史上第一个王朝的建立者和王朝名分别是（ ）？

A. 禹，夏朝　　B. 姬发，周朝　　C. 嬴政，秦朝

你的得分：________

参考答案

成语谜语：1.奇谈怪论；2.论功行赏；3.赏罚分明；4.明争暗斗；5.斗转星移；6.移山倒海；7.奇货可居；8.居功自傲；9.明知故犯。

成语理解：1.B；2.C；3.A；4.A；5.C；6.A。

选择题：1.B；2.A。

**图书在版编目（CIP）数据**

陪孩子玩转中国史．2，春秋战国简史 / 文海 编著.—北京：东方出版社，2022.3

ISBN 978-7-5207-2465-4

Ⅰ．①陪… Ⅱ．①文… Ⅲ．①中国历史－春秋战国时代－青少年读物 Ⅳ．① K209

中国版本图书馆 CIP 数据核字（2022）第 002066 号

**陪孩子玩转中国史 2：春秋战国简史**
（PEI HAIZI WANZHUAN ZHONGGUOSHI．2，CHUNQIU ZHANGUO JIANSHI）

**编　　著：**文　海
**责任编辑：**辛春来
**策　　划：**闫　冬
**封面设计：**后声文化·胡振宇
**美术设计：**壹点插画工作室
**插画绘制：**王梦婕　贾迎欣　刘　冲
**艺术指导：**李朋威　李春华
**出　　版：**东方出版社
**发　　行：**人民东方出版传媒有限公司
**地　　址：**北京市西城区北三环中路 6 号
**邮　　编：**100120
**印　　刷：**三河市嘉科万达彩色印刷有限公司
**版　　次：**2022 年 3 月第 1 版
**印　　次：**2022 年 3 月第 1 次印刷
**印　　张：**24（全六册）
**开　　本：**700 毫米 ×1000 毫米　1/16
**字　　数：**350 千字（全六册）
**书　　号：**ISBN 978-7-5207-2465-4
**定　　价：**120.00 元（全六册）
**发行电话：**（010）85924663　85924644　85924641



**如有印装质量问题，我社负责调换，请拨打电话：（010）85924602　85924603**

文海　编著

# 陪孩子玩转中国史 2

## 秦汉简史

人民东方出版传媒
People's Oriental Publishing & Media
東方出版社
The Oriental Press

# 图说历史

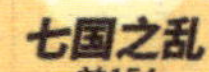

**七国之乱**
前154
汉景帝削藩
引起七国叛乱

**短暂的秦王朝**
前221—前207
我国历史上第一个统一的
多民族封建国家

**平定诸吕之乱**
前180
陈平、周勃等发动政变
清剿吕后势力

**沙丘政变**
前210
秦始皇在巡视路上去世
赵高发动政变
立胡亥为秦二世

**韩信之死**
？—前196
"汉初三杰"之一
因功高震主而被杀

**叔孙通制礼**
前200
成为后世礼仪典范

**楚汉之争**
前206—前202
秦朝灭亡后，项羽和刘邦争霸
最终刘邦胜出
建立统一的汉朝

**鸿门宴**
前206
楚汉之争中的重要一幕

**西汉建立**
前202—8
定都长安，一共存续210年

秦汉简史
"龙城飞将"卫青
？—前106
西汉抗击匈奴的名将
霍光辅政
？—前68
名将霍去病的弟弟
先后辅佐汉昭帝、汉宣帝
曹操："我只做周文王"
155—220
三国曹魏政权的奠基人
王莽建新朝
9—23在位
西汉终结，新朝亡于绿林军
挟天子以令诸侯
东汉末年军阀混战
曹操以汉献帝名义发号施令
东汉
范滂和"党锢之祸"
137—169
党锢之祸是东汉后期宦官集团
对文官集团的迫害
东汉开始
25—220
定都洛阳，直到曹丕称帝
取代汉朝
刘秀与"光武中兴"
25—57在位
再次统一中国，振兴汉朝
史称东汉
楚王罪案
70
汉明帝为巩固政权而清除异己

# 目录

秦汉是中国历史上大一统王朝的确立时期。

秦朝吞灭六国，“天下”真正成为一个整体。秦始皇雄才伟略，欲为后世子孙开创万代基业，然而他一身死，国家很快便亡。秦朝成为历史上最著名的短命王朝之一。

平民出身的刘邦建立起汉朝，史称西汉。西汉既吸取秦亡的教训，也继承了秦朝的诸多制度，建设过程中虽然也有反复和波折，但跌跌撞撞地，西汉延续了210年之久，“大一统”这张旗帜屹立不倒。

皇室远裔（yì）刘秀，几乎白手起家，在乱世中脱颖而出，重续汉朝，安定天下，史称东汉。这就是“光武中兴”。历史的洪流滚滚向前，“大一统”的观念逐渐深入人心。这是秦汉两朝最重要的历史遗产之一。

# 短暂的秦王朝

公元前 221 年，秦灭六国，建立起我国历史上第一个统一的多民族封建王朝。秦王嬴政从传说中的“三皇”“五帝”中各取一字，合成“皇帝”一词，作为君主的专称，自称“始皇帝”，史称“秦始皇”。秦始皇踌躇（chóu chú）满志，开始了一系列变革：废封建，行郡县，书同文，车同轨，统一度量衡……他想为后世子孙开创万代基业。但秦的暴政引起百姓的反抗。

公元前 210 年，五十岁的秦始皇在巡视路上去世。随行的宦官赵高发动政变，立胡亥（hài）为秦二世，矫诏（jiǎo zhào）杀死公子扶苏及大将蒙恬（tián），史称“沙丘政变”。

秦二世没有能力掌控秦帝国，第二年，陈胜、吴广起义爆发，天下大乱。公元前 207 年，秦朝灭亡。

# 15 沙丘政变

## 生词学习

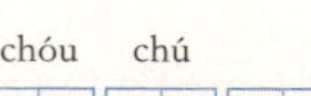

chóu chú
**踌躇满志**
形容对自己取得的成就心满意足。

hài
**亥**
地支的第十二位。

jiǎo zhào
**矫诏**
更改或伪造诏书的内容。皇帝颁发的命令称为诏书。

tián
**恬**
1. 安静。2. 毫不动心；安然；不在乎。

秦始皇精力过人，工作也特别勤奋，他做了皇帝后，不顾舟车劳顿，先后五次到全国各地巡察。这年夏天，秦始皇第五次出巡，到了沙丘（今河北邢台）这个地方。结果，病重驾崩了。

要说秦始皇的死，也不算意外。他本来已经病得很重了，但自觉能够支撑着回到首都咸阳，结果半道上就撒手人寰了。最先发现这事的是大宦官赵高，他负责照顾秦始皇的饮食起居。赵高心机深沉，他没有声张，神色如常地走出来，找到随行的小公子胡亥，把他拉到一边，悄悄地将消息告诉了胡亥。

胡亥是个没主见的

人，温室里的花朵没见过风雨，听了后**六神无主**。赵高从怀中掏出一份诏书，递到他面前，说："皇上临死前让我立下诏书，要把帝位传给你哥哥扶苏。"

胡亥心想：扶苏确实是我们兄弟之中最优秀的。

赵高见他还是**呆若木鸡**的模样，暗骂一声"没出息"，便问他："公子有没有想过，自己当皇帝呢？"

胡亥吓了一跳，慌忙说："你可别乱说，这皇上的位子我可从来没想过。"

赵高**高深莫测**地笑了笑："那现在你可以想一想了。你父亲去世，还有这份诏书，知道的人没几个。只要你肯配合，我就能帮你坐上皇位。"

天大的馅饼掉到头上，胡亥能不心动吗！但他还是有些犹豫，**支支吾吾**地，不说答应，也不说不答应。

赵高着急了，连忙说："公子你好好想一想，要是你哥哥做了皇帝，你还有好日子过吗？"

这个答案胡亥懂。他前面有十七个哥哥，自己又没什么本事，好日子哪里轮得到他！半晌，胡亥咬咬牙，点点头："听你的，我配合！"

搞定了胡亥，还有一个人需要赵高去搞定，那就是丞相李斯。李斯一直很得秦始皇赏识，且为人忠诚。一听赵高要搞阴谋诡计，李斯想也没想就拒绝了，并声明：一定要按照秦始皇的遗愿来办。

赵高听了，连连冷笑，说："丞相觉得您和蒙恬将军比，谁更厉害？"

李斯不说话，心想：蒙恬手握重兵，自然要比我厉害那么一点。

赵高接着说："人生在世，但求名利。丞相能混到今天的位子不容易，难道您不想让您的子孙后代都过上好日子吗？如果公子扶苏继位，他跟蒙恬关系那么好，到时您的丞相之位还保得住吗？"

这个问题把李斯也镇住了：做丞相和不能做丞相，我当然选前者。于是答应下来，要和赵高、胡亥一起干。

一切准备就绪，赵高行动起来。一方面，他封锁秦始皇去世的消息，命令队伍一切照旧，该给秦始皇送饭还送饭，该换衣服还换衣服。因为天气热，尸体很快发臭，赵高就准备了一车鲍鱼来遮掩气味。

另一方面，他以秦始皇的名义写了封信，内容是赐死大公子扶苏。

当时扶苏远在塞外，根本不知道父亲去世的消息，况且这次出远门前，父子两个还因为政见不合吵过架。他接到信，心中**万念俱灰**。

蒙恬劝他："您好歹是皇上的儿子，他不会这么狠心要处死您的，咱们还是带兵回去问问吧。"

扶苏痛哭起来："我父亲这人说一不二，他要我死自然有他的道理，我可不要死后还背上谋反的骂名。"说完，便自杀了。

胡亥等一行人回到咸阳后，秦始皇去世的消息才正式发布。赵高更是当即宣布："皇上有旨，立胡亥为太子，继承大统。"

于是，胡亥**顺理成章**地坐上了皇位，史称秦二世。几年后，刚刚结束了几百年乱局的大秦帝国，就在胡亥手中灭亡了。

## 历史考点

公元前221年，秦灭六国，建立起我国历史上第一个统一的多民族封建国家。

秦王嬴政自称“始皇帝”，史称“秦始皇”。开始了一系列变革，包括废封建、行郡县、书同文、车同轨等等。

公元前210年，秦始皇去世。赵高立胡亥为秦二世，史称“沙丘政变”。

## 语文考点

### 指鹿为马

秦二世昏庸无能，大权掌握在赵高手里。赵高向秦二世献上一头鹿，声称“这是一匹马”。二世说：“丞相错了，将鹿认作了马！”问朝廷官员们，有人说是鹿，有人说是马。事后，那些说是鹿的人都遭到了赵高的迫害。成语“指鹿为马”，比喻颠倒黑白。

例句：做人要堂堂正正，切不可罔（wǎng）顾事实，指鹿为马。

### 仓鼠与厕鼠论

李斯未成名时，看到厕所里的老鼠骨瘦如柴，胆小怕人；而粮仓里的老鼠肥硕、胆大，因而发出感慨：“人之贤不肖，譬如鼠矣，在所自处耳！”粮仓里的老鼠，过着上等鼠的生活；厕所里的老鼠，过着下等鼠的生活。之所以会这样，并不在于它们的才干有什么高低差别，而仅仅是因为其所处的环境不一样。人的命运，就跟这老鼠差不多。这就是李斯著名的“老鼠哲学”。

# 楚汉之争

公元前209年，陈胜、吴广揭竿而起，反抗暴秦，史称“大泽乡起义”。随即天下大乱，平民出身的刘邦也加入了这场秦末起义潮流中，并且奇迹般崛起。

秦朝灭亡后，实力最强的起义军领袖项羽自称西楚霸王，封刘邦为汉王。但是天下并未因此安定下来，混乱仍在继续。经过四年楚汉之争，公元前202年，刘邦、项羽战于垓下（垓读gāi，在今安徽灵璧），项羽兵败自杀，刘邦称帝，即汉高祖，建立起统一的汉王朝，定都长安，史称西汉。

# ⑯ 鸿门宴

gāi
垓下

地名，在今安徽灵璧。

kuài
樊哙

汉初名将。樊哙出身低微，以杀狗卖肉为生，韩信耻于和他为伍，因此衍生出一个词“哙伍”，指平庸、粗俗之辈。哙：咽下去。

刚开始起义的时候，刘邦没有能力自己干，只能跟随比自己强大的项羽。后来他们约定：谁先进入秦朝的都城咸阳，谁就做关中王。项羽自认为打下咸阳不成问题，就忙着去其他地方打仗了。结果被刘邦捡了便宜，抢先进入关中。

这让项羽非常恼火。刘邦身边有个叫曹无伤的人，还跑来**煽风点火**，说刘邦想自己称王。项羽听了，怒火都要烧掉眉毛了，决定带兵去攻打刘邦，给他点颜色瞧瞧。

项羽的叔叔项伯，和刘邦的手下张良关系很好，就偷偷把这件事告诉了张良，张良又告诉了刘邦。刘邦一听，很着急。他知道自己不是项羽的对手，不知道怎么办才好。

张良出了个主意，说：“要不我去找项伯帮忙？让他在项羽面前求求情，然后我们再去给项羽道个歉，估计问题不大。”

于是刘邦就请来项伯，好酒好肉招待他，又送了他很多礼物。项伯回去后，果然帮他们求情了，还让他们第二天一早就去给项羽赔礼道歉。

第二天早晨，刘邦带着百余名随从到了鸿门，来向项羽赔罪。一见到项羽，刘邦就眼泪汪汪地哭起来了：“将军啊，想当初我们约定合力攻打秦国，您不在这儿，我天天盼着您来；您没来，我怕别人占了您的地盘，就想着先来帮您做做准备工作，等您回来后立刻把关中交给您。没想到竟然有小人冤枉我，破坏咱们的兄弟感情。”

项羽见刘邦哭得可怜，心一软就说了实话：“是你手下的曹无伤来告状的，不然我也不会这样啊。”刘邦听了，暗暗记在心里。

项羽见误会解除，并没人要挑战他的领袖地位，心情大好，当即命人摆宴，和刘邦喝酒谈心。宴会上，军师范增多次朝项羽使眼色，暗示项羽杀掉刘邦，免得以后有麻烦，可项羽愣是装作没看见。

范增见此，摇摇头，马上就去找了项羽的弟弟项庄，说：“你去表演个剑舞，瞅准了就给刘邦来上一剑！”

项庄得了命令，进来敬了酒，就开始舞剑，舞到兴高处，剑尖直指刘邦。这边项伯发现不对，心说：我承诺了要护住刘邦的，你这是要杀刘邦啊，不行。于是赶紧站了出来，也拔剑起舞，处处挡着项庄。

两人你来我往，刀光剑影。张良觉得不对头，也去搬救兵，找的是猛将樊哙。张良说：“情况危急，**项庄舞剑，意在沛公**（刘邦），你快去阻止。”

樊哙一听，**二话不说**就冲了进来，打翻了几个卫士，瞪眼看着项羽。

项羽说：“呦，这位勇士

是谁呀？不错、不错！”

项羽喜欢勇士，听说樊哙是刘邦的手下，很欣赏，便赏赐了他好酒好肉。

樊哙喝了酒，用剑切着肉，高声问项羽：“当初约定‘先入咸阳者为王’，难道是不算数的吗？现在沛公先进来了，一点东西都不敢动，军队还退回了灞上，等待项王到来。可是项王不说赏赐我们沛公，反而想杀掉他，实在是叫人寒心啊。”

项羽被说得尴尬不已，半天才吐出一个字：“坐。”

这么一打岔，气氛总算缓和了下来。过了一会儿，刘邦趁项羽没有注意，借口上厕所，带着樊哙等人偷偷逃跑了。留下一堆礼物，让张良转交给项羽。等项羽发现刘邦已经走了，又看到张良送上来的礼物，也就不再找刘邦的麻烦。项羽在自己势力最强大时，错过了杀死刘邦的好机会，几年后刘邦实力强大了，反过来灭掉了项羽。

这就是“鸿门宴”的故事。后世用“鸿门宴”来泛指一切不怀好意的邀请。

## 历史考点

公元前 209 年，陈胜、吴广起义。

公元前 202 年，汉高祖刘邦建立起统一的汉王朝，定都长安，史称西汉。

## 语文考点

### 人为刀俎，我为鱼肉

俎（zǔ），切肉用的砧板。鸿门宴上，刘邦不辞而别，担心会惹项羽不高兴，樊哙劝他：“如今人方为刀俎，我为鱼肉，何辞为？”现如今人家好比刀和砧板，我们好比鱼和肉，只有任人宰割的份，还告什么辞呢？成语“人为刀俎，我为鱼肉”用来形容自己的生死操纵在他人之手的境况。

# 汉朝的建立

汉朝是继秦朝之后的又一个大一统王朝。从公元前 202 年刘邦建汉，到公元 9 年外戚王莽篡权建立新朝止，西汉存续了 210 年。

为了巩固政权和稳定社会局势，汉初实行“休养生息”政策，减轻人民负担，注重农业生产。到汉文帝和景帝时期，赋税进一步减轻，并废除了一些严刑峻（jùn）法，以俭治国。这一时期，政治清明，经济发展，人民生活安定，史称“文景之治”。

# 17 叔孙通制礼

生词学习

严刑峻(jùn)法：严厉的刑罚，严峻的法令。

胸膛(táng)：胸部；胸腔。

放肆(sì)：（言行）轻率任意，毫无顾忌。肆也指铺子、商店。

礼仪的发展历史是从简到繁，规矩的发展趋势是由少到多。很早的时候，人们相处，很少有什么礼仪规范。直到西周初年，周公制礼，对大至国家制度，小至百姓生活，都进行了规范。但总的来说，仍是比较粗略的。公元前200年，汉高祖刘邦命叔孙通制礼。礼制成之后，威严而烦琐，成为后世典范。

汉高祖刘邦当上皇帝后，跟随他打天下的一帮弟兄，封王的封王，封官的封官，都过上了好日子。他上台后决定废除秦朝的礼仪，文武百官都可以平起平坐，不用讲究礼仪。

起初，大家都很高兴，每天上朝的时候大家站没站相，坐没坐相，甚至讨论到激动的地方，想打架就打架，想拔剑就拔剑，一点儿也不把刘邦当皇帝。

时间一长，刘邦不乐意了。他虽然表面上仍然笑呵呵的，但心里很不高兴。于是，他便找来叔孙通，要对方帮他想办法。

叔孙通是谁？说白了，就是一个研究“之乎者也”的儒家学者。叔孙通看到高祖很烦恼，就拍胸膛作保证：“皇上，您尽管放心，我已经想到办法了。您只要给我时间，我一定不会让您失望的！”

叔孙通下了保证后，便开始研究制定礼仪的事。他先是从孔子的老家——以前的鲁国那儿找了几十个儒家学者，让他们一同到长安城来，协助自己制定皇家礼仪。等礼仪制定好后，他又让宫中的人按规定排练，力图做到完美。

一个多月后，他把刘邦请过来，请刘邦检阅排练情况，并说：“皇上，想要上下有别，便于治理国家，礼这个东西是不能少的。有它，才能体现出您身为最高统治者的威严来，官员们也会从心底里敬重您。”

万事不能只听广告，还得看实际效果。刘邦通过一番检阅，感觉效果还真不错，当即就说：“好！继续排练，一点错也不许出！朕要让群臣百官见识一下天子的礼仪，看他们以后还敢不敢跟我没规没矩的。”

到了新年这天，刘邦早早就通知了所有官员在新建成的长乐宫开会。大家三五成群，懒懒散散地来到宫门口，还没等进去呢，就全都惊呆了。只见眼前全是整齐的士兵和卫队，他们手中的兵器、穿的衣服、举的旗帜，全都一模一样。气氛庄严肃穆。看到这种阵势，大家都不敢出声了，按官位高低依次站好。

没多久，大殿上就传来“上朝”的指示，大臣们安静地走入大殿，等候高祖的到来。等所有人都到齐后，高祖才坐着专属的轿子，慢悠悠地被抬了出来。他心里暗笑道：“哼，今天就让你们见识见识我身为天子的威严，看你们以后还敢不敢放肆！”

刘邦进了大殿后，大家都按礼跪拜，刘邦这才宣布酒会开始。宫女和太监们这一个多月来艰苦训练，此刻都想好好表现一番。他们各个仪态优雅，端菜倒酒也都轻拿轻放。这还不够，整个酒会期间，御史一直站在一旁，一旦有人不按照礼仪办事，他就会将人拖出去，依法处置。

众人见气氛紧张，都开始注意自己的言行，平时喝酒的今天也只敢喝一小点，平时喜欢大口吃肉的今天也只是夹几

筷子摆在眼前的蔬菜，一顿饭吃得很是郁闷。

看着大家的表现，刘邦很满意。叔孙通的制礼大获成功，得到了很多赏赐，官位也得到了提升。从这以后，大汉朝廷中一直遵守这套礼仪，刘邦的皇位也越坐越舒坦。

## 历史考点

汉初实行“休养生息”政策。汉文帝和景帝时期，政治清明，经济得到恢复和发展，人民生活安定，史称“文景之治”。

公元前 200 年，汉高祖刘邦命叔孙通制礼，成为后世典范。

## 语文考点

### 不足挂齿

叔孙通曾在秦朝为官。陈胜、吴广起义时，秦二世不愿意听到这种坏消息，于是叔孙通说：“此特群盗鼠窃狗盗耳，何足置之齿牙间？”这些造反者不过是一群偷鸡摸狗之辈，都不值得我们花时间来讨论。成语“不足挂齿”便出自这里，意思是事情太小了，不值得一提。

· 例句：我就是顺手帮你拿了下行李而已，不足挂齿，你不用特意感谢我。

# 汉初政治风云

由于秦王朝灭亡得太快，在如何治理好一个庞大国家的问题上，西汉没有可以学习的对象，只能在摸索中前进。

为了稳定自己的统治，汉高祖刘邦对军功集团进行了清洗。这是皇帝和功臣之间的冲突，名将韩信的遭遇便是典型。韩信一代名将，“汉初三杰”之一，史称“兵神”。在楚汉之争中战功卓著，被封为齐王，后改楚王。公元前201年，被贬为淮阴侯，解除兵权。公元前196年，刘邦带兵在外，吕后以谋反罪名诛杀韩信。

其次是皇室（刘氏子弟）与外戚（吕氏集团）之间的冲突。刘邦死后，儿子刘盈登基，即汉惠帝。刘盈生性懦（nuò）弱，优柔寡断，大权掌控在吕后手中。不久刘盈病死，吕后独揽朝政，违背汉高祖“非刘氏子弟不得封王”的规定，大封吕氏子弟为王。诸吕扰乱朝政，朝中老臣、刘氏宗室敢怒不敢言。公元前180年，吕后病逝。大臣周勃、陈平发动政变，铲除吕氏势力，迎刘邦的儿子代王刘恒为帝，即汉文帝。

随着时间的推移，中央和地方的矛盾也凸显出来。早年，汉高祖刘邦认为，秦朝之所以二世而亡，原因之一就是废除分封制，于是汉初大封刘氏子弟为王，到各地建立王国。经过数十年的发展，出现了地方王国强大、中央政府变弱的情况，即“枝强干弱”，对政权的稳定性构成威胁。为了解决这一问题，汉景帝采纳大臣晁错的建议，实行削藩，激起诸侯的反抗。公元前154年，“七国之乱”爆发，三个月后被平定。

# ⑱ 韩信之死

nuò
懦弱

柔弱，不够坚强。

kuǎi
蒯

1. 一种多年生草本植物。
2. 姓。

xī
豨

古书上指大野猪。

zhì
雉

1. 鸟，外形像鸡。通称野鸡、山鸡。
2. 古代城墙长三丈高一丈，为一雉。

汉高祖刘邦之所以能打败项羽、争夺天下，主要靠着三个人的帮助——萧何、韩信、张良，史称“汉初三杰”。其中，韩信是带兵打仗的，刘邦能在军事上战胜项羽，主要就靠韩信的帮助。

韩信最初是项羽的手下，在项羽那儿做一个小官，不受重视，于是就转投了刘邦。一开始，刘邦也不重视韩信，但是丞相萧何发现韩信很有才能，非常赏识他，极力向刘邦推荐。这时候，刘邦正因打不过项羽而烦恼，韩信自信地说：“请放心，我帮您打败他！”

果然，有了韩信的加入，刘邦的局面开始好转，反而是项羽开始烦恼不已。刘邦对韩信万分敬佩，一会儿给他送吃的，一会儿给他送穿的，还承诺：“今后我发达了，一定不会忘记你的恩情。”

韩信心里很感动，**尽心尽力**地帮刘邦打江山。项羽见韩信打了许多胜仗，**后悔莫及**，也派人来劝韩信：“您跟着刘邦有什么出息呀！不如跟我干吧？我们联手打败刘邦，我答应您**裂土为王**！”韩信心想：**好马不吃回头草**，我拒绝！

有个谋士叫蒯通，也劝说韩信：“您不要跟着项羽干，也不要跟着刘邦干，干脆自立好了，三足鼎立，天下有您的一份！而且，现在刘邦是倚重您，到了将来，就会觉得您对他构成威胁，所以您的境况很危险！”这话韩信也不听，他不想背叛刘邦。

很快，楚汉战争结束，刘邦当上了皇帝，不再放心让韩信带兵，就解除了他的兵权。本来封他为王的，又降了一级，贬为淮阴侯。

对此，韩信当然不满意，但这时已经不是需要他打仗的时候了，不满意也得忍着。于是韩信来了个消极反抗：装病在家，朝廷有什么事他也不参与。

据说有这么一件事。韩信原来有个手下叫陈豨，被调去外地做官，来跟韩信告别。韩信就对他说：“你要去的地方太适合养兵了，你好好干，到时自己当皇上多好。你放心，要是有人告你造反的话，我一定会帮你的。”

后来陈豨真的反了，刘邦亲自带兵去平反，而韩信也在暗中想办法帮陈豨。就在这时，出事了！韩信府上有个手下因罪被杀，此人的弟弟想为哥哥报仇，于是就跑到皇后吕雉那儿告了韩信一状，说韩信勾结陈豨，准备谋反。

这吕雉可是个狠角色，本来就嫌韩信碍眼，一听这事，这还了得！她决定除掉韩信，便找来丞相萧何商量对策。

萧何说："韩信现在正在家里装病呢，请他出来不容易。这样吧，我们不如骗他，就说皇上已经平乱成功，要大宴群臣，让他也来参加。"

韩信收到邀请，信以为真。又惊讶又生气，没想到陈豨这家伙这么不经打，三两下就被高祖给收拾了；而且这庆功宴是萧何邀请的他，萧何对他有恩，他不去不好。无奈之下，他只好一个人进宫，去参加庆功宴。

等他到了宫门口，就有人没收了他的兵器，他也没在意。刚一进宫，只听吕后一声令下，早就埋伏好的士兵手持兵器，**一拥而上**，大喊着："捉拿韩信！捉拿韩信！"

见到眼前的阵势，韩信这才反应过来是怎么回事。他仰天大笑，说道："果真是'狡兔死，走狗烹；飞鸟尽，良弓藏'啊！想我韩信英明一世，就算想自己当皇上也很容易。没想到今天竟然被一个女人陷害了，天意呀天意！”

韩信被杀时，年仅三十三岁。刘邦听说后，既高兴，又叹息。高兴的是韩信死了，不会威胁他的皇位了；叹息的是其实他知道，韩信并没有要谋反的想法，他是被冤枉的。

## 历史考点

萧何、韩信、张良，史称“汉初三杰”。韩信为一代名将，有“兵神”之称。

## 语文考点

### 胯下之辱

韩信年轻时，有个混混向他挑衅（xìn）：要么，拔出你的剑刺死我；要么，就从我胯下爬过去。韩信没有和混混正面对抗，而是选择了后一种。成语“胯下之辱”就是这么来的，意思是从他人胯下爬过去的耻辱，也比喻极难容忍的耻辱。

例句：韩信受了胯下之辱，所有人都笑话他，后来韩信做了大将军，封侯封王，人们才明白韩信的非同凡响。

### 成也萧何，败也萧何

韩信能够被刘邦重用，是因为萧何的大力推荐；后来韩信被吕后所杀，却也是萧何出的主意。成语的意思是说，一个人的成功和失败都是因为同样的人或者同样的原因。

例句：因为胆大，他被导演选中，成为很红的童星；后来也因为胆大，犯下大错，被人唾弃，不但明星当不成了，学业也早已荒废。这真是“成也萧何，败也萧何”！

# ⑲ 平定诸吕之乱

jiàng

深红色。

lì
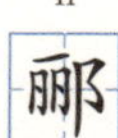


姓。又读 zhí，古地名，在今河南省南阳市西北。

陈平是汉初开国功臣，史书称他“六出奇计”，其中第六计，便是计诛诸吕，维护了刘氏江山。

吕后当政时期，排挤刘氏子弟，大封吕氏子弟为王。忠于汉室的大臣们纷纷反对，陈平没有在这个时候站出来，相反他对吕后的做法**顺水推舟**，表示支持。吕后很高兴，把他从左丞相升为右丞相。

陈平升官了，表面上乐呵呵的，内心却很郁闷。同事便问他：“您现在都当上右丞相了，日子美美的，事业生活双丰收，您还郁闷啥呀？”

陈平很是哀怨地看看对方，也不说话，只是**唉声叹气**。同事又问：“莫非是为如今这政治形势担心？”

陈平这才眼泪汪汪地答道：“还是你了解我，只是现在吕后当权，刘氏势弱，吕家的人在朝中势大，我就算使尽

计谋也无可奈何。”

那同事便笑道：“您是当局者迷，我看刘家要夺回权位，成功概率还是很高的。您现在身居右丞相，总领朝政之事，如果您想帮助刘氏的话，现在只差个总领兵权的人，就是太尉周勃。如果您二位能联手，双剑合璧，还有啥好担心的？”

陈平哈哈一笑，恍然大悟。不久，太尉周勃过生日，百官都去贺寿。趁着这个机会，陈平和周勃便神不知鬼不觉地暗地联系上了。

周勃也是汉朝的开国元勋，被封为绛侯，对刘氏皇室忠心耿耿。刘邦死前就说了：“安刘氏天下者，必勃也！”知道周勃是个能安邦定国又忠诚可靠的人才。

现在，就是需要周勃来安定刘氏天下的时候了。俩人有了约定之后，就开始暗中布局，拉拢官员，只等时机合适就要夺权。机会很快来了。

公元前 180 年，吕后卧病在床，眼看就要不行了。她把两个侄子吕禄和吕产叫到跟前，交代说：“这些年，咱们吕家得势，多人封王。对此，朝廷中很多人是心怀怨恨的。一旦我死了，你们就危险了。如果你们想要保命的话，就一定要紧握兵权。尤其是在我的葬礼这段时间，你们带着小皇帝，不要离开皇宫，等到局势稳定了再做打算。”

没多久，吕后病逝，朝中气氛陡然紧张起来。吕禄是赵王，吕产是梁王，俩人手握京城兵马，成天宅在皇宫里，就连吕后出殡（bìn）也不送行。

陈平和周勃着急了。现在本来是夺权的最好时机，可是吕家那边不仅不出门，还派上重兵把守，这让咱们怎么夺？

吕家不出头，刘家的人却坐不住了。首先跳出来的是刘邦的孙子朱虚侯刘章和齐王刘襄，他们召集兵马，举起了反吕大旗。

有人公开反对吕家了，这下吕禄和吕产不能还一味躲着，商量着要带兵去打。可是吕后死前有交代，让他们藏在宫里，不能出去。

于是，他们就派出一个叫灌婴的将军去平乱。

灌婴领了军队，刚一出城门，心想：“这两个人怎么想的，俺可是刘家的臣子，让我帮你们吕家去打刘家，怎么可能？”

他带着大军在城外找了个地方驻扎下来，**按兵不动**。吕产、吕禄快要气死了，在宫里急得团团转。这边陈平和周勃也没闲着。他们手上没兵，只能智取。这时，他们安插在吕氏兄弟身边的一个人，发挥了巨大作用。

这个人叫郦寄，他跟吕禄的关系特别好，是铁哥们。见到吕禄，郦寄就说："你其实不用这么害怕！虽然高祖在世的时候曾说过，只能让刘家的人封王，但你想想，你在封王的时候，朝中官员也没有谁提出反对意见，他们其实并不排斥这件事。但是现在，太后去世了，你们却挟持着小皇帝，连给太后送葬都不去，朝廷百官因此对你们意见很大。"

吕禄说："那我应该怎么办？"

郦寄说："趁现在，朝中官员还没有公开反对你，你先把手上的兵权交出来一半，然后带着人赶紧回自己的封地去。这样百官这边有了交代，不会再针对你；你回到自己的地盘，可以继续享受荣华富贵。不然的话，你一直躲在皇宫，等到外面的力量都集结起来了，你还有退路吗？”

吕禄一听，确实是在情在理，便交出兵权，匆匆赶回封地去了。

周勃一拿到兵权，便向士兵们发起动员，他说：“现在朝中吕氏当权，眼看高祖打下的江山就要保不住了。我现在想要声讨他们，你们当中有人愿意拥戴刘氏子孙的就露出左臂，拥戴吕氏子孙的就露出右臂，我周勃绝对不为难他！”

话音刚落，士兵们纷纷露出左臂，高呼着要声讨吕氏。周勃很满意，顺利地接管了军队，带兵抓住吕产，当即斩杀。不久，已经回到封地的吕禄也被抓起来处死了。吕氏势力被**一扫而空**。

## 历史考点

汉高祖刘邦去世后，太后吕雉专权，诸吕势力强大。

公元前 180 年，吕后病逝，陈平和周勃等发动政变，诛诸吕，迎立刘邦的儿子代王刘恒为帝，即汉文帝。

## 语文考点

### 左袒

汉高祖刘邦死后，吕后专权，对吕姓子弟大肆分封，以培植势力。吕后死后，太尉周勃谋划诛杀诸吕，行令军中说：“为吕氏右袒，为刘氏左袒。”即：“拥护吕氏的露出右臂，拥护刘氏的露出左臂。”军中将士全都露出左臂。后来称偏护一方为“左袒”。

### 前车之鉴

鉴（jiàn），镜子，引申为借鉴。贾谊上书劝汉文帝要吸取秦朝灭亡的教训，引用了一句当时的俗语：“前车覆，后车诫。”前面翻车了，后面的车就要引以为鉴。比喻做事情要吸取先前的失败教训。常用词组“前车之鉴，后事之师”。

例句：很多人都在这道题上丢分了，我们一定要重视，前车之鉴不可忘。

# 20 七国之乱

bì
濞

指水面微漾，溢出。另读 pì，水势浩大的样子。

zhào

闯祸，引起事故。

汉文帝去世后，太子刘启即位，即汉景帝。这两位皇帝统治时期，实行休养生息政策，社会经济得以恢复、发展，历史上称为“文景之治”。

不过这景帝，可别看他是一位贤君，小时候却是个暴脾气。有一次，吴王刘濞的儿子刘贤来做客，陪着太子刘启一块下棋。没多久，两人便吵了起来。本来两个小孩在一块玩，吵吵闹闹也很正常，但是这刘启火气上来了，抄起棋盘子就往刘贤头上砸，刘贤当场就死了。

吴王知道后，当然很伤心，也很生气。但人死不能复生，肇事者又是太子，吴王也**无可奈何**。但是从此以后，吴王和皇帝、太子就有了隔阂（hé）。

汉朝规定，诸侯王每年都要到长安来朝拜皇帝，刘濞就每次都请病假，不肯来。汉文帝为此很烦恼，但谁叫自己的儿子打死了人家的儿子呢？文帝心里有些愧疚，也就没跟吴王计较，还常赏赐东西给吴王，特许他不用来朝。

吴王则总觉得皇帝欠他的，从来不给中央政府好脸色看。他在自己的领地上开采铜矿、铸钱、晒盐，大力

发展经济。这么一来，吴国实力强盛，人民的生活水平得到了大幅提高，老百姓都很拥戴他。

所以汉景帝上台后，看到吴王等地方王国势力越来越大，而中央政府反而没钱，心里很着急，认为这样下去很危险。这时，一个叫晁（cháo）错的官员给景帝提出了建议："皇上啊，现在这些刘姓王越来越厉害，如果不加以限制，哪天他们要是造起反来，就晚了。"

景帝连忙抓住晁错的手，说："我也有这个担心啊，您可有什么好的办法？"

晁错的办法就是削藩，削减各个诸侯王的地盘：原来划给王国的地盘太大了，现在中央要收回来一部分。

东西从来都是送出去容易，收回来难。当景帝的削藩诏书送到吴国的时候，吴王刘濞翻脸了。他当场把诏书撕得粉碎，怒吼道："你当年杀了我儿子，我没找你算账就不错了，居然还想跟我要地盘！反了！"

很快，吴王造反了。他不能直接说要反景帝，就喊了一个口号，叫"诛晁错，清君侧"。意思是皇帝被身边的小人给蒙蔽了，这个小人就是晁错，如今我起兵来帮助皇帝清醒清醒，铲除晁错这个**无事生非**的家伙。

其他诸侯王一看，好呀，反得好！张张嘴就想把我们的地盘抢过去，我们不能忍！于是，接连就有胶西王、胶东王、菑（zī）川王、济南王、楚王、赵王等起兵响应，加上吴王，一共七位，史称"七国之乱"。

景帝见七个诸侯国一哄而起，心里很着急，怕打不过他们，就杀了晁错，让七国退兵。但七国怎么可能就此退兵呢？"诛晁错"只是个借口罢了，他们的目的是反对削藩。

幸好七国虽然声势浩大，但毕竟不是一家，无法统一指挥，各家心思也不同。

七国军队很快被中央军队**各个击破**，七王投降的投降，被杀的被杀。这场内乱很快得以平息。汉帝国虽然经历了一次混乱，削藩的政策却得到了很好的推行。

## 历史考点

汉景帝采纳晁错的建议，实行削藩。公元前154年，吴王打着“诛晁错，清君侧”的旗号，发动叛乱，史称“七国之乱”。

## 语文考点

### 间不容发

出自汉代枚乘的《上书谏吴王》：“坠入深渊，难以复出，其出不出，间不容发。”意指情况危急到了极点，距离毁灭极近，甚至容不下一根头发。

例句：小羊刚离开铁轨，火车就飞驰而过，当时的情形真是间不容发。

### 仗义执言

执，固执、坚持。成语的意思是主持正义，说公道话。注意“执”不要写成“直”。

例句：老人摔倒了，孩子去扶却反被老人的家属冤枉，幸好路过的人仗义执言，老人的家属才知道错怪了孩子。

## 成语迷宫

从“入口”开始，沿横向或纵向行走，经过的路线必须可组成四字成语，直到成功到达“出口”。

| | | | | | |
|---|---|---|---|---|---|
| | 成 | 章 | 句 | 小 | 儒 |
| | 理 | 推 | 舟 | 车 | 劳 |
| 入口→ | 顺 | 水 | 车 | 前 | 顿 |
| 出口← | 来 | 鉴 | 之 | 不 | 足 |
| | 知 | 往 | 激 | 感 | 尽 |
| | 无 | 不 | 言 | 无 | 不 |

答案：1.顺水推舟；2.舟车劳顿；3.顿足不前；4.前车之鉴；5.鉴往知来。

# 汉武帝巩固大一统

公元前141年，汉景帝去世，儿子刘彻继位，即汉武帝。汉武帝是一位具有雄才伟略的皇帝，为了巩固大一统、加强中央集权，他采取了一系列措施。内政上，他采纳主父偃（yǎn）的建议，颁布“推恩令”，兵不血刃地解决了地方王国的威胁，加强了中央对地方的控制；又采纳董仲舒的建议，“罢黜（chù）百家，独尊儒术”，加强了思想控制；又进行盐铁专卖，平抑物价，使国家财政得到改善。

外政上，公元前138年，汉武帝派遣张骞（qiān）第一次出使西域；并积极展开对匈奴的反击战，取得了决定性的胜利。公元前119年的漠北战役，是对抗匈奴的高潮，沉重打击了匈奴，使其再也无力与西汉对抗。

汉武帝的统治使西汉国力达到鼎盛。

# 21 “龙城飞将”卫青

yǎn
偃
仰面放倒；停止。有成语“偃旗息鼓”。

chù
罢黜
降职；罢免；废除。

qiān
骞
高举；飞腾。

匈奴是汉朝最大的外患，从高祖刘邦的时候开始，汉朝就一直被匈奴欺负。但是那时国家刚刚安定下来，没有实力跟匈奴对抗，只好采用“和亲”政策，并送给匈奴大量财物。

但人不能一直这么挨欺负吧？到了汉武帝上台后，国家富强了，武帝觉得可以跟匈奴人打上几场了。于是，公元前 133 年，在马邑这个地方，三十万汉军准备对十万匈奴军进行偷袭。结果消息走漏，愣是没有收获。武帝觉得很没面子，一门心思要出出这口气。

之后几年，匈奴人时不时地就闯到汉朝的地盘上抢劫。武帝气得拍桌子吼道：“上次便宜了他们，这次朕再也不会放过他们了！”

武帝召集朝中的大臣商量出兵的事。受上次失利的影响，他决定在用人方面换一批新人。就这样，卫青成为领军人选之一。

卫青，是皇后卫子夫同母异父的弟弟。他们的母亲是平阳公主家的女仆，生了卫子夫等几个姐妹后，又生下了卫青。因为身份低贱，又是私生子，卫青的童年很悲惨，常常被人欺负。

有一次，卫青遇上一个会看相的人，这人告诉他：“你长得一副富贵相，将来肯定有大成就。”

卫青一脸苦笑:“就我这个出身,能有口饭吃就不错了,富贵这种事就别想了。”

后来，姐姐卫子夫受到武帝的宠幸，卫青靠着姐姐的关系进了宫，人生总算开始转运。现在武帝要打匈奴，并让他自领一军，卫青太高兴了，兴奋地领着大军出发了。

这次的大军分成四路，四个领军的，除了卫青是个**初出茅庐**的小伙子，其他人都是**身经百战**的名将，包括历史上**大名鼎鼎**的“飞将军”李广。四人分别率领一万骑兵，直奔匈奴而去。

匈奴人听说卫青后，都哈哈大笑道：“汉朝皇帝是不是手上没人可用了？居然找个毛头小子来带兵。”他们最重视的人是李广，都说：“李广在打仗方面可是老手了，咱们不管怎么着都应该集中主力对付他。只要解决了李广，其他三人就不是问题了。”

果然，等双方一交战，匈奴的强兵猛将都去打李广了，而负责攻打龙城的卫青却没遇到多少人防守。探听到敌人的虚实后，卫青哈哈笑道：“龙城一直都是匈奴人祭天地祭祖先的地方。这帮家伙居然将主力部队调走，分明就是小瞧我。既然这样，我就给你们点颜色瞧瞧！”

卫青率军直奔龙城，攻势凶猛，打得匈奴人**措手不及**。战场上，喊杀声、刀剑声、战马嘶鸣声响成一片。卫青**一马当先**，带着汉军来回冲杀。士兵们见了，更加精神振奋，奋勇杀敌。很快，匈奴人被打得**落花流水**，哭爹喊娘。

战争结束后，一统计战果，汉朝派出的四路人马，只有卫青这一路大获全胜，消灭了数千匈奴人。武帝非常开心，对卫青赞赏不已。

龙城之战使匈奴人震惊不已，为之后的汉匈战争奠定了基础。初出茅庐的卫青则一战成名。

## 历史考点

汉武帝采纳主父偃的建议，颁布“推恩令”；采纳董仲舒的建议，“罢黜百家，独尊儒术”。

公元前 138 年，张骞第一次出使西域。公元前 119 年的漠北战役，是西汉对抗匈奴战争的高潮。

## 语文考点

### 龙城飞将

唐代王昌龄的《出塞》诗：“秦时明月汉时关，万里长征人未还。但使龙城飞将在，不教胡马度阴山。”诗中“龙城飞将”是指谁呢？有人认为是指卫青，他曾指挥奇袭龙城战役，也有人认为是指“飞将军”李广。这两种说法都可以。后世用“龙城飞将”来泛指英勇善战的将领。

### 匈奴未灭，何以家为

这是汉朝名将霍去病的名言。霍去病是卫青的外甥，他十八岁就上战场，在西汉和匈奴的战争中战功卓著。汉武帝为了奖励他，给他盖了一座宅院，霍去病拒绝说：“匈奴未灭，何以家为！”匈奴还没有被消灭，我怎么可以成家立业呢！这一名言充分体现了霍去病的爱国豪情。

# 22 霍光辅政

chán 谗言：坏话，挑拨离间的话。

fú 弗：相当于“不”。

xǐ 印玺：帝王的印。

公元前 87 年，汉武帝立八岁的小儿子刘弗陵为太子，命大将军霍光辅政。武帝去世，太子即位，即汉昭帝。公元前 74 年，昭帝去世，因没有儿子，侄子刘贺嗣位，即第一任海昏侯。27 天后，刘贺被废，霍光立刘询继承帝位，即汉宣帝。

汉武帝在人生晚年的时候，认识到自己犯下的诸多错误，他下了一道《罪己诏》，向全国人民承认错误，并表明“不再相信封建迷信，不再随意发动战争”。

在他犯下的诸多错误中，有一项就是听信谗言，害死了太子刘据。太子死后三年多，武帝也死了，年仅八岁的小儿子刘弗陵登基，即汉昭帝。

昭帝只是个八岁小孩，还承担不了皇帝这一重任，于是辅政大臣霍光得以走上历史的前台。说起霍光，很多人没听说过，但是他有一个同父异母的哥哥，提起名字来**如雷贯耳**，那就是霍去病。

霍光十多岁的时候，就被哥哥霍去病带在身边历练。后来霍去病去世，武帝把对霍去病的爱寄托在霍光身上，对霍光很是照顾。

渐渐地，武帝发现霍光不仅有**真才实学**，为人也很忠厚，对他越来越信任。临终前，就把辅佐新皇的重任交到了霍光身上，并且画了一幅《周公图》给他：

西周初期，周武王死后，周公辅佐年轻的周成王，**鞠躬尽瘁**，不逾（yú）矩，不恋权，成为千古贤臣的典范。

武帝赠图，意思就是期待霍光要像周公那样**尽心尽责**，不能有个人野心。对此，霍光很感动，他暗自握拳下决心：“皇上这么信任我，我一定不能辜负了他，我要做周公第二！”

然而，周公不是那么好做的，一些官员就不服他。小皇帝登基，宫里人事混乱，霍光担心有人作乱，他把负责保管皇帝印玺的官员叫来，说：“现在外面人心惶惶的，我实在担心长安城会出事。你把交给你保管的印玺交给我吧，万一京城发生动乱的话，我也好方便行事。”

那官员一听，严词拒绝道：“不行，这印玺是皇上要我保管的。虽然现在先皇死了，但我对大汉的忠心可没有丝毫减弱。”

霍光一听，觉得他是可信之人，一拍大腿，开口赞道：“你是好样的！朝廷就需要你这样负责任的人才，你好好干！”第二天，他就把这个官员连升了两级。

霍光此举赢得了不少人气，而小皇帝也对他敬重有加。一次，昭帝想封赏身边的两个玩伴，就向霍光提议：“他们两个对我很好，而且他们的父亲去世了，朕很同情他们，要不就封他们为侯吧。”

霍光立刻拒绝道：“皇上，您是一国之君，不能凭个人喜好随意封赏，要不国家就会因赏罚不分明而乱套。况且高祖在临死前，曾经下过命令，没有建功立业的不能封侯。皇上，您家老祖宗的规矩，您怎么能轻易废除呢？”

昭帝听从了他的意见，打消了这个念头。霍光见昭帝能采纳建议，又继续说：

“皇上，您天天在宫里，可能并不知道，现在百姓们的日子都过得紧巴巴的，人们很怀念文景时期的生活。”

昭帝很好奇：“文、景二帝比父亲武帝时代还要好？”

霍光趁机教育小皇帝，便说：“文帝和景帝在位的时候，社会安定，没有战乱之苦，老百姓安心生产，生活水平年年上升，您说他们怎么会不怀念过去的好日子呢？”

昭帝深觉有理，对霍光更加信赖。

这就是霍光，他虽然没有大学问，但是工作勤奋，处事公正，待人诚恳；虽然掌握着朝政大权，但并没有滥用权力为自己谋好处。在他的治理下，人民得以休养生息，社会得以安定振兴。

## 语文考点

### 不学无术

《汉书·霍光传》认为：“光不学亡术，暗于大理。”意思是霍光没有学问，没有处理事务的能力，不懂大道理，缺乏大格局。成语“不学无术”，今天指没有学问，没有本领。

例句：现代社会，不学无术的人没有立足之地。

### 焦头烂额

大臣徐福让汉宣帝限制霍光的权力，宣帝不听。后来霍光家人造反被平息。宣帝奖赏了平乱的功臣，却不奖赏徐福。有人便说：“曲突徙薪亡恩泽，焦头烂额为上客耶？”建议主人把烟囱改弯，把柴搬开，以防止失火的人，不被记得；起火后狼狈救火的人却被感激不已，这合适吗？成语“焦头烂额”，指头发和额头被火烧着了。比喻样子很狼狈。

例句：我这儿正忙得焦头烂额呢。或者：他最近麻烦不断，整天焦头烂额。

# 西汉终结与东汉兴起

西汉之后是东汉，二者之间隔着一个新朝，即外戚王莽（mǎng）建立的过渡政权。

西汉后期，朝政腐败，外戚势力走到了历史前台。汉成帝时，外戚王莽先被封侯，后任大司马。公元前7年，哀帝即位，王莽受到打压。六年后，哀帝去世，平帝即位，王莽重新被起用，且地位更高。公元5年，平帝去世，王莽任“摄皇帝”；公元9年初，王莽正式称帝，建立新朝，终结了西汉。

王莽新朝不得人心，很快激起农民起义，天下大乱，王莽也身败名裂。公元25年，起义军首领之一的刘秀，重建汉朝，定都洛阳，史称东汉。十余年后，东汉消灭其他割据势力，再次统一中国。

刘秀即汉光武帝。他励精图治，在政治、经济上、文化上都采取了一系列措施，使得社会安定，经济得到了恢复和发展，史称“光武中兴”。

#  王莽建新朝

mǎng

密生的草；粗鲁，冒失。

摄皇帝

又称“假皇帝”，即代行皇帝的权力。

kuì

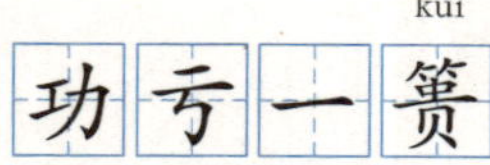


篑，古时盛土的筐子。意思是堆九仞高的山，只缺一筐土而不能完成，比喻做事情只差最后一点却没能完成，结果枉费工夫。

王政君是汉成帝的母亲。成帝即位后，王政君做了太后。她特别照顾娘家人，王家因此**飞黄腾达**，权倾朝野。可惜的是，王家的男人不争气，干啥啥不行，口碑极差。

就在这个时候，一个叫王莽的年轻人适时出现了。王莽是王政君的侄子，但是在家族内不受重视，家境贫寒，并没有因为姓王就跟着沾光。

但是王莽口碑很好，他孝顺母亲，侍奉寡嫂，帮忙管教已去世哥哥的孩子；同时爱好学习，结交贤德之士，行为谨慎谦恭，深得大家的赞赏。时间长了，王家人便开始重视起他来。王家的族长王凤就很欣赏他。王凤重病的时候，王莽日夜伺候，王凤很感动，特意向王政君推荐：“王莽这孩子挺好的，您今后一定要多照应照应他，没准咱们王家就指望他了。”

王凤死后，王莽就靠着王政君的关照，在宫里找到了一份正式工作。

当时汉朝廷已经**乌烟瘴气**，贪官横行。王莽决心改变这种状况。他**以身作则**，想用心做一个好官。自他做官后，家里就再也没见着过他的工资本。为什么？因

为王莽每个月的工资都拿去搞慈善事业了。他经常把银两送给乞丐，自掏腰包为穷人建造、装修房屋。每次国家有水旱灾害发生时，王莽就开始吃素，还对外宣称：“吃素好，我这是为灾区人民祈福、积德呢。”

此外，他还带头献出自己的土地，供灾民无偿使用，并为灾民发抚恤（xù）金、建房子。他的女儿嫁给皇帝做了皇后，所得的聘礼，王莽都分给了家族里的一些贫困户，自己**分文不取**。

官员们震惊了，百姓们高兴了：咱大汉朝终于出了一个贤德的人，我们一定支持他到底。就这样，王莽在万民的欢呼声中，仕途越来越顺利。

品德高尚当然值得赞美，但是渐渐地，王莽的做法变了味道，成了刻意做秀。有一次，他的儿子王获冲动之下，打死了自己家里的仆人。这件事传开后，人们都议论纷纷，想知道王莽会不会秉公处理。

王莽牙一咬，心一横，把儿子叫来痛骂了一顿，然后冷冰冰地说道：“你父亲我**用心良苦**，才有了今天的好名声，你不会想让我**功亏一篑**吧！你做了错事，就要付出代价，你明白自己该怎么做了吗？”

儿子听懂了，以死谢罪，王莽也因此得到了一个**大义灭亲**的好名声。后来汉哀帝去世，九岁的汉平帝即位。王莽被推举为大司马，又代理朝政，大权在握后便开始培植党羽、排除异己。很快平帝病逝，王莽为了更好地掌权，立两岁的刘婴为皇太子，自己则称“假皇帝”或“摄皇帝”，离皇帝宝座只有**一步之遥**。

公元8年的秋天，一个叫哀章的读书人出现了。他声称仙人给了自己一册“天书”，“天书”上的中心内容就是：王莽这人品

德高尚，受老天爷的委派来管理世间，为人民谋幸福，所以应该当皇帝。终于，在公元9年的一天，王莽称帝，改国号为“新”，西汉的历史结束了。

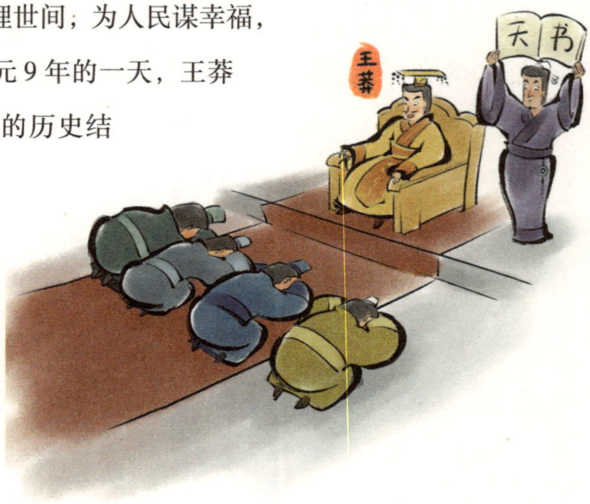

但是，王莽建立的新朝并不被人认可，义军四起。十四年后，造反的军队攻入长安，王莽被杀，他建立的新朝也随之**烟消云散**。

## 历史考点

公元9年初，外戚王莽正式称帝，建立新朝，西汉结束。

## 语文考点

### 王莽谦恭未篡（cuàn）时

唐代诗人白居易曾有名句：“周公恐惧流言日，王莽谦恭未篡时。向使当初身便死，一生真伪复谁知？”周公辅佐小皇帝，被人造谣说他要谋反，后来证明并无此意；王莽一直表现得毕恭毕敬，谨守本分，后来却篡位当了皇帝。如果周公在流言满天飞的时候死去，王莽在篡位之前死去，他们一生的真假，又有谁能知道呢？诗句“王莽谦恭未篡时”，可以用来形容阴谋家还没有暴露出真实面目的时候，或者形容某人的虚伪面目。

### 大功告成

成语出自《汉书·王莽传》。指某项巨大工程或重要任务宣告完成了。现在多用于完成某项工作之时。

例句：奋战了一星期，这件手工作品总算是大功告成了。

# 刘秀与“光武中兴”

cù
**簇拥**
紧紧围绕着。

wěi xiāo
**隗嚣**
新朝末年地方割据军阀。

王莽新朝末年，老百姓的日子太苦了，苦得要过不下去了。都说“乱世出英雄”，这时候，一些有野心的人都趁机出来了，想要做大事。

什么大事呢？起义，建功立业，统一天下，当皇帝。这其中，就有一个人叫刘秀，他是汉高祖刘邦的九世孙，即刘邦是他爷爷的爷爷的爷爷……隔得太远了，所以到了刘秀这一辈，身份已经很平常，跟普通老百姓没有太大差别了。

刘秀出生在河南南阳，父母很早就去世了，只能寄养在叔叔家里。所以，刘秀的童年是很不容易的。慢慢长大了，一没钱，二没房，三没车，四没工作。可是，他有远大的志向。

当地有一户姓阴的人家，是世家大族，门槛高。刘秀的姐夫跟阴氏是亲戚，所以，刘秀有机会常去串门。一来二去，认识了阴家的千金小姐阴丽华。

说起阴丽华，那可是远近闻名的大美女。见过她的人，

都会对她念念不忘。刘秀也不例外，一见到这个姑娘，就再也忘不了了。关键是，阴丽华不仅长得漂亮，还很有学识。你说这样一个才女加美女，家庭条件数一数二的，无论在什么时候，那都是人人羡慕的。刘秀**不由自主**地喜欢上了这个姑娘。

但他知道自己几斤几两，我这地位，这情况，我先把梦想藏着吧！

前面说过，刘秀有志向，表现在哪儿呢？那就是，他不只是空想，他还能不断学习、进步。很快，刘秀就去首都长安读书了。

有一次，在大街上，他遇到了执金吾，这是个官职，相当于京城守备司令。大官出行，跟着大队伍，车马簇拥，侍卫林立，十分气派。穷书生刘秀不由得感叹："如果要当官，就应该当执金吾这样的大官；如果要娶妻子，就要娶像阴丽华那样的女人，这辈子才没白过啊。"

从这以后，他暗下决心，一定要努力实现梦想。机会很快就来了。因为国家越来越乱，刘秀和哥哥刘縯（yǎn）招募了一些人，趁机造反。刚开始力量太小，他们就投靠了刘玄。这是当时的起义军首领，势力最大。

刘秀和哥哥都很有能力，很快就在起义军中冒头了，受人爱戴。这可让刘玄不开心了，他知道自己没本事，所以开始嫉妒。没多久，刘玄找借口就把刘縯杀了。

那边刘秀刚刚打了一场大胜仗，正乐滋滋等着领赏呢。突然听到这个消息，又意外，又吃惊，又不明白。怎么工作能力强的人，反而掉脑袋了呢？再一想，明白了。刘玄是怕我们强大，威胁到他嘛！

刘秀虽然伤心，但是冷静地想了想：眼下我还没有实力，不能硬碰硬。得先保存实力，才能给哥哥报仇。接下来，他不但不提领赏，还亲自去跟刘玄汇报工作，替死去的大哥道歉，让刘玄放下戒心。

接着，刘秀说：“我也老大不小了，身边的朋友同事，都结婚生小孩儿了，我想跟您请几天假，回去办婚事。”刘玄非常意外，心想：哥哥刚死，这家伙不但不管，还着急娶媳妇，看来也是个贪图享乐的人，这还有什么可担心的？于是，他立刻答应了。

就这样，刘秀回到南阳，迎娶了一直暗恋的姑娘阴丽华。到这里，人生的心愿已经完成一半了。不过，另一半心愿，当执金吾那样的大官，早就水涨船高，上升到立志当皇帝了。

阴丽华善解人意，在动荡的年代，一直支持刘秀的事业。很快，刘秀拉出人马单干了。经过一段混战，剩下他和公孙述两股势力，两个人都打算称帝。

这时候，在甘肃一带，还有一股力量，是隗嚣的部队，兵强马壮。隗嚣打算在刘秀和公孙述之间选一个，一起做大事。于是就派大将马援去考察一下。

马援跟公孙述早就认识，关系很好，所以先到了他这。原以为能叙叙旧，可是没想到，公孙述早不是从前了，行走坐卧派头十足，对马援也是一副公事公办的态度。马援知道他不能成大事，转而去找刘秀。

等到了刘秀这里，待遇可不一样了。刘秀亲自在外面等候，一脸笑容地迎接他，完全没有架子。观察几天，马援回去后，跟隗嚣大力推荐刘秀：这个人，态度平和，为人亲切，不拘小节，公务繁忙还不忘学习，哪儿哪儿都好！

隗嚣乐了：“你把他说得这么好，那他和刘邦相比怎样呢？”

这个问题大了，刘邦是西汉开国皇帝啊。马援想了想，说：“刘秀不如刘邦。刘秀为人忠厚，中规中矩；刘邦呢，随机应变的能力很强。”

隗嚣琢磨了一下，说：“这么说，其实刘秀比刘邦强啊。”

让隗嚣说着了，最后刘秀统一天下，当上了东汉的开国皇帝，史称光武帝。阴丽华也成为皇后。

## 历史考点

公元 25 年，刘秀重建汉朝，定都洛阳，史称东汉。刘秀即汉光武帝，他统治时期，社会安定，经济得到了恢复和发展，史称“光武中兴”。

## 语文考点

### 敝帚自珍

刘秀有个手下纵兵放火，烧毁了很多老百姓的房子。刘秀批评他，用了一句俗谚：“家有敝帚，享之千金。”成语“敝帚千金”或“敝帚自珍”就是这么来的。敝（bì），破的、坏的。自己家里的一把破扫帚，也觉得很珍贵，价值千金。比喻东西虽然不好，自己却很珍惜、看重。

例句：这是我学画后的第一幅作品，纵然不完美，但很有纪念意义，我很愿意敝帚自珍。

### 置之度外

刘秀称帝后，军阀隗嚣和公孙述还没有归顺中央。在讨论要不要继续攻打这两个政权的时候，刘秀考虑到自己的军队长期苦战，需要休整，便说：“且当置此两子于度外耳。”意思是暂且先把这两人放在一边，不去考虑吧。成语“置之度外”即出自这里。度，考虑。置之度外，本意是把某事物放在要考虑的范围之外，后多用来指把个人的生死、得失等不放在心上。

例句：我国老一辈革命家们，早就把个人生死置之度外了。

## 成语迷宫

从“入口”开始，沿横向或纵向行走，经过的路线必须可组成四字成语，直到成功到达“出口”。

| | | | | | |
|---|---|---|---|---|---|
| | 若 | 木 | 鸡 | 鸣 | 狗 |
| | 呆 | 舞 | 剑 | 拔 | 盗 |
| 入口→ | 项 | 庄 | 交 | 弩 | 一 |
| 出口← | 布 | 衣 | 之 | 张 | 扫 |
| | 棋 | 披 | 月 | 冠 | 而 |
| | 罗 | 星 | 戴 | 李 | 空 |

答案：1. 项庄舞剑；2. 剑拔弩张；3. 张冠李戴；4. 戴月披星；5. 星罗棋布。

# 东汉政权的巩固与衰亡

西汉亡于外戚，东汉在这方面并无改善。东汉中期以后，皇帝大多年幼，无力掌控朝政，外戚干政更为严重，甚至出现外戚杀害皇帝的现象。皇帝长大后，为了对抗外戚，不得不依赖于离自己最近的宦官，由此形成宦官专权。如此循环往复，形成了东汉特有的外戚和宦官交替专权的局面。

在外戚和宦官之外，东汉的舞台上还有一支政治力量——士大夫官员。他们对宦官专权尤为痛恨，被宦官集团视为眼中钉。东汉历史上两次党锢之祸因此发生，士大夫官员被排挤陷害。

政局腐败、混乱，不堪忍受的人民决定起义。公元184年，黄巾起义爆发，持续二十多年，沉重打击了东汉的统治。在镇压农民起义的过程中，地方军阀（fá）趁机而起。军阀混战，最终导致东汉灭亡。

# 25 楚王罪案

fá
**军阀**

旧时拥有武装部队，割据一方，自成派系的人。亦泛指控制政治势力的军人集团。

shù
**庶子**

非正妻所生的儿子，跟“嫡”（dí）相对。庶另有众多、平民等义。如“王子犯法，与庶民同罪”，国君的儿子犯了罪，要跟（犯了罪的）平民百姓一样受到处罚。

历史上，皇帝的儿子互相猜忌，争权夺利，那是一直都有的事儿。汉明帝也不例外。他最初并不是第一顺位继承人，因为前太子刘强主动辞职，他才当上了皇帝。所以，对明帝来说，这个皇位得来不易。他登基之后，对其他兄弟，那是多有防范。他派了很多人，监视分封在外的兄弟们。而楚王刘英可以说是其中最倒霉的一个了。

刘英是光武帝的庶子，跟明帝刘庄是同父异母。因为刘英的母亲地位比较低，所以从一出生，好运就和他相距十万八千里远。等到光武帝去世，明帝即位，他就被分配到今天的江苏徐州一带去当楚王。

刘英虽然不受重视，但是也能**自得其乐**。当时，正是佛教传入中国的时期。刘英这个人，爱好佛教相关的

东西，同时又信道，爱交朋友，尤其是那些江湖术士，谁要是会念个咒啊，画个符啊，他会很喜欢。就这样，他一天到晚念佛啊、作法啊，**安分守己**地，在封地上待了很多年。

本来呢，身为楚王，做点自己喜欢的事儿，也**无可厚非**。可是后来，刘英有点过火了，他还做了金龟玉鹤，刻上文字当符瑞，类似祭祀、诅咒、做法事之类的法器。当然，他只是自己喜欢，但这在当时，是朝廷的忌讳。于是，很快他就被举报了。

有个叫燕广的人对明帝说："皇上啊，楚王是众多皇子中不受待见的一个，在楚地憋屈了这么多年，难道会没有怨气？您看他现在，又是念佛又是算命的，莫非想改变天命？我觉得您还是**先下手为强**吧！要是等到他真的造反那天，说什么都晚了。"

明帝一听，心里开始怀疑了。接着，燕广又**添油加醋**，说刘英和豪强、游侠、算命先生这些人交往频繁，这分明是在谋划造反嘛。

明帝**信以为真**，赶紧派人去核查。结果，真就查出不少物品来。

这怎么办？杀了？但对方毕竟是自己的哥哥，如果真的动手了，天下人会不会说自己人情味淡薄，不配做天下的表率呢？

明帝思来想去，最终，没有杀掉刘英，而是把他废掉，不再当楚王了，发配到丹阳泾（jīng）县。

刘英真的是郁闷啊，心想：这么多年不受待见，现在想念个佛、求个道都不让，而且差点连性命都不保。我也是皇帝的儿子啊，差距怎么这么大呢？简直太窝囊了。想到这儿，刘英生无可恋，索性自杀了。

刘英一死，明帝也就不怕人说三道四了，过去跟刘英有过联系的人，恐怕都不简单。为了维护国家的安定团结，于是下令严查，把这些人统统抓起来，审问清楚。

皇帝一声令下，顿时全国都开始四处抓人。本来，刘英一辈子待在楚地，认识的人有限，能牵扯上关系的也就百来人。但明帝不甘心，他想要借机警示一下，把一切谋反的苗头都扼杀在摇篮里。于是，跟这百十来人有关系的亲朋好友，甚至是**点头之交**也全部落网。这下子，人人自危，官员们**提心吊胆**，就怕自己跟楚王牵扯上一丝半毫的关系。

终于，有些大胆的官员忍不住了，跟明帝说：“皇上，楚王都死了，就算真有人造反，现在也没有人领头了，这还怎么造反？您要是再查下去的话，全国人民都得被白色恐怖笼罩了，那国家还怎么发展？先帝打下的基业，恐怕就危险了啊。”

**一语惊醒梦中人**，明帝这才醒悟过来，立刻改变了态度，楚王的事不再查了，还没被杀的人也统统释放了。就这样，楚王罪案，在株连了上千人之后，终于结束，而明帝的皇位，也坐得更稳了。

## 历史考点

汉明帝在位时，第一次把佛教引入中国，修建了中国历史上第一座佛寺——洛阳白马寺，佛教从此开始兴盛。著名的班超“投笔从戎”、出使西域的故事，也发生在汉明帝时期。

## 语文考点

**无可厚非**

厚：重，过于。非：指责，批评。成语的意思是虽然有过错，但情由可以原谅，不应过分责备。也作“未可厚非”。

**添油加醋**

这个成语来源于日常生活经验，比喻夸大或歪曲事实，增添实际上没有的内容或细节。

# 26 范滂和“党锢之祸”

bá hù
跋扈

专横，霸道。

pāng
滂

水涌出；或水势浩大的样子。常用词“滂沱（tuó）”，雨下得大，或眼泪流得很多。

gù
党锢

指古代禁止某个群体、派别的人员参政的现象。

东汉皇帝多年幼，朝政大权不是掌握在外戚手里，就是掌握在宦官手里。汉桓帝十五岁登基时，梁太后临朝听政，外戚梁冀一手遮天，人称“跋扈将军”。直到十多年后，桓帝才依靠几个亲信宦官发动政变，从梁冀手中夺回权力，但是这权力转头又落入宦官手里。宦官专权，跟外戚其实没有两样，同样是**为所欲为**，想干什么就干什么。所以，国民经济连年下滑，老百姓的日子也越过越难。

按说，这个国家也不全是皇帝一个人的，还有大臣呢，朝里头的大臣都干吗呢？很多官员是害怕，见到这种情况，都像乌龟一样，缩头缩脑的。这时，一位良心官员勇敢地站了出来。他就是范滂。

范滂年轻的时候就很有气节，有骨气，人品正直清白。他看到社会的现状，非常气愤，暗下决心：如果我今后当官，一定要铲除这些贪官污吏，让老百姓都过上舒心的日子。

范滂因为品德高尚，声望越来越高，于是朝廷就征召他出来做官，让他巡查官吏。范滂说到做到，在自己的管辖范围内，只要发现有官员**贪赃枉法**，二话不说，立刻严加惩处。有些官员原本想要行贿，可是在范滂面前都不管用，所有**歪门邪道**全都失效。他就这样一路走下来，收拾了不少贪官污吏。

就这样，等他来到冀州，当地出现了一个奇怪的现象：官员们都纷纷递交辞职信。人们奇怪了：平常都挤破了脑袋想当官，现在怎么都辞职了呢？于是有人就问他们原因。这帮官员边打包行李边回答：“范滂那家伙六亲不认，咱从当官开始，贪了多少钱，都算不清了。如果让他查到，仅是没收财产还算好，就怕连命都没了啊。”贪官们望风而逃，范滂的名声也越来越响了。人们都知道，范滂，这是个清官！正直的官！

而范滂呢，也很快升官了。接着，皇帝下令，让大臣们检举揭发，看哪些官员有问题。结果，范滂交上来的名单，那叫一个长啊，一下子就检举了二十多个官员，还都是刺史这样的大官。上级官员一看，吓一跳：“这贪赃枉法的人也太多了吧？你确定查清楚了吗？范滂，我告诉你啊，要是有不实之处，我可怀疑你掺杂私心啊。”

范滂很气愤，义正辞严地反驳说：“农民铲除杂草，为什么？就是为了让庄稼长得好。皇上让我们检举贪官污吏，为什么？就是为了让朝廷政治清明。我当然是有证据，才把这些人报给您的。您尽管去查好了，如果这些官员没有犯法，我甘愿受罚！”领导一听，哑口无言。

汝南郡的太守宗资，一直都很仰慕范滂，于是，想方设法把他调到自己身边来，在人事部门工作。

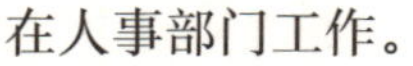

范滂有个外甥叫李颂，人品很差，属于过街老鼠类型。就是这样一个人，却靠着投机取巧，攀上了太监唐衡这根高枝。

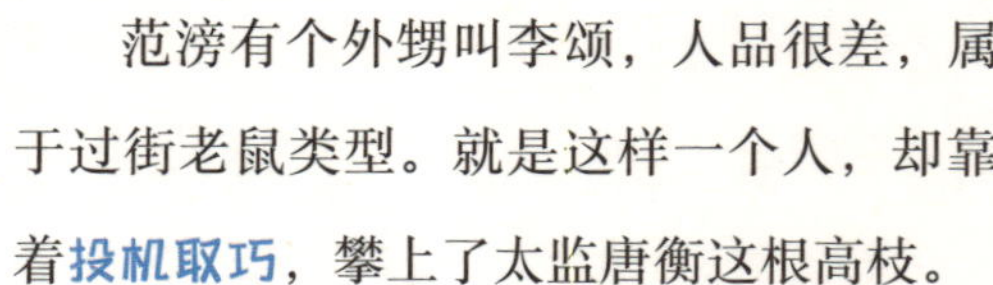

唐衡想给李颂安排个好工作，就跟宗资说：“我给你推荐个人，很不错，是个好材料。”

李颂满心欢喜。唐衡那是皇帝身边的红人啊。他说

一句话，那还能不好使吗？于是他乐颠颠地跑去找宗资要官了。

宗资很识相，大太监唐衡，自己哪儿惹得起啊？赶紧交给人事部门接收吧！可他忘了，人事主管是范滂。

范滂立刻顶回来：“李颂是我外甥，他的人品我还不了解吗？当普通老百姓都不地道，还能当官？！要是让他当了官，老百姓不就遭殃了吗？”

范滂说一不二。宗资**气急败坏**，恨不得抽自己一耳光：嗨，当初我怎么想的，把范滂给请来了，这是搬起石头砸自己的脚啊。

他不好对范滂发怒，只好找来范滂的副手朱零，让他通融通融。谁知朱零跟着范滂时间长了，**近朱者赤**，人也正直起来，同样坚决地对领导说“不”。宗资气得跳脚，当场就叫来人，对朱零一顿鞭打：你清醒点儿吧，我是太守！

朱零昂首挺胸：“今天就算被打死，我也要站在范滂这边！”

宗资见他毫不妥协，一点办法也没有，只好叹口气，认倒霉吧！碰上的全是这样的硬钉子。

范滂就是这么清白正直。但也正因为这样，他得罪了不少人，很快就被陷害了，定的罪名是“结党”。不但范滂被害死，受到牵连的，前前后后有几百人。这就是东汉历史上著名的“党锢之祸”。

## 历史考点

东汉历史上，先后有两次党锢之祸，分别发生在汉桓帝时期和汉灵帝时期。宦官专权，引起士大夫（官员、读书人）阶层的不满，组成反宦官集团，双方因此发生冲突。最终宦官集团取得胜利，以“党人”罪名禁止对手做官，对这些人进行残酷迫害。

## 语文考点

### 澄清天下

冀州发生饥荒，社会混乱，朝廷命范滂去做官，“滂登车揽辔（pèi），慨然有澄清天下之志”。范滂出发的时候，手执马绳，发誓一定要把冀州治理好，清除坏人，使天下回归太平、变得美好。成语“揽辔澄清”“澄清天下”“澄清天下之志”都出自这里。

## 成语迷宫

从“入口”开始，沿横向或纵向行走，经过的路线必须可组成四字成语，直到成功到达“出口”。

| | | | | | |
|---|---|---|---|---|---|
| | 高 | 震 | 主 | 自 | 由 |
| | 功 | 告 | 成 | 事 | 不 |
| 入口→ | 大 | 义 | 灭 | 手 | 足 |
| 出口← | 免 | 脱 | 亲 | 如 | 智 |
| | 死 | 如 | 动 | 谋 | 多 |
| | 狗 | 烹 | 后 | 而 | 年 |
| | 急 | 跳 | 墙 | 立 | 之 |

答案：1.大义灭亲（或大功告成）；2.亲如手足（或成事不足）；3.足智多谋；4.谋而后动；5.动如脱兔。

## 寒食

（唐）韩翃（hóng）

春城无处不飞花，寒食东风御柳斜。
日暮汉宫传蜡烛，轻烟散入五侯家。

寒食节是中国古代传统节日之一，时间约在清明节前两日。据传是春秋“五霸”之一的晋文公，为了纪念大臣介子推而设。在这一天，不可生火点灯，须吃冷食。

这首《寒食》以汉朝为背景，写寒食节时，春意正浓，花红柳绿；天色将近，皇宫里开始传送蜡烛，蜡烛燃烧的轻烟飘到了权贵们的家里。——后两句是嘲讽：寒食节本应禁火，但是皇宫里首先违例，早早点上蜡烛；表面上是说蜡烛的轻烟散入五侯家，实际上是说权贵之家也违例点上了蜡烛。这不是“只许州官放火，不许百姓点灯”吗？

诗里的“五侯”，更是特指一段历史。汉桓帝十五岁登基，外戚梁冀说一不二，亲近皇帝的人遭到迫害或诛杀，朝中大臣出于畏惧，纷纷投靠梁冀。这让皇帝极为愤怒和不安，但他也没有办法，可以依靠的只有身边少数几个宦官。159 年，桓帝二十八岁，他和单超等五名宦官歃（shà）血为盟，誓要消灭梁冀。

这天，他们发动政变，由单超带领一支小军队，突袭梁府。事发突然，梁冀措手不及，只得自杀。汉桓帝得以掌握权力。为了酬谢五名宦官的功劳，汉桓帝封五人为侯。史称“五侯”。然而五侯恃宠而骄，祸乱朝纲，国家并没有因此而变得好起来。

唐代诗人喜欢以汉朝故事影射唐朝，所以这首诗其实也是在讽刺唐朝宦官乱政的现象。

# “挟天子以令诸侯”

kuǐ lěi
傀儡

木偶；受人操纵的人。

gē dēng

象声词，描述声响的词语；也可描述一种心理活动，指心理骤然紧张激动。

*公元184年，黄巾起义爆发。在镇压起义的过程，地方军阀趁机而起。公元189年，大将军何进征召西北军阀董卓进京，讨伐宦官集团，结果请神容易送神难，董卓趁势控制了中央政权。各地军阀推举袁绍为盟主，讨伐董卓。董卓兵败，挟（xié）持汉献帝撤离洛阳，退守长安。公元192年，董卓被杀。但国家局势已不可控，各方势力混乱，其中以袁绍和曹操的势力为最强。*

汉献帝刘协这个皇帝，从一开始就是傀儡，先是被军阀董卓挟持到长安，董卓根本不拿他当回事儿。董卓被杀后，汉献帝又被董卓的部将杨奉带回了洛阳。这时候的洛阳，几经战乱，早就损毁严重，**面目全非**了。汉献帝在洛阳**以泪洗面**，**度日如年**。

这时候，军阀们都忙着打仗争地盘呢！没人在意皇帝的死活。实力最强、名气

很大的袁绍，就对汉献帝不以为意，有人向他建议：“现在皇上日子难熬（áo），您应该接他来养着，也好向天下展示您对大汉的忠心，将来出门打仗都要轻松不少。”

袁绍一听就反感不已，他说：“把皇帝接来，岂不是让我给自己找不自在吗？我每天还得给他供吃供喝，还得给他问候请安。”

袁绍不愿意奉养皇上，有人愿意，这人就是曹操。曹操在许（在今河南许昌东）屯兵，驻扎军队，开荒种地。他很有政治家的远见，手下收拢了很多有才能的人。有人跟他提建议：“要是能把皇帝接来，供他吃穿，让他过得舒服，那天下的人都能看到您的恩德，也能看到您的忠心，自然就愿意追随您啦！”

曹操一听，有道理！亲自带着人马去了洛阳城，把汉献帝和文武百官都接到了许，并把许作为临时国都。

这样一来，献帝的日子还真不错，有吃有喝有穿有住，没事还能下下棋，养养小宠物。但是，再多的事情，他就不能做了。

再看看曹操呢？日子更不错，他任命自己做大将军，军政大权全都抓在手里，以皇帝的名义发号施令，想要讨伐谁，就打着皇帝的名义去讨伐。这就是“挟天子以令诸侯”！

直到这个时候，袁绍才**恍然大悟**，但后悔也来不及了。

## 历史考点

公元 184 年，黄巾起义爆发。

东汉末年，曹操将汉献帝接到许昌，以献帝名义发号施令，被称为“挟天子以令诸侯”。

## 语文考点

**土崩瓦解**

像土块一样崩塌，像瓦片一样破碎。比喻彻底分裂，不可收拾。

例句：洪水太大了，刚修好的水泥桥很快土崩瓦解，桥上的石头狮子早不知冲到哪里去了。

## 成语迷宫

从“入口”开始，沿横向或纵向行走，经过的路线必须可组成四字成语，直到成功到达“出口”。

| | | | | | |
|---|---|---|---|---|---|
| | 而 | 逃 | 之 | 夭 | 夭 |
| | 风 | 清 | 云 | 淡 | 爽 |
| 入口→ | 望 | 穿 | 秋 | 高 | 气 |
| 出口← | 子 | 弟 | 水 | 火 | 发 |
| | 成 | 足 | 涨 | 不 | 焕 |
| | 龙 | 高 | 船 | 容 | 光 |

答案：1. 望穿秋水；2. 水涨船高；3. 高足子弟。

# 28 曹操："我只做周文王"

yù 彧：有文采。

sǒng yǒng 怂恿：鼓动别人做某事。

dūn 惇：敦厚；笃厚。

公元 200 年，曹操和袁绍在官渡决战，曹操胜出，奠定了统一北方的基础。公元 208 年，曹操挥师南下，想要统一全国。在赤壁之战中，被南方的孙权、刘备联军打败。三国鼎立的局面由此形成。

曹操经过了多年的征战，平定了各处的割据势力，人生也进入了晚年。这时候，他可是荣誉满身。先是被封为魏公，又封魏王，最后穿戴的行头和出门的仪仗队等同天子。对于这种情形，有人反对，手下荀彧说："您本来是正义之师，做的是忠臣的事儿，现在可好，加官晋爵，行走坐卧跟皇帝一个派头，这哪是君子的行为呢？"

也有人支持，对头孙权派使臣进贡，向曹操称臣，还劝他说："既然现在的天下实际上是你说了算，要不你把献帝废了，**名正言顺**做皇帝吧。"

对于要不要做皇帝，曹

袁军
曹军

操心里也很纠结。思来想去，他觉得时机还是不够成熟，便当着群臣的面，把孙权的信说给大家听："孙权这家伙，太不厚道了！怂恿我这么做，这是要把我放在火炉上烤啊。"

一些心腹大臣也劝曹操称帝，夏侯惇私下里劝他说："北方之所以能够平定，全是你的功劳。这么多年来，你不仅让老百姓安居乐业，还有了统一天下的能力，难道不应该做皇帝吗？你放心，只要你下定决心，我一定追随到底。"

曹操想了许久，长叹一声，说道："你不要再劝我了，如果上天有意给我一个身份，我这辈子就应该是做周文王啊！"

这番话其实透露了曹操的真实想法。周文王是商朝的臣属，但在他之后，儿子周武王却灭了商朝，建立了周朝。曹操果真谨守诺言，没有称帝。在他去世后不到一年，他的儿子曹丕就篡位夺权，废掉汉献帝，改国号为魏，自立为帝，并追尊曹操为魏武帝，东汉王朝就此结束。

## 历史考点

公元 200 年，官渡之战。

公元 208 年，赤壁之战。

公元 220 年，曹丕代汉自立，国号魏，追尊父亲曹操为魏武帝。东汉结束。

## 语文考点

### 老骥伏枥，志在千里

骥（jì），良马。枥（lì），马槽。这一句出自曹操的诗歌名作《龟虽寿》，意思是上了年纪的千里马衰老得伏在马槽上，但心中涌动的还是扬蹄奔驰千里的豪情。比喻人虽然年老，但仍有雄心壮志。

例句：老校长虽然已经退休，但老骥伏枥，志在千里，他住在学校的宿舍楼里，经常趁着课闲和学生们聊天，了解他们的学习和生活情况。

## 书读完了，来测验一下你的学习成果吧！

成语迷宫（10分）。沿横向或纵向行走，试着找出迷宫中的全部成语。

| 不 | 如 | 雷 | 贯 | 耳 |
|---|---|---|---|---|
| 愧 | 奋 | 勇 | 冠 | 目 |
| 自 | 告 | 军 | 三 | 一 |
| 声 | 成 | 不 | 泣 | 新 |
| 色 | 敬 | 意 | 对 | 亭 |
| 俱 | 厉 | 兵 | 秣 | 马 |

成语理解（每题 5 分）。

1. 成语“踌躇满志”中，“踌躇”表示的心情是（ ）？

A. 骄傲　　B. 犹豫　　C. 得意

2. 成语“功亏一篑”中，“篑”指的是（ ）？

A. 土筐　　B. 锄头　　C. 推车

3. 成语“敝帚自珍”中，“敝”的意思是（ ）？

A. 破旧的　　B. 自己的　　C. 祖传的

4. 成语“老骥伏枥”，“枥”指的是（ ）？

A. 马圈　　B. 马槽　　C. 草地

5. 成语“前车之鉴”，“鉴”的本义是指（ ）？

A. 车轮　　B. 车轮的辙印　　C. 镜子

6. 成语“人为刀俎”，“俎”指的是（ ）？

A. 刀　　B. 搁刀的架子　　C. 切肉用的砧板

连连看（每题 4 分）。将历史人物和对应的典故，正确地连起来。

| | |
|---|---|
| 赵　高 | 不足挂齿 |
| 樊　哙 | 不学无术 |
| 叔孙通 | 指鹿为马 |
| 霍　光 | 澄清天下 |
| 范　滂 | 人为刀俎，我为鱼肉 |

连连看（每题 4 分）。将历史人物和对应的事件，正确地连起来。

| | |
|---|---|
| 秦始皇 | 六出奇计 |
| 陈　平 | 提出削藩 |
| 晁　错 | 光武中兴 |
| 董仲舒 | 书同文，车同轨 |
| 刘　秀 | 罢黜百家，独尊儒术 |

选择题（每题 10 分）。

1. 下列措施中，属于秦始皇时期实施的有（　）？

A. 推行小篆　　B. 郡县制　　C. 休养生息

2. 东汉历史上的党锢之祸，敌对的双方分别是（　）？

A. 皇帝和宦官　　B. 宦官和士大夫　　C. 士大夫和外戚

**你的得分：________**

参考答案

成语迷宫：1. 自愧不如；2. 如雷贯耳；3. 耳目一新；4. 新亭对泣；5. 泣不成声；6. 声色俱厉；7. 厉兵秣马；8. 自告奋勇；9. 勇冠三军；10. 不成敬意。

成语理解：1.C；2.A；3.A；4.B；5.C；6.C。

选 择 题：1.AB；2.B。

**图书在版编目（CIP）数据**

陪孩子玩转中国史 . 2, 秦汉简史 / 文海 编著.—北京：东方出版社，2022.3

ISBN 978-7-5207-2465-4

Ⅰ . ①陪… Ⅱ . ①文… Ⅲ . ①中国历史－秦汉时代－青少年读物 Ⅳ . ① K209

中国版本图书馆 CIP 数据核字 (2022) 第 002074 号

**陪孩子玩转中国史 2：秦汉简史**
(PEI HAIZI WANZHUAN ZHONGGUOSHI．2，QIN HAN JIANSHI)

---

**编　　著：**文　海
**责任编辑：**辛春来
**策　　划：**闫　冬
**封面设计：**后声文化・胡振宇
**美术设计：**壹点插画工作室
**插画绘制：**王梦婕　贾迎欣　刘　冲
**艺术指导：**李朋威　李春华
**出　　版：**东方出版社
**发　　行：**人民东方出版传媒有限公司
**地　　址：**北京市西城区北三环中路 6 号
**邮　　编：**100120
**印　　刷：**三河市嘉科万达彩色印刷有限公司
**版　　次：**2022 年 3 月第 1 版
**印　　次：**2022 年 3 月第 1 次印刷
**印　　张：**24（全六册）
**开　　本：**700 毫米 ×1000 毫米　1/16
**字　　数：**350 千字（全六册）
**书　　号：**ISBN 978-7-5207-2465-4
**定　　价：**120.00 元（全六册）
**发行电话：**(010) 85924663　85924644　85924641

---

文海　编著

# 陪孩子玩转中国史 2

## 魏晋南北朝简史

# 图说历史

**三国鼎立**
220—280
魏、蜀、吴
三方政权割据、并立

**赤壁之战**
208
奠定了三国鼎立的局面

**司马炎建晋**
266—290在位
代魏建晋，实现全国统一

**西晋的短暂统一**
266—316
结束了东汉末以来的分裂

**晋惠帝和“八王之乱”**
290—307在位
“八王之乱”摧毁了
西晋的统治根基

**东晋南渡**
317—420
司马睿在南京建立东晋
偏安江南

**“王与马，共天下”**
317
东晋政权依赖于
南北贵族而建立

**淝水之战**
383
为东晋抵御住了北方政权的入侵

**南方四朝**
420—589
南方相继出现宋、齐、梁、陈
四个政权，合称“南朝”

**刘裕建宋**
420—422在位
刘宋政权在南朝四国中
实力最强大

魏晋南北朝
萧道成建齐
479—482在位
南齐在南朝四国中
存续时间最短
萧衍建梁
502—549在位
萧衍是历史上有名的
佛教皇帝
陈霸先建陈
557—559在位
南陈的疆域在南朝四国中最小
北朝风云
386—581
淝水之战后前秦帝国崩溃
北方先后出现北魏、
东魏和西魏、北齐和北周
北魏孝文帝迁都
493
推进汉化改革
促进民族融合
高欢立东魏帝
534
北魏分裂，高欢为北齐立国
打下了基础
宇文泰立西魏帝
535
宇文泰为后来北周
统一北方奠定了基础
高洋建北齐
550—559在位
代东魏而立，即北齐文宣帝
北周灭北齐
577
北周武帝宇文邕灭北齐
统一北方，为几年后
隋朝统一中国准备了条件

# 目录

历史的丰富多彩之处便在于，它并不是一成不变的。它既给人民以安居乐业的和睦，也给野心家以改朝换代的激荡。

魏晋南北朝是中国历史上第一个大分裂时代。在这三百多年里，英雄豪杰你争我夺，改朝换代司空见惯，舞台上时刻上演着或沉痛感伤，或荡气回肠的故事。

三国鼎立，一时多少豪杰。

西晋短暂统一，和平转眼成空，北方少数民族趁乱而起、建立政权，史称“五胡十六国”。而东晋王朝只能偏安东南一隅（yú），中国大地陷入严重的分裂。

魏晋之后是南北朝。南朝四国相继而起，北朝五政权分分合合，直到隋朝兴起，由北而南再次实现统一。

这一时代的诸多故事，真是几天几夜也说不完。

《诗词里的历史》索引

# 三国鼎立

东汉之后，中国历史上出现了第一个大分裂时代——三国两晋南北朝（也称“魏晋南北朝”）。这一次分裂，持续了360余年，其间，只有西晋曾短暂统一了36年。

大分裂时代，军阀混战，结果是魏、吴、蜀三国鼎立。而促成这一局面形成的关键性战役，就是赤壁之战。

公元208年，孙权、刘备联合对抗曹操，在赤壁一带大破曹军，史称“赤壁之战”。这是中国历史上以少胜多、以弱胜强的著名战役之一，也是三国时期“三大战役”（官渡之战、赤壁之战、夷陵之战）中最为著名的一场，奠定了三国鼎立的局面。

# 29 赤壁之战

yàn
**火焰**

火苗。

yú
**瑜**

美玉；玉的光彩，比喻优点。成语“瑕不掩瑜”，缺点掩盖不了优点。

lǚ
**如履平地**

像走在平地上一样。比喻从事某项活动或某些事情十分轻易。

màn
**幔**

为遮挡而悬挂起来的布、绸子、丝绒等。

màn
**蔓延**

像蔓草一样不断向周围扩展。

wō
**蜗居**

比喻窄小的住所。

曹操这个人，**野心勃勃**。官渡之战打败袁绍统一了北方之后，他马上就盯住了南方，率领二十万大军，气势汹汹而来。

南边的孙权和刘备，当然不能坐着等死。怎么办？单独对抗？说实话，都有点**势单力薄**啊！俗话说得好：团结力量大，**众人拾柴火焰高**。两方联合起来，共同对付曹操，这就胜算大了。就这样，孙权、刘备组成了联军，一起抗曹。

曹操**人多势众**，心里挺得意的。可是一到了水上，他就发现问题了。他的士兵都是**旱鸭子**，基本没坐过船，更不适应水战；天天晕船，上吐下泻，走路都打飘，一个个**东倒西歪**。这可把曹操愁坏了。

正在这时，“高人”出现了。这人叫庞统，在当时很有名气。他一来，就给曹操提了一个建议：为什么不用铁链把船拴起来呢？一条船摇摇晃晃，那是因为

太小了，抗不了风浪；但是很多条船拴在一起，那就相当于一条大船了，完全可以保持平衡啊！这样一来，士兵们在上面行走，就会**如履平地**，晕船的问题就**迎刃**（rèn）**而解**了嘛！

曹操一听，大喜：太妙了！我怎么就没想到呢！

这个难题解决了，曹操开始考虑下一个问题：刺探敌情！**知己知彼**，才能**百战百胜**。孙权和刘备也不是一般人，得知道他们有什么计划呀。

好像老天爷要帮曹操一样，这时又来了一个消息，东吴那边有个人要投降做内应。谁呢？黄盖。

黄盖可是东吴的老将，英勇无比。这人要投降？曹操表示怀疑。原来，东吴的军权掌管在周瑜手里。周瑜是个年轻将领，就因为太年轻了，**压不住阵脚**，很多人都不服气，黄盖就是其中之一。这一次，面对曹操大军，周瑜要求各位将军做好打持久战的准备，要备三个月的粮食。

黄盖开始发牢骚："你一个黄毛小子，想领导我们？我看就是准备三十个月的粮食都不够用。"

周瑜气得**暴跳如雷**："老匹夫，这么看不起人！你既然不服军令，何必在我手下？不用等曹贼过来解决你，我先砍掉你的头！"

周围的将领一听，吓坏了，扑通跪了一片，为黄盖求情："黄将军可是咱们东吴的老将，现在正是用人之际，还没出师，先斩大将，这不吉利呀！"

周瑜这才强压住怒火，说："那就先不杀了，不过，不狠狠责罚一顿，他也不长记性。"就这样，黄盖被拖下去，挨了整整五十大板。打得人**皮开肉绽**，躺在床上动弹不了。本来就很不服气，再经过这件事，黄盖是彻底寒了心：我还给东吴卖命干吗？

于是，他专门写信给曹操：“曹丞相，您好！我在这边受了委屈，我想在您的领导下愉快地工作。您要是欢迎的话，咱们战场上见。我临阵投降，顺便带几船粮食当见面礼。”

曹操了解到全部情况后，心里这个乐呀！愉快地接受了黄盖的投诚。

有了黄盖做内应，曹操**胸有成竹**。孙刘联军和曹军在赤壁展开对决。这一天，曹操站在船上，东南风迎面吹过来，这感觉畅快极了！约定的时间到了，对面果然来了十艘快船。曹操**定睛一看**，只见船上站着少数士兵，船中间还用布幔遮挡着，下面肯定是粮食了。

这边，黄盖让人拼命划船，士兵也大声喊话：“我们是来投降的！”曹军太高兴了，下令解除警戒，放他们过来。这些船越划越快，接近曹军的时候，黄盖突然下令：“放火！”船上的士兵立刻行动起来，有的朝曹军射火箭，有的掀开布幔，露出里面的柴火，放火点燃。转眼间，火箭、火船都逼到眼前，顺着东风，曹操的大船陷入一片火海；又因为船船相连，火势蔓延特别快，士兵们**东奔西窜**，根本无处逃生。

直到这时，曹操才反应过来，气得仰天大叫：“黄盖！周瑜！你们居然使苦肉计，诈降！”还没说完，眉毛胡子都快燎着了。

手下赶紧上来拉着他：“丞相，快跑吧。**留得青山在，不**

**怕没柴烧！**”

曹操万般无奈，刚刚还**意气风发**，现在顾不得别的，领着一帮**残兵败将**，匆匆逃回北方去了。

赤壁一战，曹军受到重创，从此只能蜗居北方，无力南下。而东吴的孙权和西蜀的刘备趁势而起，三国鼎立之势形成。

### 历史考点

东汉之后，中国历史进入第一个大分裂时代，魏、吴、蜀三国鼎立。

公元 208 年，孙刘联军在赤壁一带大破曹操的军队，史称“赤壁之战”。这是中国历史上一次以少胜多、以弱胜强的著名战役。

### 语文考点

匹夫

本指一般男子，平民。如“天下兴亡，匹夫有责”，意思是事关国家兴亡，大家都要承担责任。有时也指有勇无谋的人，如“匹夫之勇”，意思是只会耍蛮力，有贬义。“匹夫”一词用作骂人，如“老匹夫”，意思是老家伙、老东西。

周瑜打黄盖——一个愿打，一个愿挨

这是有名的歇后语，典故出处就是黄盖诈降一事。周瑜和黄盖合谋演了一出苦肉计，骗过了多疑的曹操，从而成功地“火烧赤壁”，打败曹操。这句话用来比喻你情我愿的事情。

例句：别看他们两人经常推推搡搡、打打闹闹，那就是周瑜打黄盖，愿打愿挨的事，其实两人关系好着呢！

诗词里的历史

## 八阵图

（唐）杜甫

功盖三分国，名成八阵图。

江流石不转，遗恨失吞吴。

诸葛亮是三国时期的名人，他的诸多故事流传至今。杜甫对诸葛亮很敬仰，写过多首与诸葛亮有关的诗。其中《蜀相》一诗中，有名句“出师未捷身先死，长使英雄泪满襟”。而这首《八阵图》，则与三国史上三大战役之一的夷陵之战有关。

赤壁之战中曹操大败，短期内无力南下。而没有了这外在的压力，原本是盟友的孙权和刘备之间，便开始生出摩擦。之前刘备曾向孙权暂借荆州，如今孙权要求归还，刘备却不肯了，派关羽驻守荆州。结果关羽骄傲轻敌，被东吴将领吕蒙偷袭，不但丢了荆州，关羽自己也被俘后遭到杀害。这下蜀、吴双方真正结下了死仇，刘备不顾诸葛亮等人的劝阻，执意发起攻吴战争，结果出师不久，张飞被部下所杀；接下来的夷陵之战，刘备遭遇惨败。第二年，刘备病逝。

因为刘备执意“吞吴”，蜀国和吴国交恶，并且刘备身死，蜀国受到重创，这对诸葛亮后来的北伐埋下了诸多不利因素，到死也没能实现统一。所以诗中说“遗恨失吞吴”，这是诸葛亮的千古遗恨啊！

诗的前两句是说诸葛亮的丰功伟绩：确立了三国鼎立的局势，创下了八阵图（用于军事操练和作战的阵法）。而今江水滔滔，八阵图的石头遗迹犹在，诸葛亮对蜀主的忠心如磐石一般，丝毫不改。

# 西晋的短暂统一

三国后期，吴、蜀衰落，魏国实力增强。公元 263 年，魏灭蜀。但是这时，魏国内部权力出现了转移：司马懿（yì）及其继任者掌握着军政大权，公元 266 年，司马懿的孙子司马炎称帝，取代魏，国号晋，史称西晋。就这样，司马氏窃取了曹魏政权，并在公元 280 年灭吴，结束了东汉以来的分裂局面，实现全国统一。

西晋的统一非常短暂。晋武帝司马炎去世后，太子司马衷（zhōng）继位，史称晋惠帝。晋惠帝智力欠缺，不能处理政事，皇后贾南风趁机专权，终于引发“八王之乱”。西晋王室自相残杀，连年混战，民不聊生。公元 316 年，西晋灭亡。

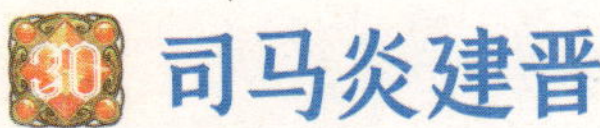

# 30 司马炎建晋

懿（yì）：美好。

肆无忌惮（sì wú jì dàn）：任意妄为，毫无顾忌、畏惧。

篡（cuàn）：用阴谋手段夺取权力。

司马懿是魏国的老臣，功劳大，威望高。司马家族逐渐掌握了魏国的军政大权。司马昭是司马懿的儿子，继承了父亲的权势，在他的指挥下，魏国吞掉了蜀国，这个大功劳，让司马昭更加肆无忌惮。他手下的大臣纷纷向皇帝曹奂（huàn）提出，应该把司马昭升为晋王。曹奂是个傀儡（kuǐ lěi），只能任人摆布，完全没有发言权，没有摇头的胆，只有点头的份儿。

接着，司马昭的团队又开始新的工作，策划**改朝换代**的方案。他们演了一场戏，叫"巨人降世"。据说在襄武县，有一个巨人**从天而降**。巨人有两丈多高，光脚丫子就三尺多长。他白发苍苍，头戴黄头巾，身穿黄袍，自称是"民王"。巨人这次出场，目的就是要告诉大家，天下要换个主人，从此就可以太平无事了。据说，巨人在大街上**招摇过市**，三天之后就神秘失踪了。根据这个奇迹，大臣们纷

纷表示：既然上天的意思都这么明确了，晋王应该马上享受和天子同样的待遇。曹奂也非常配合，要啥给啥，全都批准了。

可惜，**人算不如天算**。眼看着皇帝宝座就在眼前，司马昭突然中风，不久去世。儿子司马炎接过父亲的权力棒，继续向皇帝宝座发起进攻。

这天，司马炎带着心腹大臣进宫，跟皇帝曹奂摊牌。见到皇帝，司马炎**旁若无人**地坐下，用**居高临下**的口气问曹奂：“魏国能拥有天下，是谁的功劳啊？”

曹奂谦卑地说：“全拜晋王一家所赐。”

司马炎见他还挺识相，就继续问：“我看陛下既没有文才，又没有武略，为何不趁早让位给有能力的人呢？”

曹奂虽然知道这一天早晚会来，但仍有些**不知所措**。旁边一个侍臣**仗义执言**：“晋王怎么能这样说呢？想当年，太祖皇帝南征北战，才打下江山。现在我们皇帝也没有什么罪过，凭什么让位呀？”

司马炎没想到一个小小侍臣也敢顶嘴，怒骂道：“曹魏不就是篡夺刘汉的天下吗？只准你们逼汉献帝让位，不准我司马氏取代曹魏吗？”

侍臣还真正直，一口咬定司马炎是篡国贼。司马炎懒得废话，冲手下一眨眼：让他闭嘴！马上，这个侍卫就被打死在大殿上了。曹奂吓得扑通一声跪在地上：“您想怎么样就怎么样吧！”

司马炎的心腹贾充对他说：“事已至此，您就认命吧。当年汉献帝能顺应天命，才给自己留条退路。皇位也是块烫手山芋，该放下时就放下吧。”

于是，曹奂退位。司马炎上台，改国号为晋，史称西晋。

## 历史考点

公元 266 年，司马氏窃取曹魏政权，司马炎登上帝位，国号晋，史称西晋。司马炎即晋武帝。

公元 280 年，西晋灭吴，实现全国的短暂统一。

## 语文考点

### 乐不思蜀

蜀国被魏国所灭，蜀主刘禅做了俘虏，被带到洛阳。一次，司马昭问他："你还想念蜀国吗？"刘禅回答："洛阳很好玩，我不想蜀国。"这便是"乐不思蜀"的典故。比喻在一个新地方有了新的乐趣，乐而忘本，再也不想回到原来环境中去。

例句：在乡下爷爷家疯玩了一个暑假，我真有点乐不思蜀了。

### 司马昭之心

司马昭想取代曹魏，自立为帝。他的野心非常明显，人人皆知。后世用"司马昭之心"来形容人所共知的野心。歇后语"司马昭之心——路人皆知"，是同样的意思。

## 成语迷宫

沿横向或纵向行走，试着找出迷宫中的全部成语。

| 下 | 临 | 高 | 居 | 省 |
|---|---|---|---|---|
| 茂 | 正 | 华 | 人 | 深 |
| 意 | 气 | 风 | 发 | 愤 |
| 味 | 知 | 髓 | 食 | 忘 |
| 深 | 领 | 要 | 得 | 不 |
| 长 | 歌 | 当 | 哭 | 笑 |

答案：1.意气风发；2.发愤忘食；3.食髓知味；4.意味深长；5.长歌当哭；6.哭笑不得；7.不得要领；8.风华正茂；9.发人深省；10.居高临下。

# ㉛ 晋惠帝和“八王之乱”

xǐ
迁徙
迁移，改变居住地。

huì lù
贿赂
用财物来买通别人。

jī
嵇
姓。

zhōng
衷
内心。常用词“初衷”，指最初的心愿。

mí
糜
粥。引申出腐烂、浪费等义。

zhǎn
辗转
身体来回翻转；间接，经过曲折。

qù
面面相觑
你瞧我，我看你。形容大家因惊惧或无可奈何互相望着，都不说话。

chì
炽
形容火旺；旺盛，热烈。常用词“炽热”，意思是非常热烈。

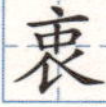

晋惠帝司马衷，是历史上有名的傻皇帝。他继位后，皇后贾南风专权，终于引发“八王之乱”。“八王之乱”从公元291年开始，历时16年，基本摧毁了西晋统治的根基。中原人民大量死亡，幸存者纷纷南迁，形成了中国历史上第一次大规模的人口迁徙高潮。

司马炎建立了西晋，这一生也算**功成名就**。可惜的是，他家务事处理得不好。因为长子很早就夭折了，次子司马衷智力欠缺。该立太子的时候，司马炎有点担心，想要另外立一个儿子。这时候，司马衷的母亲杨皇后不乐意了，跟司马炎

说："从古到今，立太子都是按照长幼顺序来的，跟德行没关系，这老规矩怎么能改？！"

于是，司马衷就成了太子。接着，司马炎要给太子选妃。他的亲信贾充早就在算计这个机会，拿出很多金银财宝贿赂宫里的人，托他们向杨皇后说好话。就这样，贾充的女儿贾南风顺利地嫁给了太子。等司马衷当上皇帝（即晋惠帝），贾南风就成了皇后。

这惠帝，智力上的确比正常人差点。有一年，发生旱灾，很多穷苦的老百姓都被饿死了，大臣赶紧向惠帝汇报。惠帝听了之后，一脸茫然地问："没有米饭，那他们怎么不吃肉粥呢？"这就是"何不食肉糜"的典故。大臣们**目瞪口呆**、**面面相觑**，谁也答不上来。

还有一次，惠帝听见池塘里青蛙在叫，就问身边的大臣："它们叫得这么响亮，是为公家叫呢，还是为私人叫呢？"

旁边的人强忍着笑回答说："在公家叫就是为公，在私人家里叫就是为私。"

听听，这就是惠帝的问题。

因为惠帝没能力处理政事，所以，朝政大权慢慢就落到了皇后贾南风的手里。贾南风**不识大体**，肆意妄为。她自己没有儿子，所以对太子司马遹（yù）怎么看都不顺眼。于是，她想方设法废掉太子，接着又把他害死了。

一国的太子就这么被皇后害死了，这国家也是乱到了极点。贾南风这么跋扈，当然有人反对。赵王司马伦假借皇帝诏书，带人把贾南风废掉了。可这个司马伦也不怎么样，他自己**大权独揽**，后来干脆篡位称帝。

司马伦这么做，其他的皇室子弟当然不同意。齐王司马冏起兵反对，成都王司马颖、河间王司马颙（yóng）、长沙王司马乂（yì）这些王爷纷纷支持。很快，司马伦兵败被杀。司马衷恢复了皇帝的身份，但是权力转移到了司马冏手上。

其他的王爷更不乐意了，大家都出力气，凭什么现在是你说了算？司马乂乘机杀了司马冏，继续专权。司马颖和司马颙继续讨伐司马乂。最后司马乂兵败被杀，司马颙继续专权。司马颖则自立为皇太弟，等着接皇帝的班。

这时候，东海王司马越加入混战，他召集军队去讨伐司马颖，因为担心别人乘机劫持惠帝，就索性把皇帝带到军队里。结果，司马越被打败了，丢下皇帝**落荒而逃**。惠帝被人砍了一刀，又中了三箭，身边的人只顾逃命，最后只剩下一个侍臣嵇绍拼死保护他。嵇绍被人砍伤，就倒在惠帝眼前。

惠帝大喊：“不要杀，不要杀，他是忠臣！”

可是哪有人听他的话，嵇绍被杀了，鲜血一下子溅到惠帝的衣襟上。后来别人要给惠帝洗这件衣服，他说：“这是嵇绍的血，不要洗。”可见，惠帝虽然智商不高，但还是知道谁真心对他好。可惜这些都改变不了他的傀儡命运。惠帝又被司马颖劫持到邺城。

总之，各路诸侯王连年混战，惠帝辗转于诸王之手，受尽凌辱。整个国家也是**惨不忍睹**。最后的最后，司马越获得胜利，把惠帝接回洛阳，一起去的，还有新被立为皇太弟的司马炽。当然，**顺理成章**地，司马越也大权独揽。没过几天，惠帝中毒而死。大家都怀疑是司马越毒死的，但没有人敢去追查。

惠帝死后，司马炽继承了皇位，这就是晋怀帝。司马炽是司马炎最小的儿子，虽然他也想好好治理国家，可是经过司马家族这么多年的混战，晋国的大地上是千里荒原、民不聊生。中央政权早就名存实亡了。

而前面说的这场混战，核心人物是西晋的八个王，所以，历史上称为“八王之乱”。

## 历史考点

晋惠帝在位时期，发生了“八王之乱”，从公元 291 年开始，断断续续，历时 16 年，西晋朝廷因此名存实亡。

## 语文考点

### 乱七八糟

成语“乱七八糟”，用来形容一团乱一团糟，没有头绪的样子。这个成语是怎么来的呢？有这样一种说法：“乱七”，指的是西汉时期的“七国之乱”；“八糟”，指的就是西晋的“八王之乱”。这两次动乱，都是自己人斗自己人，你来我往，特别混乱。

例句：这个故事缺乏主线，人物又多，乱七八糟的，都把我搞糊涂了。

### 狗尾续貂（diāo）

八王之乱中，赵王司马伦上台后，为了笼络朝臣而大封官职。当时，高级官员的帽子上都插有一根貂尾，以示尊贵。但是司马伦一下子封的官员太多了，以至貂尾严重缺货，情急之下，只得用狗尾巴来代替。这就产生了一个成语“狗尾续貂”，比喻以次充好，无能之辈占据高位。也用于自谦，比喻文章或是办事手段拙劣，不如前人高明。

例句：姐姐的画太精彩了，相比之下，我的题诗就有狗尾续貂之嫌。

# 东晋南渡

经过晋惠帝时期的“八王之乱”，西晋政权名存实亡。在诸王混战之际，琅琊（láng yá）王司马睿（ruì）在王导的协助下，逐渐取得主动权，顺利南渡。

公元316年，西晋被内迁的匈奴人灭亡，第二年司马睿在建康（今南京）重建晋朝，史称东晋。司马睿即晋元帝。

晋元帝依靠以王导为首的南北贵族的拥戴才当上皇帝，王氏权势极重，是东晋重要的统治力量，因此就有了“王与马，共天下”之说。

西晋灭亡后，北方的鲜卑（xiān bēi）、氐（dī）等少数民族纷纷建立政权，为争夺地盘而彼此混战，史称“五胡十六国”。天下陷入更大的分裂。

公元383年，北方的统一政权前秦，向南方的东晋发起进攻，决定性战役在淝（féi）水展开。最终，在名臣谢安的部署下，东晋以少胜多，大败前秦。这就是著名的淝水之战。前秦很快衰败，北方重新陷入分裂局面。南方在东晋的统治下，社会相当安定，经济有所发展。

# “王与马，共天下”

琅琊（láng yá）：古地名。

睿（ruì）：有智慧；看得深远。

下邳（pī）：地名，在今天的江苏徐州。

西晋建立之后，司马氏一家分封了不少人到各地去做王。其中司马睿做的是琅琊王。琅琊这个地方，在今天的山东。这里还有一个大家族，王氏家族，出过不少高官名流。其中有一个人叫王导，特别有眼光，有能力。可以说，东晋就是王导一手策划出来的。

王导还没做官的时候，就跟司马睿成了好朋友。而且王导预料到天下很快就会大乱，这些司马氏的子孙**窝里斗**，根本**不成气候**，只有司马睿是一只潜力股。

王导告诉司马睿：别人打架的时候你可别掺和，你就远处看着，别**惹火烧身**，等他们**两败俱伤**了，你再出场。司马睿认为有道理，一直**按兵不动**。

“八王之乱”后期，司马睿被司马越任命为镇东将军，驻守下邳，在今天的江苏徐州。

王导一看，好机会啊！大江以北乱成一锅粥，大江南边**风平浪静**，不如咱就搬到江南发展吧。公元 307 年，司马睿就又往南挪了挪，把家搬到了建康，也就是之前东吴的国都建业，即今天的南京。

因为这里能过太平日子，所以北方很多大家族都逃了过来，在建康落脚。时间一长，大家有点想家，开始组织老乡聚会。地点选在长江边上的新亭。

这一次，王导也来参加。大家喝着酒，赏着风景，开始还挺高兴。突然，其中有位周先生长叹一声：“星星还是那个星星，月亮也还是那个月亮，可我们却**背井离乡**，落难到这儿了。”

他这么一说，大伙的思乡之情一下子就被勾起来了。想到这辈子能不能再回老家都是未知数，大家忍不住都抹起眼泪。王导看了很生气，顿时严肃起来，说道：“国家现在这个样子，我们更应该**齐心合力**，**扭转乾坤**，为什么要像囚犯一样哭天抹地呢？”

大伙一听，都非常惭愧，纷纷打起精神，决定重新干一番大事。这个典故，叫作**“新亭对泣”**。

王导又给司马睿出主意，让他招聘人才。一传十十传百，有本事的高端人才，很快都跑来给司马睿服务了。公元 316 年，西晋被匈奴人灭亡，第二年，司马睿**顺理成章**地接过晋朝的权力，建立新的王朝，史称东晋。

又在王导的策划下，司马睿得到了江南名门望族的支持。公元 318 年，司马睿正式称帝，这就是晋元帝。在登基大典上，司马睿当着文武百官的面，邀请王导和他同坐龙椅。王导吓坏了，坚决不肯接受，最终只做了宰相。这就是历史上著名的“王与马，共天下”。

东晋王朝由此拉开了序幕。

## 历史考点

公元 316 年，西晋灭亡。第二年，司马睿在建康重建晋朝，史称东晋。

## 语文考点

### 衣冠南渡

衣冠，指古代的缙绅（jìn shēn）、名门世族。西晋末时，中原的大家族为避战乱，从北方迁往南方，被称作衣冠南渡。引申为中原文明或中原政权南迁。除了西晋末年这次外，中国历史上还有一次著名的衣冠南渡：北宋末年，金国入侵，宋高宗南迁，在临安（杭州）建立南宋。

### 信口雌黄

比喻不顾事实，随口乱说或乱发议论。王衍是琅琊王氏的另一位名人，他是著名清谈家，谈起老子、庄子来头头是道，但常常前后矛盾、漏洞百出。因此人们说他是“口中雌黄”。雌黄，是古人用来涂改文字的颜料。

例句：他平时读书不认真，敷衍了事，一被人问起书中内容，就只好信口雌黄。

## 成语迷宫

沿横向或纵向行走，试着找出迷宫中的全部成语。

| 流 | 水 | 深 | 火 | 热 |
|---|---|---|---|---|
| 花 | 不 | 三 | 朝 | 天 |
| 落 | 四 | 暮 | 秦 | 经 |
| 荒 | 面 | 楚 | 歌 | 地 |
| 而 | 平 | 升 | 舞 | 义 |
| 逃 | 静 | 顾 | 反 | 无 |

答案：1.落花流水；2.水深火热；3.热火朝天；4.天经地义；5.义无反顾；6.朝三暮四；7.朝秦暮楚；8.四面楚歌；9.歌舞升平；10.落荒而逃。

# 33 淝水之战

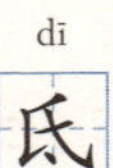

dī

氐

古代少数民族。

xiān bēi

鲜卑

古代少数民族。

féi

淝水

地名，在今安徽省寿县东南。

chóu

筹备

为进行工作、举办事业或成立机构等事先筹划准备。

kuī

丢盔弃甲

形容打了败仗狼狈逃走的样子。

lì

风声鹤唳

唳：叫声。把风的响声、鹤的叫声，都当成敌人的呼喊声，疑心是追兵来了。形容惊慌失措，或自相惊扰。

前秦是由氐族建立的政权，逐步统一了北方。皇帝苻（fú）坚重用汉人王猛为宰相，进行改革，国力强盛。很快，苻坚瞄上了南方的东晋。为了统一思想，他特地召集官员们商量攻打东晋的事。**出乎意料**的是，大家一致反对，就连王猛也不赞同。苻坚很郁闷，认为官员们**贪生怕死**。

这时候，出身于前燕政权的鲜卑族将领慕容垂，还有羌族首领姚苌（cháng），站出来力挺他。他们说："陛下您是常胜将军，打仗这种事，您还管别人的意见干吗？自己拿主意就行啊！"

总算听到支持的声音了，苻坚顿时来了劲，立刻开始筹备攻打东晋。

东晋这边呢？一听要打仗，从上到下文武百官都愁眉苦脸，**人心惶惶**。只有宰相谢安特别镇静。他开始排兵布将，东晋上下团结一心，准备共同对抗外敌。

前秦虽然强大，但是其实情况没有那么好。不仅官员们对于攻打东晋不**热衷**，百姓们更提不起兴趣。因为自从苻坚上台，四处打仗，老百姓都想过安定日子，哪经得住这么折腾。现在又要打东晋，将士们都很消极。

可惜这些苻坚都不了解。公元 383 年，怀揣着必胜的信心，苻坚领着近百万大军，直奔东晋而来。看着**浩浩荡荡**的军队，苻坚一脸自豪地说："这次以百万大军出兵东晋，必胜无疑啊。别的不说，单单士兵们把马鞭投进河里，河水都能够断流了，这样的实力，谁能胜过我？"这就是**"投鞭断流"**的典故。

东晋这边，谢安坐镇后方，派弟弟谢石担任统帅，侄子谢玄做前锋，双方在淝水展开决战。

当时，秦军紧挨着淝水西岸摆开阵势，晋军大部队一时间不好过河。谢玄就跟苻

坚的弟弟苻融说："你们跑这么远来打仗，相信也想早点儿打完回家吧。这样好了，你让你的军队往后退一点儿，让我们晋军过了河，大家正式交个手怎么样？"

苻融觉得这个办法可行，就报告给苻坚。苻坚点点头，开心地笑了："晋军太蠢了，竟然自己送上门来。等他们过河到一半的时候，我们就派骑兵冲上去，杀他个片甲不留。"

其他人都担心晋军有诈。可惜，苻坚压根儿听不进去，一声令下，就让军队后撤。那边谢玄见前秦军开始动了，领着八千多骑兵就往前猛冲。一看晋军突然间杀气腾腾，前秦军顿时傻了眼。就在这时，前秦军后方突然爆出阵阵喊声："败了，败了，大家快逃啊！"于是，队伍前边的忙着丢盔弃甲，后边的也忙着抱头乱窜，刹那间前秦军的阵势全乱了套。本来士兵们就不想打仗，看见眼前的乱局，什么都顾不上了，只管逃命。

晋军抓住时机，乘胜追击，苻坚竭力阻止也无补于事，只好恼火地领着残兵匆匆逃跑。

晋军穷追不舍，秦兵惊惶失措，逃进山林中，听到风吹树木的声音和鹤的叫声，都吓出一身冷汗，以为是晋军又追上来了。这就是成语"风声鹤唳"的出处。

苻坚身为统帅，大受打击，实在没想到这场大战，本来以多击少，结局竟然会是自己惨败。弟弟苻融死在战场上，苻坚自己也身受重伤，狼狈不堪地逃回了老家。

另一边呢，东晋打了大胜仗，捷报迅速传回来，送到谢安手里。谢安异常淡定。当时他正跟人下棋，看完战报，神色不变，继续下棋。对方实在忍不住了，试探着问："啥情况啊？"

谢安慢吞吞地回答："没啥，那些孩子把秦军打败了。"

对方一听，直接一掀棋盘，兴冲冲地出了门，到处报告好消息去了。

谢安不急不慌地走回卧室，家里人见他这样，都不由得称赞："咱老爷果然撑得住大场面，打了胜仗都跟没事人似的。"谁知话音刚落，就听见"咔嚓"一声响，原来是正在跨门槛的谢安，弄断了鞋底的木齿。众人憋着笑：看来老爷的淡定也是装出来的啊。

淝水之战后，谢安**名扬天下**，备受推崇。至于从前风光无限的苻坚，却因此大受打击，两年后被姚苌所杀。北方又陷入**分崩离析**的局面。

## 历史考点

西晋灭亡后，北方的鲜卑、氐等少数民族纷纷建立政权，为争夺地盘而互相混战，史称五胡十六国。

公元383年，前秦与东晋之间展开淝水之战，最终东晋大胜。这是中国历史上著名的以少胜多的战役。

## 语文考点

### 风声鹤唳，草木皆兵

唳，鸟鸣。听到风的声音和鹤叫的声音，怀疑是敌人追来了。看见草和树木，就以为是敌方的士兵。这两个成语，都出自淝水之战，都是形容人因为极度紧张、害怕，而疑神疑鬼。

例句：你应该放松一点，现在是休息时间，不要总这么草木皆兵的样子。

## 成语迷宫

沿横向或纵向行走，试着找出迷宫中的全部成语。

| 破 | 天 | 惊 | 过 | 犹 |
|---|---|---|---|---|
| 石 | 问 | 心 | 之 | 不 |
| 投 | 路 | 无 | 愧 | 及 |
| 鞭 | 可 | 走 | 而 | 靡 |
| 断 | 失 | 所 | 向 | 披 |
| 流 | 离 | 乡 | 背 | 井 |

答案：1.投鞭断流；2.流离失所；3.所向披靡；4.投石问路；5.石破天惊；6.问心无愧；7.无路可走；8.无心之过；9.过犹不及；10.离乡背井。

# 南朝偏安

东晋于公元317年建立，立国100余年，公元420年，东晋将领刘裕代晋称帝，国号宋，即南朝刘宋政权。东晋结束，南北朝的历史开启了。

南北朝是三国两晋以来历史的延续，是大分裂时代的不同部分。这一时期，南北混战，政权更替频繁。在中国南方，相继出现宋、齐、梁、陈，四个政权，都城都在建康，历史上统称为“南朝”。

在中国北方，先后出现了北魏、东魏和西魏、北齐和北周等政权，统称为“北朝”。

南方繁荣而安逸，南朝政权虽有心北伐，但都以潦草失败而告终。在南北实力对抗中，南朝处于明显劣势。南朝的最后一个政权陈，公元589年被北方新建立的隋朝灭亡，南朝结束，中国再度统一。

# 34 刘裕建宋

## 生词学习

谧（mì）：宁静。

讨伐（fá）：出兵攻打（敌人或叛逆）。

跋涉（bá shè）：爬山涉水，形容旅途艰苦。

大岘（xiàn）山：山名，在今湖北。

倾巢（cháo）出动：倾：倒出；巢：巢穴。比喻出动全部兵力进行侵扰。

赫（hè）连：复姓。

南朝宋的开国皇帝叫刘裕，他成长在东晋时期。东晋王朝讲究出身，当官的都是士族阶层。刘裕出身低微，家里很穷，穷到他出生之后，差点被大人扔了。也因为穷，他没钱读书，长大之后，也没有固定工作，只能做点临时工，砍个柴、卖个草鞋什么的；他还喜欢跟人赌博，因此周围的人都看不起他。

但是，当时的世家大族琅琊王氏的王谧，很看好他，跟他说："你以后一定有大出息。"

还真让王谧说中了。刘裕很快就从军了。他在军队里**如鱼得水**，不停地立功，迅速成为将领，雄霸一方。那时候，东晋权臣桓玄意图篡位，威逼晋安帝禅位给他，刘裕就带兵讨伐桓玄，打赢了，拥戴晋安帝复位。这下子，刘裕成了东晋王朝的第一功臣，**说一不二**。

掌握大权之后，刘裕开始攻打南燕，扩张领土。南燕君主慕容超一听，赶紧召集大臣商量对策。有官员说："晋军打我们，是长途跋涉，肯定希望**速战速决**，咱就死守住大岘山，那是晋军的**必经之路**。咱们把那四周的庄稼全毁了，再截断晋军的粮道，**前后夹击**，肯定胜利。"

真要是用这办法，刘裕就输定了。可惜慕容超听不进去，非要守在原地，**诱敌深入**再开打。一边的慕容镇听不下去了，散了会，他跟同事发牢骚："既不主动出击，也不**严防死守**，看来大燕离亡国不远了。"

没想到这话传到慕容超耳朵里，慕容超心想：这仗还没打呢，就开始**说三道四**。一怒之下，他把慕容镇抓进监狱关起来了。

南燕还在这内斗呢，刘裕的大军已经进入了大岘山。本来刘裕真担心南燕在这儿设伏兵，结果一路上除了砍柴的农民，连个人影都没有。大家很高兴，士气高涨。一开打，双方杀得**天昏地暗**。

刘裕的参谋说："燕军为了对付咱们，肯定是**倾巢出动**。趁现在混乱，您分给我一小队人马，我去偷袭他们的后院儿，杀个**措手不及**。"刘裕立刻同意了。

慕容超这边正在观战，突然听说后院被占了，立刻慌了手脚，无心恋战，直接逃跑了。刘裕的大军在后面追。慕容超一直逃进广固城，关上城门不出来了。刘裕便把城团团围住。

慕容超这才想起慕容镇，连忙把他放出来："快快快，帮我想个办法！"

慕容镇长叹一声："现在已经没有退路了，不如把国库里的财产分给将士，以激励军心。再打开城门，跟敌人拼个你死我活，没准还有一线生机。"慕容超点点头，想试一试。不过，在场的官员们却犹犹豫豫的，说白了，就是舍不得把钱送出去。

公元410年，刘裕大军四面围攻，燕军只能开城投降。慕容超和家族子弟都被抓住了。刘裕下令全都杀了。慕容家族彻底退出了历史舞台。刘裕灭掉了南燕，接着又灭掉了后秦，攻下长安城，留下儿子刘义真和二十万大军守城，自己回南方去了。北方的大夏国国主赫连勃勃一听，好啊，机会来了。他立刻下令，进攻

长安。

刘裕一走，长安就乱套了。大将王镇恶被沈田子杀了，沈田子又被王修杀了，王修又被刘义真杀了。还没等敌人来呢，内部先死了好几员大将。真是会给赫连勃勃创造机会。

刘裕刚回到南方，就接到长安传来的消息，连呼大事不好。他派人去接管长安城，让儿子刘义真赶紧撤回来。刘义真年纪不大，贪心不小，一边撤退，一边放纵军队沿路抢劫，车里装满金银珠宝和美女，很快就被大夏国的军队追上了。晋军将士死的死，逃的逃。只剩下刘义真，还真幸运，躲在草丛里逃过一劫，一个人跑回老家去。赫连勃勃顺利占领长安城。

尽管这样，黄河以南、淮水以北和汉水上游的大片地区，仍然被刘裕控制。刘裕的功劳越来越大了，接连被封宋公、宋王。最终，公元420年，刘裕代晋称帝，改国号为“宋”，历史上称“南朝宋”或“刘宋”。刘裕即宋文帝，他在位不到两年就去世了。在他统治时期，改革吏治、抑制豪强，轻徭薄赋，人民生活安定。刘裕提倡节俭，他常穿粗布衣服，床上挂着土布帐子，墙壁上挂着布做的灯笼，等等。刘宋因此成为南朝四国中实力最强大的政权。

## 历史考点

公元420年，刘裕代晋称帝，国号宋，即南朝刘宋政权，东晋结束。

在南方，先后有四个政权宋、齐、梁、陈，定都建康，统称为“南朝”。

在北方，先后出现了北魏、东魏和西魏、北齐和北周等政权，统称为“北朝”。

### 门阀制度

魏晋南北朝时期，中国社会流行门阀制度，即，做什么事都讲究人的出身。高等家族的人（士族），一出生就享受种种特权，比如可以做官，可以免除徭役；而出身普通家族的人（庶族、寒门），要什么没什么，做官也只能做低级官员。士族看不起庶族，士族不可以和庶族通婚。士庶之间，地位有如天壤之别。

## 语文考点

### 龙行虎步

龙和虎走路时的样子，非常威武、有气势。形容帝王的仪态非同凡响，或者武将姿态威武。《宋书》记载“刘裕龙行虎步，视瞻不凡，恐不为人下”，意思是刘裕没当皇帝之前，就已经表现出非凡的仪态和气势，有篡夺皇位的苗头。

例句：这尊雕像高大威猛，眼神坚毅，如同一位远古的将军，龙行虎步，正在向我们走来。

## 成语迷宫

沿横向或纵向行走，试着找出迷宫中的全部成语。

| 料 | 意 | 乎 | 出 | 济 |
|---|---|---|---|---|
| 水 | 暴 | 跳 | 舟 | 共 |
| 得 | 鱼 | 如 | 同 | 效 |
| 天 | 贯 | 雷 | 雨 | 下 |
| 独 | 耳 | 厉 | 风 | 行 |
| 厚 | 此 | 薄 | 彼 | 上 |

答案：1.得天独厚；2.厚此薄彼；3.暴跳如雷；4.雷厉风行；5.风雨同舟；6.同舟共济；7.上行下效；8.如鱼得水；9.出乎意料；10.如雷贯耳。

# 35 萧道成建齐

yù 彧 有文采。

piáo 瓢 舀（yǎo）水的器具。

yù 

日光，光明。

南朝刘宋末年，宗室之间争斗不已，朝政混乱，武将萧道成趁机掌握大权。

公元 479 年，萧道成逼宋顺帝禅位，建立齐政权，定都建康。这是南朝的第二个政权，史称“南朝齐”或“萧齐”。

502 年，齐和帝被迫禅位于起兵夺位的将领萧衍，南齐覆灭。南齐是南朝四个朝代中最短命的，仅存二十四年。

南朝刘宋末年，宗室之间**争权夺利**，孝武帝刘骏死后，继位的刘子业荒淫残暴，最后被湘东王刘彧杀掉。刘彧登基，这就是历史上的宋明帝。

虽然暴君垮台，大家都拍手叫好。可是刘彧上台这件事，其他人又有想法了。各地纷纷叛乱，**按下葫芦起来瓢**。令人欣慰的是，就在此时，朝中有人一直支持刘彧，这个人叫萧道成，是一名武将。他公开表态：“无论有多少反对派，我一定坚决站在皇上这边，力挺到底！”

宋明帝知道后，感动得**一塌糊涂**，立刻给他升官，做辅国大将军。也是从这时候起，大将军萧道成开始登上政治舞台。

萧道成是什么人呢？据说他是西汉丞相萧何的二十四世孙。他的父亲萧承之，是刘宋时期著名的武将。萧道成本人，**仪表堂堂**，英俊潇洒。他一直在军队中，不断累积战功。到了宋明帝这一朝，地位越来越高。明帝驾崩后，他继续辅佐明帝的儿子——刘昱，并且掌握了禁军。

刘昱年纪不大，但残暴程度和之前被杀掉的刘子业相比，**不相上下**。从他当上皇帝开始，天下就没有好日子过了。他没事就带着一帮手下冲出宫去，跟强盗一样，在街上**打家劫舍**，随意屠杀平民，老百姓**怨声载道**。

而且，刘昱是无差别攻击，对谁都一样，包括扶持他登基为帝的萧道成。一天，他临时起意，带兵闯进萧道成家里。萧道成正睡午觉。正是夏天，天气闷热，萧道成也就没穿上衣。刘昱见了，立刻又犯了浑，说：“这家伙的肚脐眼很大，正好当个箭靶子。”

他**说风就是雨**，叫醒萧道成，让他靠着墙站好，在他的肚子上画了个箭靶，说要试着射射看。萧道成原本睡得迷迷糊糊的，现在，一下子就惊得睡意全无，连声大呼：“皇上，我没罪啊！”

好在旁边的侍卫机灵，跟刘昱说：“皇上，既然萧将军的肚脐是个好箭靶，咱一次就把他射死了多没劲呀。要不您换个假箭试试，要是有趣的话，今后也好

继续玩儿，是不是？”

“哎，这个办法好！”刘昱就把假箭搭上弓，一箭射去，正中肚脐。他哈哈大笑：“朕的箭术果真天下第一！”

说完，带着一帮人走了。萧道成浑身冷汗，等这些人都走了，直接瘫倒在地。他思来想去，心说：今天用假箭，明天指不定就用真的了。这个皇上，不能再留了！萧道成开始谋划废掉刘昱。幸运的是，还没等他动手，刘昱就因为太过残暴，被身边护卫杀了。萧道成心里这个乐呀，立刻带兵，拥立刘准当皇帝，这就是宋顺帝。

刘准还是个孩子，性格十分乖巧，萧道成**顺理成章**地掌握了朝政大权。经过刘昱的一番压迫，萧道成心里逐渐明白，做臣子，无论地位多高，功劳多大，总要听皇上的。除非自己做皇上。于是，公元479年，萧道成带领一帮将士进宫，逼顺帝退位。

顺帝当时只有十三岁，看着眼前白晃晃的刀剑，吓得脸色惨白，哆哆嗦嗦地问：“萧大人是要杀我吗？”

萧道成沉着脸回答：“不是，我是来劝你退位的。”

顺帝听到这儿，顿时**泪流满面**。他哀叹一声：“只愿我生生世世，都不要生在帝王家了！”

就这样，萧道成顺利登基，改国号为齐，史称齐高帝。前宋顺帝刘准虽然退位让贤了，最终也没能逃过一死，这一年的五月，他就被看守的士兵杀害了，刘宋王朝也至此结束。

## 历史考点

公元479年，大将萧道成逼宋顺帝禅位，建立南朝的第二个政权齐。史称“南朝齐”或“萧齐”。

## 语文考点

### 闻名遐迩

遐（xiá），远；迩（ěr），近。闻名遐迩，形容名声很大，远近都知道。也作“遐迩闻名”。出自《南齐书·高帝纪》，“高帝”即萧道成。

例句：我们这儿的映山红，也算是闻名遐迩了，每年春夏花开之际，百里之外都有人驱车前来，专程来看这漫山红彤彤的盛景。

## 成语迷宫

沿横向或纵向行走，试着找出迷宫中的全部成语。

| 归 | 所 | 望 | 洋 | 兴 |
| --- | --- | --- | --- | --- |
| 多 | 势 | 众 | 口 | 叹 |
| 人 | 怨 | 声 | 同 | 志 |
| 怒 | 天 | 载 | 道 | 合 |
| 人 | 尤 | 益 | 相 | 敬 |
| 杰 | 地 | 灵 | 宾 | 如 |

答案：1.怨声载道；2.天怒人怨；3.怨天尤人；4.人多势众；5.众口同声；6.众望所归；7.望洋兴叹；8.志同道合；9.同道相益；10.人杰地灵；11.相敬如宾。

## 36 萧衍建梁

dài
怠
懒散，松懈；轻慢。

bá hù
跋扈
专横暴戾，欺上压下。

yōng
雍州
在今湖北襄樊。

yāng
遭殃
遭受祸害。

公元 502 年，萧衍取代南齐建立梁政权，定都建康。这是南朝第三个朝代。史称“南朝梁”或“萧梁”。萧衍即梁武帝，是文学团体“竟陵八友”之一，也是历史上有名的佛教皇帝。他前期励精图治，后期怠于政事，死于“侯景之乱”。

公元 557 年，梁被陈霸先所建立的陈朝取代。

南齐昏君萧宝卷吃喝玩乐、**花天酒地**，过得潇潇洒洒，可累坏了忠臣萧懿。

萧懿是真忠心，明知道萧宝卷是**烂泥扶不上墙**，但仍然忠心耿耿。有一件事足可以证明他的忠心。萧懿功劳越来越大，地位也越来越高，有人眼红了，就跟萧宝卷说：“萧懿这么大的官儿，对皇上是威胁！”

萧宝卷对皇位那是万分敏感，听人这样说，立刻决定：“赐毒酒，把萧懿给解决了。”

萧懿什么反应呢？他安然接受死亡，临死之前，还没忘了提醒萧宝卷："皇上，我死是小事，但是我弟弟萧衍在雍州，他的势力越来越大，皇上您一定要多加留意才是。"

这够忠心了吧？！

还真让萧懿担心对了。他一死，萧衍坐不住了。一个是伤心，哥哥死了；一个是担心，哥哥这么忠心，最后还是被萧宝卷给杀了，那自己不定哪天也会遭殃。

萧家本来就是皇族宗室，萧衍的父亲是齐高帝萧道成的族弟。萧衍从小才华出众，因为是**皇亲国戚**，早早地就出来做官了，得到很多人的称赞。他表面看起来性格温和，但实际上**不甘人后**，现在一看，忠心的哥哥都被杀了，萧衍马上就有了想法，起兵反对萧宝卷的统治。

萧宝卷实在是太不得人心了，大家一听说萧衍起兵了，纷纷响应，有钱的出钱，有人的出人，很快，萧衍就拉着队伍直奔建康，一路上畅行无阻。

萧宝卷该着急了吧？没有！他该吃吃，该喝喝，还**心血来潮**，让人用金银给自己做铠甲，在上面缀满羽毛、宝石这些装饰品。这还不够，为了达到华丽出场的效果，他又让人把马也披上银制的铠甲，插上孔雀羽毛。

有几个亲信表示很担忧，劝他："皇上，萧衍已经打过来啦，您应该给将士们多点奖赏，这样大家才愿意**出生入死**保护您啊！"

萧宝卷来气了："怎么着？萧衍打过来，难道就只杀我一个人吗？你们不也在给自己卖命吗？朕的钱得留着自己花！你们想要？门儿都没有！"

守卫的士兵们鼻子都气歪

了。这样的皇帝，要他何用！大伙儿一合计，就**弃暗投明**了。一个晚上，萧宝卷吃饱喝足，正要上床睡觉，忽听外面一片喊杀声。萧宝卷一个激灵，大叫一声“不好”，赶紧冲出房门，想要溜走。士兵们哪能放过他，在后面紧追。他跑到宫门，发现大门紧闭，回头，追兵已经赶到。萧宝卷还是一副跋扈的样子，大喊：“朕是皇上，你们这帮奴才是要造反吗？”

根本就没有人管他，大家直接冲上去，一刀结果了他的性命，割下脑袋，送到萧衍那里领功去了。

就这样，萧衍顺利接管了政权。他先是扶持萧宝卷的弟弟萧宝融为帝，自己则掌握实权，**一人之下、万人之上**。公元 502 年，在大臣沈约等人的张罗下，萧衍接受萧宝融的禅让，正式即位为帝，改国号为梁，史称梁武帝。

## 历史考点

公元 502 年，萧衍称帝，建立南朝的第三个政权梁。

## 语文考点

### 烂泥扶不上墙

俗语。稀烂的泥巴抹到墙上也糊不住，比喻能力或水平太差，怎么折腾也出不了成绩；或者品行太差，无可救药。

例句：一个人笨一点不要紧，基础差一点也不要紧，但要是自己放弃了自己，那就真是烂泥扶不上墙，谁拿他都没办法了。

## 江南春

（唐）杜牧

千里莺啼绿映红，水村山郭酒旗风。

南朝四百八十寺，多少楼台烟雨中。

千里江南，莺歌燕舞，桃红柳绿；水旁山脚，村庄簇拥，酒家的旗帜迎风招展。到处都是寺庙，香火缭绕；众多亭台楼阁，在烟雨朦胧中时隐时现。

这是杜牧在《江南春》一诗中描绘的江南春景。这幅画面，令人似曾相识，如在眼前。但是你知道吗？“南朝四百八十寺”，它跟一段历史密切相关。

寺（庙），是佛教之地。佛教大约东汉明帝时期传入中国，渐渐兴盛，成为社会的主流信仰之一。南北朝时，由于战争不断，社会动荡，人民的苦难加剧，于是宣扬悲天悯人、主张清净避世的佛教吸引了无数人，人们对佛教的崇信达到顶峰。

南朝人们到底有多崇信佛教？举一个例子就可知。梁武帝萧衍，是南梁的开国皇帝，他统治时期，在全国推广佛教，大兴佛寺，数十年间，全国僧侣人数达十万之多。不仅如此，梁武帝本人还多次“舍身”佛寺，也就是出家。他先后四次出家，每次出家，住在寺里，不理朝政，最长的一次达到 37 天。官员们为了请他回朝，不得不花一大笔钱给寺庙，以把皇帝“赎买”回来。 皇帝都如此，当时人们对佛教的痴迷程度可想而知。

四百八十寺，是说寺庙很多，并不是确切数字。据清朝有人统计，南朝佛寺足足有两千八百多座！

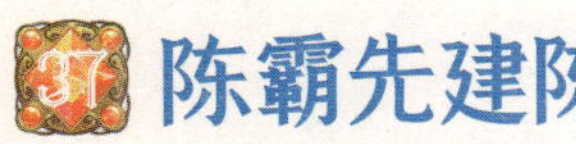

## 37 陈霸先建陈

生词学习

沉溺（nì）

指无节制地沉迷或放纵。

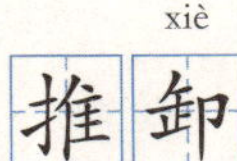

推卸（xiè）

不肯承担（责任）。

公元548年，爆发了“侯景之乱”，梁武帝萧衍身死，南朝梁政权受到沉重打击，整个社会经济遭到毁灭性的破坏。公元557年，大将陈霸先代南梁，建立陈朝，定都建康。陈霸先就是陈武帝。

陈是南朝最后一个政权，疆域在南朝诸国中最小。到了后主陈叔宝继位，他沉溺酒色，政事荒怠，陈朝国势江河日下。公元589年，陈被隋所灭。南朝到此结束。

人们常说“乱世出英雄”，南北朝时期，小政权特别多，这个时期，出现了不少能人。其中就有一个人，叫陈霸先。他是一个英雄，更是一个好皇帝。

论出身，跟当时那些**名门望族**比起来，陈霸先是很不起眼的。他从小家里就很穷，虽然祖上也有人做过官，但到他这一代，家里早就穷得叮当响了。

陈霸先从小爱读书，尤其喜欢读兵书，研究**排兵布阵**这些；而且他精通弓马，武艺也是一等一地好。穷人的孩子早当家，为了生存，陈霸先很早就外出务工，端盘子扫大街，什么苦都吃过。慢慢地，接触的圈子越来越大，陈霸先开始进入官府工作。

最开始，陈霸先在梁武帝的侄子萧映手下做事。有一次，萧映被派出去打仗，被敌人给围困住了。一帮将士全都慌了手脚，不知该怎么办才好。这时候，陈霸先站出来，从容地说：“只要给我三千精兵，我保证把人救回来。”

大家都很吃惊。因为在人们眼中，陈霸先一直是个不起眼的小人物，说话办事都没分量。现在这种危急关头，大家都忙着推卸责任呢，谁知他倒站出来了。

那正好，就让他去吧。大家抱着**死马当活马医**的心态，分了三千精兵给他。出乎意料的是，陈霸先**一马当先**，率领三千人**左冲右突**，在敌军阵中来回穿梭，**如入无人之境**。很快，战乱得到了平息，而萧映也被救了出来。

从此，陈霸先一鸣惊人、一战成名，令大家**刮目相看**。原来之前一直都小瞧了这位啊！此后，陈霸先立的战功越来越多，手下的兵力也越来越强。连梁武帝都十分看重他。可见，是块金子，总能发光。

不久，陈霸先被调到大将元景仲手下做事。这时候，又遇上了侯景叛乱。这元景仲也不知道哪根筋搭错了，非要跟着侯景叛乱。陈霸先愁坏了，劝他说：“这侯景烧杀抢掠的，明显不是好人啊！你一个南梁**名正言顺**的官员，说反就反，不怕把自己的名声搞臭吗？”

元景仲根本不听，兴冲冲开始计划，还鼓动部下的将领们也跟着捣乱。陈霸先实在看不下去了，心说你能反叛，我就能平叛！他没再犹豫，立刻带兵，抢先一步，把元景仲给镇压了。

为了讨伐侯景，陈霸先辗转投靠了梁元帝萧绎（yì），直接领导是王僧辩。

结果梁元帝萧绎很快被西魏杀了，梁朝上下立刻乱了套。这时候，兵权基本掌握在陈霸先和王僧辩手里。俩人就商量，立元帝的儿子萧方智当皇帝。

与此同时，北齐派兵送梁武帝萧衍的侄儿萧渊明回来，要求立为皇帝。王僧辩害怕北齐，立刻变卦（guà）了。陈霸先这个气呀，他非常失望，于是，又一次率领大军，联合其他地方势力，把王僧辩给杀了。

经过这一路挣扎，陈霸先算是明白了，求人不如求己，从此以后，他把国家的军政大权都抓到自己手里。梁敬帝萧方智也看清形势了，本来他自己对皇位也没啥留恋的，于是就在公元 557 年，把皇位让给了陈霸先。

陈霸先没有拒绝。他知道，一个小皇帝不可能给国家带来真正的安定和繁荣，只有自己出任，国家才有希望。就在这一年，他登上帝位，改国号为陈，史称陈武帝。

## 历史考点

公元 548 年，爆发了“侯景之乱”，南梁政权遭受沉重打击。

公元 557 年，大将陈霸先称帝，建立南朝第四个也是最后一个政权陈。

## 语文考点

### 死马当活马医

马已经生病死了，还把它当成活马来抢救、医治，比喻事情已经不可救药，但仍抱着最后一丝希望来作出努力。也泛指做最后的尝试。

例句：这次招考要求极为严格，他本来已经不抱希望，完全以死马当活马医的心态写了一份申请书，竟然被破格录取了。

# 北朝风云

淝水之战后，前秦很快土崩瓦解，北方再度陷入分裂与混乱。之后鲜卑族拓跋部崛起，于公元386年（淝水之战后的第三年）建立政权；公元398年，正式定国号为魏，史称北魏；439年，北魏统一北方。所以，如果单说北朝，是从386年北魏建立算起；如果说南北朝，则以南朝刘宋政权建立的时间420年为起点。

北朝包括五个朝代：北魏、东魏和西魏、北齐和北周。东魏和西魏是从北魏分裂而来；之后北齐取代东魏，北周取代西魏；再之后，北周灭北齐，这时已经到了北朝的尾声；581年，杨坚建隋，取代北周，北朝随之结束。

北朝在一定程度上促进了民族融合，同时也为中华民族的发展注入了新的活力。

# 38 北魏孝文帝迁都

guī
珪
一种玉器。

hé
隔阂
沟通的障碍、距离。

rú
耳濡目染
濡：沾湿。染：沾染。指经常听到看到，不知不觉地受到影响。

bàng
重磅
指非常重大的（消息或事件等）。

北魏是鲜卑族拓跋珪建立的政权，也是北朝第一个王朝。公元 386 年建国，398 年定国号为“魏”，史称“北魏”，迁都平城（今山西省大同市）。439 年，太武帝拓跋焘（tāo）统一北方。493 年，孝文帝拓跋宏迁都洛阳，推进汉化改革。

拓跋宏，汉名元宏，是南北朝时期杰出的政治家、改革家。他的一系列改革增强了北魏的国力，缓解了民族隔阂，对北方的民族融合和发展起到积极作用，史称“太和改制”。

公元 471 年，北魏传到了小皇帝拓跋宏手里。他当时只有五岁，历史上称为魏孝文帝。因为年纪太小了，所以，国家大权都掌握在他的祖母——冯太后手里。

这个冯太后可不是一般人，她果敢睿智，特别有治国的才能。拓跋宏从小跟在太后身边，**耳濡目染**，也学到了很多本领。

公元 490 年，拓跋宏亲政，开始管理国家。他对冯太后实行的政策，基本上都延续下来。核心思想就是汉化。拓跋宏认识到了汉族文化的先进性，所以他**坚定不移**地推行汉化改革。其中最重要的一个措施，就是迁都洛阳。

北魏的都城，本来设在平城，也就是今天的山西大同。这个地方，地理位置偏北，气候寒冷，又是风雪又是风沙的，对统治中原地区来说不方便。所以，孝文帝经过**深思熟虑**，准备迁都洛阳。

但他知道，朝中的这些高官、贵族们，一直都在平城生活惯了，突然之间要搬家，肯定不乐意。那怎么办呢？孝文帝想了一个妙计。他把大家召集起来说："我很向往当年列祖列宗**能征善战**，给咱们打下江山的情形。我也想和他们一样，所以我决定率兵出征，南下灭齐！"

听了他的话，官员们顿时吃惊了，个个**愁眉苦脸**。日子过得好好的，谁愿意天天打仗呢！可一见孝文帝雄心勃勃的模样，又都不敢说什么。好在，孝文帝的堂叔拓跋澄站出来了，表示反对。平常，孝文帝都是很谦和的，可现在也不知道怎么了，吃了秤砣（chèng tuó）般，坚持要出征。于是两人吵得**不可开交**。等到散会，孝文帝把拓跋澄留下来，跟他说了实话："叔叔啊，我不是要打仗，我是

要迁都。”

拓跋澄一听，大笑起来，说：“嗨，早说啊！既然是迁都的事，我绝对力挺你。要知道，我也是个改革派啊。”

就这样，表面上，“南征”工作就开始进行了。大家一看，拓跋澄是皇叔，都这么严肃地抗议了，还是无效，那咱也只能跟着了。

公元 493 年，孝文帝亲自率领大军，领着一帮大臣，开始南下伐齐。大军一路走走停停，用了不少时间。这时候，已经进入秋天了，开始下雨。这秋雨连绵不绝，很多官员都受不了。发牢骚的，抗议的，啥样都有。孝文帝**充耳不闻**，握拳激励众人：“大家不要被这几场雨给打倒了，要知道，阳光总在风雨后嘛。”

大家心里头**叫苦连天**。孝文帝可不管，自己**容光焕发**，鼓励大家继续赶路。有的大臣彻底崩溃了，赖在地上死活不肯起来，说：“今天就算是在这儿饿死，也坚决不走了。”

孝文帝把脸一沉，说：“这场仗，本来朕和众将士信心十足，就是你们成天**唉声叹气**，搅得**人心不宁**。难道想让朕惩处你们？”

大臣们吓得连连磕头：“皇上饶命啊！要不这样吧，现在只要不打仗，你要求什么事情，咱们都**绝无二话**，坚决执行到底！”

孝文帝心里偷着乐，但表面上还是**一本正经**地说：“那好，咱不打仗了，咱搬家到洛阳吧。”

“啥？您要迁都！”

又是一个重磅炸弹击中大家。不过说实话，这可比长途远征去打南齐轻松多了。

孝文帝继续解释说：“朕**有生之年**，一定要让南北统一。洛阳这个地方离南齐近，也好时刻提醒我们不能贪图享受，忘了天下一统的重任！”

大臣们议论纷纷，最后也觉得，迁都的确有利于今后国家的发展，也就当场答应下来。就这样，孝文帝的迁都计划顺利执行。这个北方民族政权，在皇帝的带领下，将首都搬到了洛阳，也揭开了南北大融合的改革序幕。

## 历史考点

北魏孝文帝拓跋宏是南北朝时期杰出的政治家、改革家。公元 494 年，他迁都洛阳，推行一系列改革措施，缓解了民族隔阂，对北方的民族融合和发展起到积极作用，史称“太和改制”。

## 语文考点

**分路扬镳（biāo）**

孝文帝迁都洛阳后，洛阳令元志和御史中尉李彪，在路上相遇，都觉得自己官职更高，谁也不给谁让路，官司打到孝文帝跟前。孝文帝说：“洛阳是我的地盘，自应分路扬镳。你们两个还是各自做好各自的事情吧。”“分路扬镳”，今多作“分道扬镳”，意思是目标不同，各走各路，或各干各事。

例句：走出校门没多远，我们就分路扬镳了，他回去家里，我去了书店。

## 成语迷宫

沿横向或纵向行走，试着找出迷宫中的全部成语。

| 交 | 充 | 看 | 相 | 渲 |
|---|---|---|---|---|
| 开 | 耳 | 濡 | 目 | 染 |
| 可 | 不 | 甘 | 刮 | 烘 |
| 想 | 闻 | 人 | 后 | 托 |
| 而 | 风 | 制 | 发 | 提 |
| 知 | 丧 | 胆 | 吊 | 心 |

答案：1.耳濡目染；2.充耳不闻；3.闻风丧胆；4.提心吊胆；5.不可开交；6.可想而知；7.不甘人后；8.后发制人；9.刮目相看；10.渲染烘托。

# 40 宇文泰立西魏帝

yè
邺城
地名，在今河北临漳。

sā
撒
放开，张开。另有读音sǎ，散落。

jù
炬
火把，蜡烛。也指用火烧。

公元534年，北魏大将军高欢和宇文泰争权，导致北魏政权分裂：高欢立东魏帝，定都邺城；第二年，宇文泰立西魏帝，定都长安。

宇文泰是南北朝时期杰出的军事家、改革家、政治家，也是西魏的实际掌权者，北周政权的奠基者。宇文泰专制西魏二十余年，政治、军事上都很有建树，为北周一统北方，以及隋唐王朝的强盛奠定了基础。

北魏末年，民族矛盾越来越尖锐，各地纷纷起义。尤其是北边的六镇，起义军轰轰烈烈。高欢、宇文泰这些人都趁机而起，一显身手。

宇文泰这个人，祖上本来是匈奴人，后来逐渐融入鲜卑，他也就成了鲜卑人。宇文泰很有本事，弓马刀剑都很擅长，同时还很聪明，有智谋。各地起义的时候，他跟父亲、兄弟们也一起参加了。但是随着战

争，其他人阵亡的阵亡，被俘的被俘。一来二去，宇文泰到了贺拔岳手下做事。

接着，北魏的权臣高欢平定了战乱，把贺拔岳给收编了，让他带兵镇守一方。贺拔岳同样是个能征善战的大将，他占据关中之后，表面上还接受高欢领导，但其实，心里一直想自己称王。这苗头，很快就被高欢察觉了。

高欢着急了，他本来一直想着，要把关中地区牢牢抓在自己手里。现在倒好，手下要单飞，关中这块地岂不是要泡汤？为了不让自己的如意算盘落空，他就想把贺拔岳征召到自己眼皮子底下，方便管制。但贺拔岳不是傻子，心里害怕，犹犹豫豫不敢应召。

这时，宇文泰就向贺拔岳提议说："您不放心的话，就让我去打探一下情况吧？"

贺拔岳同意了。就这样，宇文泰来见高欢，高欢第一次见到宇文泰，对他很欣赏：没办法，乱世当中人才难得啊，而宇文泰年轻有为，说话应对从容得体，还非常有见识，这样的人才要是能抓在手里的话，那十个关中都不成问题。但可惜，不管高欢怎么热情挽留，宇文泰都坚定地拒绝了他的好意，回到贺拔岳身边。没过多久，贺拔岳去世，宇文泰趁机接管了他的部队，也接手了关中地区。

再来说说北魏的皇帝孝武帝，他本来是一个亲王的儿子，高欢掌权之后，把他扶上台，当起了傀儡皇帝。孝武帝当然不甘心，想要摆脱高欢，又势单力薄。这时候，他想到了宇文泰。孝武帝派人偷偷联系宇文泰，希望和他联手对抗高欢。

有人就给宇文泰提建议：可以把孝武帝迎到长安来，就像当年曹操把汉献帝迎到许昌一样，这样就可以挟天子以令诸侯。

宇文泰也觉得这个办法好，于是赶紧回复孝武帝："我很愿意提供帮助，而且，您也可以到我这儿来嘛。”

孝武帝一听有支援了，高兴得很，立刻带着人马出发了。高欢自然不肯**善罢甘休**，立刻派出大军，想阻止皇帝和宇文泰会合，也想顺便灭了宇文泰。孝武帝一路撒腿狂奔，高欢拼尽全力，愣是没追上。终于，孝武帝到了长安城，宇文泰恭恭敬敬地把他迎进皇宫。

孝武帝满以为自己这次终于能挺直腰板做皇帝了。然而，事实证明，这只是他的**一厢情愿**。因为在这儿，一切都要听宇文泰的。孝武帝彻底绝望了：“原来折腾半天，不过是换了个幕后操纵者，傀儡命还是没变啊！”

既然改变不了命运，孝武帝**心灰意冷**，决定：从今以后再也不跟自己过不去了，要好好享受人生。从此，他就光吃喝玩乐，啥也不管了。

宇文泰很不高兴，跟他说：“您贵为天子，应该给天下人做个表率不是？怎么能这么乱来呢？”孝武帝懒得理他，行为越来越不像话。宇文泰一气之下，毒死了孝武帝，扶持南阳王元宝炬上台，史称西魏文帝。而在前一年，高欢在邺城另立了一个小皇帝。北魏自此分裂为东魏和西魏。

## 历史考点

公元 534 年，北魏政权分裂。大将军高欢立东魏帝，定都邺城；第二年，宇文泰立西魏帝，定都长安。

## 语文考点

一厢（xiāng）情愿

指只是单方面的愿望，没有考虑对方是否同意，或者客观条件是否具备。

例句：你要竞选班干部，为同学们的学习和生活服务，这种愿望是好的，但也要考虑到同学们对你的认可度，如果光是你的一厢情愿，那可没法竞选成功。

# 39 高欢立东魏帝

xūn
权势熏天

权力和势力非常大。

yōu
攸

相当于“所”，如“利害攸关”“性命攸关”。

zhào
兆

预兆。也作数量单位，如“亿兆”。

cuān duo
撺掇

从旁鼓动人（做某事）；怂恿。

公元534年，北魏权臣高欢立年仅十一岁的元善见为帝，即魏孝静帝，建都邺城，东魏开始。

高欢是鲜卑化的汉人，小名“贺六浑”。他足智多谋，掌权后惟才是用，为北齐立国打下了坚实的基础，是北齐王朝的实际开创者。但他又教子无方，他死后，北齐政权暴君辈出，朝政混乱，最终被宇文氏建立的北周消灭。

说到高欢，他跟宇文泰一样，也参加过六镇起义。当时北魏掌权的人是尔朱荣。高欢**见风使舵**，就投靠了尔朱荣。

尔朱荣**权势熏天**，到处都是他的亲信。当时北魏的皇帝元子攸，就是尔朱荣拥立的，皇后就是尔朱荣的女儿。跟众多的傀儡皇帝一样，元子攸也不甘心，为了保住皇权，便暗中联系那些反对尔朱荣的人，商量着要除掉他。

尔朱荣听到风声，却根本不在乎，说：“一个傀儡，还真以为自己有本事吗？”

恰好皇后怀孕了，尔朱荣便**大摇大摆**地跑到洛阳城，来看望女儿。

他一来，元子攸这帮人立马紧张起来，准备趁着这个机会，彻底解决掉尔朱荣。这天，元子攸派人来传话，说皇后马上就要生了，请尔朱荣进宫。尔朱荣脸上乐开了花，赶紧往宫里跑，自言自语："哎呀，我也要当外公了。"

可他万万没料到，刚进宫，还没坐稳呢，一群士兵就突然冲了出来，手里都拿着明晃晃的刀剑。此刻，尔朱荣才意识到自己**大难临头**了。他根本没机会挣扎，就被杀掉了。

不过，虽然尔朱荣死了，但他的家族势力还是很大的。以前尔朱荣还活着的时候，曾经问过大家："如果哪天我死了，你们觉得谁能够继承我的基业？"

大家想都不想，全都回答说："当然是您的侄子尔朱兆了。"

尔朱荣摆摆手，说："尔朱兆不行，他也就**小打小闹**还凑合，真正能够统领我大军的只有高欢一人。"

现在尔朱荣死了，有人就劝尔朱兆，为防后患，最好把高欢除掉。尔朱兆觉得：高欢都不是我尔朱家族的人，要除掉他，那不就是**小菜一碟**嘛！经大家一撺掇（cuān duo），尔朱兆就下了决心，准备趁祭奠尔朱荣的时候收拾高欢。

没想到，高欢是个演技派，一进灵堂就双眼一红，扯开嗓子一顿嚎，眼泪鼻涕齐上阵，一边哭一边说道："大人啊，你怎么死得这么惨啊！"哭得那叫一个动情。

尔朱兆在旁边一看：哎呦，这高欢，有情有义啊！他自己**触景生情**，也红了

眼眶：真是太感人了！高欢这么忠心，我如果把他杀了，岂不是太不厚道了吗？尔朱兆顿时心软了，他不但没杀高欢，还准许对方带兵离开。

他的手下知道后，连忙阻止："您怎么能**放虎归山**呢？再说了，您手下又不缺带兵打仗的人才，杀了他也没什么损失不是？"

尔朱兆被大家这一劝，又后悔了，赶紧带兵追到黄河边，拦住高欢，邀请他来自己的军中相见。高欢好不容易逃出虎口，哪里还肯回去。一会儿说自己肚子疼，一会儿说事务繁忙走不开。尔朱兆也懒得废话了，直接说："你不来算了，我过去总行了吧？"于是，他**单枪匹马**地来见高欢。两人一见面，互相都捡好听的说，听起来都是知心话。

等尔朱兆睡着了，高欢的手下说："现在尔朱兆毫无防备，您怎么还不动手把他除了呢？"

高欢不同意："他们家又不是只有这一个人，今天尔朱兆死了，后边还有好些个'尔朱兆'排队呢。我不杀他，正好可以让他们内斗去，咱们只管**坐收渔翁之利**。"

高欢逃出尔朱兆的控制之后，就在自己的地盘上发展壮大，随后，他趁乱而起，竖起讨伐尔朱氏的大旗，屡战屡胜，把大军开进洛阳城，并且扶立孝武帝做了空头皇帝。

想不到，孝武帝不甘心当傀儡，公开和他决裂，跑去投靠了宇文泰。高欢很郁闷，就在孝武帝逃走的这一年，他找来了孝文帝的曾孙——元善见，把他立为皇帝，史称孝静帝。东魏的历史由此展开了。

## 历史考点

公元 534 年，权臣高欢立东魏帝，东魏的历史开始了。高欢也是北齐王朝的实际开创者。

## 语文考点

放虎归山

把老虎放回它最熟悉的山林。比喻把人放回老巢，留下祸根。

例句：暑假时，小明被送到乡下爷爷家，没了老师管着，父母也不在身边，那可真是神兽出笼，放虎归山了啊！

## 成语迷宫

沿横向或纵向行走，试着找出迷宫中的全部成语。

| 坠 | 地 | 平 | 履 | 如 |
|---|---|---|---|---|
| 乱 | 酒 | 难 | 虎 | 骑 |
| 花 | 天 | 下 | 兴 | 亡 |
| 团 | 清 | 澄 | 夫 | 匹 |
| 锦 | 衣 | 责 | 有 | 胸 |
| 簇 | 玉 | 食 | 成 | 竹 |

答案：1.天下兴亡，匹夫有责；2.澄清天下；3.天花乱坠；4.花天酒地；5.花团锦簇；6.如履平地；7.骑虎难下；8.锦衣玉食；9.胸有成竹。

# 41 高洋建北齐

xù 酗酒

无节制地喝酒。

shú 赎

用钱财换回；用行动抵消、弥补罪过。

lán 力挽狂澜

尽力挽回危险的局面。澜：大波浪。

> 高欢去世后，长子高澄继续掌权。549年，高澄遇刺身亡，弟弟高洋接掌朝政；第二年，高洋迫使东魏皇帝禅位，自己称帝，改国号为齐，史称北齐。
> 高洋在位初期，励精图治，后期纵欲酗酒，残暴滥杀，最终因饮酒过度而暴毙，年仅三十四岁。

东魏皇帝只是傀儡，高欢父子掌控着整个朝廷。高欢死后，长子高澄继续执政。高澄本身很有才能，也不甘心一直当臣子，所以，眼看时机成熟了，开始跟手底下的亲信大臣们研究篡位的事情。

这天，他们又在一起密谋。高澄家的厨房里，有个奴仆叫兰京。这个人可不一般，父亲是南梁的名将兰钦。南梁和东魏打仗的时候，兰京被俘虏了，送到高家来当杂役。

一个名将之子，被别人当仆人使唤，兰京能好受吗？好几次，他提出用重金赎身，高澄就是不同意，还说要杀了他。兰京就跟同伙儿商量，早晚都是一死，不如早点下手。于是，就趁这些人在密谋的时候，兰京闯进来，把高澄给刺死了。

这件事实在太突然了，谁也没想到，东魏**说一不二**的权臣高澄，被家里的杂役给杀了！顿时一片混乱，高氏家族面临巨大危机。

这个时候，有个人站出来力挽狂澜。这就是高澄的二弟高洋。他听说大哥被杀了，立刻赶到案发现场，当场斩杀了兰京这一伙人。控制住局面后，高洋立刻接管了大哥手中的权力。东魏上下的官员都震惊了：这个**从容不迫**的高洋，是他们认识的那个高洋吗？

可以说，之前在高家的子孙中，最不起眼的就是高洋了。没办法，高家盛产帅哥，而据说高洋相貌很普通，跟他那些兄弟比起来，实在是不怎么引人注意。

但高欢在世时，却很欣赏这个儿子。一次，高欢为了考验儿子们的能力，分给每人一团乱麻，让大家想办法解开，看谁解得快。大家**手忙脚乱**，想要把丝麻一根根抽出来，有的把乱麻分成两份，然后再细分。只有高洋，二话不说，直接拔出刀子，把乱麻砍成几截，轻轻松松地就把它理顺了。成语**“快刀斩乱麻”**就出自这里。

高欢一见，当场夸赞他：“孩子，你很有潜力，比我强，老爸我看好你哦。”这话一出口，高澄就不开心了，心说我可是长子，老二你怎么跟我抢风头呢，是不是以后还想跟我抢继承权？从这以后，他就开始留意，不让高洋对自己产生威胁。高洋心里头十分清楚，索性在大家面前**装傻充愣**，不再出风头了。也正因为这样，所有官员都一致认定，高家上下最没出息的就是他。

就连傀儡孝静帝一听说高洋接手权力，都忍不住**开怀大笑**，心说：“我当家做主的日子总算来了啊。”因为孝静帝也受够了高澄的欺负，现在高澄总算死了，他自然很高兴。不过可惜的是，他还没开怀笑上两分钟呢，高洋就领着大队人马进了宫。孝静帝一看，眼前黑压压的都是人，不由得打了个冷战。

高洋**杀气腾腾**地看着皇帝，说：“臣先回晋阳一趟，处理点家事，皇上您就好好在宫里等着吧。”之后，他**装模作样**地拜了两下，转身就走了。

孝静帝当场愣住，内心凄凉无比，好半天，才长叹一声：“高洋这人，比高澄更难对付，看来我是活不长久了啊。”

高洋回去之后，就召集官员，开会商量夺权和治国的事。大家一看，他机敏过人、从容自信，之前高澄**犹豫不决**的事情，现在放在他手里，跟快刀切西瓜一样干脆，全都解决了。大家都暗地称奇：“原来这才是真正的高洋啊。”

高洋**雷厉风行**，很快，朝廷大局就稳定下来。接着，他一点不犹豫，带着人从晋阳出发，到首都逼孝静帝退位。孝静帝早就料到自己有这一天，令人写好禅位的诏书，交给高洋的手下。他本以为，这样就能逃过一死。然而一年之后，高洋为了免除后患，把他毒死了。

公元550年，高洋自立为帝，改国号为齐，高洋就是北齐文宣帝。这一年，高洋年仅二十岁。

## 历史考点

公元 550 年，高洋逼迫东魏孝静帝禅位，自己称帝，改国号为齐，史称北齐。

## 语文考点

### 快刀斩乱麻

比喻抓住关键，迅速、准确地解决复杂问题。

例句：这件事越拖越复杂了，今天我们各方都到一块来，当面说清楚，来个快刀斩乱麻，把事情彻底解决了。

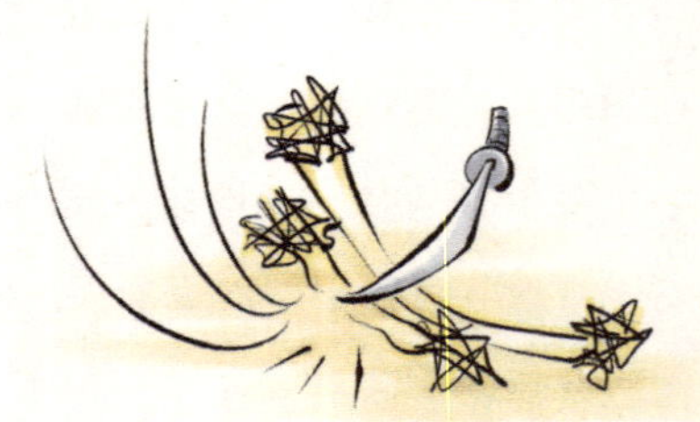

### 宁为玉碎，不为瓦全

高洋称帝后，大肆诛杀东魏皇族。元景皓一家是皇族远房，大家都说，只要改姓高，就可以保全性命，元景皓不同意，他说：“怎么可以为了活命把姓氏都改了呢！大丈夫宁为玉碎，不能瓦全。”这就是成语“宁为玉碎，不为瓦全”的出处。宁愿做玉器被人打碎，也不愿做瓦器而得以保全。比喻宁愿为正义事业牺牲，不愿丧失气节，苟且偷生。

# 42 北周灭北齐

yōng 邕：邕江，水名，在广西；广西南宁的别称。

yūn 赟：美好。多用于人名。

chǎn 阐：讲明，表明。

hú 斛律：复姓。

北齐建立之后的第七个年头，公元557年，西魏这边，宇文泰的第三子宇文觉也废掉皇帝，称帝，定国号周，建都长安，史称北周。

北周与北齐之间连年交战，互有胜负。直到北周武帝宇文邕时，于577年灭掉北齐，统一了北方。但第二年，周武帝英年早逝，儿子宇文赟继位，史称周宣帝。周宣帝昏庸无道，朝政大权落入外戚杨坚手中。

公元581年，杨坚取代北周，建立隋朝，统一北方。589年，隋朝大军南下，陈朝后主陈叔宝投降，陈朝灭亡。大分裂时代结束，中国再次统一。

北周跟北齐可以说是老对手了，相互之间一直看不顺眼，战争就没停过。北周在周武帝宇文邕的带领下，发展得越来越好，但在打仗方面，北齐的将军却没让他们捞着便宜。

北周有位大将军叫韦孝宽。本来，他在北周人气很高，战功卓著。可是，他很不幸，遇到了北齐大将斛律光。斛律光**智勇双全**，在战场上总是略胜他一筹。因此，北周一时之间就是吞不掉北齐。

韦孝宽很有挫败感，他知道，强攻不行，只能智取了。于是，他派人在北齐

境内散播谣言，还编了首歌谣说：“百升飞上天，明月照长安。”“明月”是斛律光的字，这句话就是说斛律光将要取代高家统治北齐。果然，北齐国君高纬上当了，害死了大将斛律光。

这可把周武帝高兴坏了：“还等什么，马上进攻北齐！”

北周的军队特别有效率，一路**高歌猛进**，吓得高纬急忙让位给儿子高恒。也不知道他怎么想的，好像他不当皇帝了，北周就不进攻了似的。很快，北周的大军就**兵临城下**，高恒跟高纬无力抵挡，只得慌忙逃窜。最后仍然被周武帝抓住处死了，北齐王朝就此结束。

吞掉了北齐，周武帝很高兴。可惜的是，对外，他带兵打仗很有一套，但对内，在管教儿子这方面，周武帝可就差多了。

他为了保住自己的江山，一直都对儿子们要求很严格，尤其是对宇文赟。只要宇文赟犯了一点错，他就**不分青红皂（zào）白**，一顿训斥，甚至动用棍棒，打得宇文赟**连哭带喊**地求饶。

武帝还是不放心，派人从早到晚监视儿子的行踪，无论大事小情，都要报告给他。让他万万想不到的是，这么一来，恰恰起了反作用。宇文赟恨得牙痒痒，但为了顺利接管宝座，表面上装得很乖巧，就这样一直忍着。

终于，周武帝死了，宇文赟顺利登基，史称周宣帝。这下子，宇文赟像脱了笼子的野兽，顿时觉得世界变美好了，空气是多么自由、多么新鲜啊！那边周武帝还没安葬，这边他已经在宫里头毫无顾忌地吃喝玩乐了。什么父子情义，什么军国大事，全都抛到**九霄云外**去了。

有大臣看不下去，给他提意见：“皇上，您不能这样啊！这不成体统啊！”

“什么？不能这样？我是皇上！”宇文赟大怒。只要看谁不顺眼，有谁说的话不中听，宇文赟二话不说，杀！更荒唐的是，他给自己同时立了五个皇后，其中就有后来隋文帝杨坚的女儿杨丽华。而且，宇文赟常常想一出是一出。为了显得比父亲更强，他三天两头地要阅兵。把军队召集起来，就为了显摆一下，摆个排场。

他还总想给自己添些好听的名号。当了一年皇帝后，宇文赟觉得很无聊，干脆把皇位让给八岁的儿子宇文阐，自己当了太上皇。他还自封为“天元皇帝”，把自己住的地方取名为“天台”，又命人给自己做了个高高的“通天冠”，天天戴在头上，四处显摆。

荒唐生活的后果很严重。公元580年，才二十二岁的宇文赟就病死了。留下北周静帝宇文阐，年纪太小了，实权也就落到杨坚手里了。581年，杨坚建立隋朝，北周至此结束。

## 历史考点

公元577年，北周武帝宇文邕灭掉北齐，统一了北方。

公元581年，北周外戚杨坚建立隋朝，北周结束。589年，隋朝大军南下，陈朝后主陈叔宝投降，陈朝灭亡。大分裂时代结束，中国再次统一。

## 语文考点

### 青红皂白

皂，指黑色。青、红、皂、白，就是四种不同的颜色，比喻事情的来龙去脉或是非曲直。常用作“不分青红皂白”。

例句：因为路滑，小明摔了一跤，因此上课迟到了。而老师不分青红皂白就批评一通，这让小明觉得很委屈。

## 书读完了，来测验一下你的学习成果吧！

成语迷宫（10分）。沿横向或纵向行走，试着找出迷宫中的全部成语。

| 思 | 蜀 | 犬 | 吠 | 日 |
|---|---|---|---|---|
| 不 | 可 | 破 | 碎 | 理 |
| 乐 | 支 | 离 | 机 | 万 |
| 为 | 尽 | 算 | 关 | 灯 |
| 而 | 力 | 中 | 口 | 青 |
| 信 | 口 | 雌 | 黄 | 卷 |

成语理解（每题5分）。

1. 成语“信口雌黄”中，“雌黄”指的是（ ）？

A. 实际生活中不存在的事物　　B. 用来涂改文字的颜料

2. 成语“闻名遐迩”中，“遐迩”的意思是（ ）？

A. 远和近　　B. 上和下　　C. 过去和现在

3. 成语“分道扬镳”中，“镳”的本义是（ ）？

A. 旗帜　　B. 马的脑袋　　C. 马嚼子

4. 成语“天下兴亡，匹夫有责”中，“匹夫”指的是（ ）？

A. 有勇无谋的人　　B. 马车夫　　C. 平民百姓

5. 成语“青红皂白”中，“皂”的意思是（ ）？

A. 肥皂　　B. 皂荚　　C. 黑色

6. 成语“面面相觑”中，“觑”的意思是（ ）？

A. 看　　B. 怒视　　C. 鄙视

连连看（每题 4 分）。将下列成语的前后句正确地连起来。

| | |
|---|---|
| 姜太公钓鱼 | 愿打愿挨 |
| 周瑜打黄盖 | 不为瓦全 |
| 不飞则已 | 愿者上钩 |
| 司马昭之心 | 一飞冲天 |
| 宁为玉碎 | 路人皆知 |

连连看（每题 4 分）。将历史人物和对应的典故，正确地连起来。

| | |
|---|---|
| 刘　禅 | 风声鹤唳 |
| 司马伦 | 快刀斩乱麻 |
| 王　衍 | 乐不思蜀 |
| 苻　坚 | 狗尾续貂 |
| 高　洋 | 信口雌黄 |

选择题（每题 10 分）。

1. 下列战役属于以少胜多、以弱胜强的是（　）？

A. 官渡之战　　B. 赤壁之战　　C. 淝水之战

2. 下列属于南方政权的有（　）？

A. 东晋　　B. 东魏　　C. 南陈

参考答案

成语迷宫：1. 乐不思蜀；2. 蜀犬吠日；3. 日理万机；4. 机关算尽；5. 尽力而为；6. 乐不可支；7. 支离破碎；8. 信口雌黄；9. 黄卷青灯；10. 口中雌黄。

成语理解：1.B；2.A；3.C；4.C；5.C；6.A。

选 择 题：1.ABC；2.AC。

你的得分：________

图书在版编目（CIP）数据

陪孩子玩转中国史 . 2，魏晋南北朝简史 / 文海 编著.—北京：东方出版社，2022.3

ISBN 978-7-5207-2465-4

Ⅰ . ①陪… Ⅱ . ①文… Ⅲ . ①中国历史－魏晋南北朝时代－青少年读物 Ⅳ . ① K209

中国版本图书馆 CIP 数据核字（2022）第 002067 号

陪孩子玩转中国史 2：魏晋南北朝简史
(PEI HAIZI WANZHUAN ZHONGGUOSHI. 2，WEI JIN NANBEICHAO JIANSHI)

编　　著：文　海
责任编辑：辛春来
策　　划：闫　冬
封面设计：后声文化・胡振宇
美术设计：壹点插画工作室
插画绘制：王梦婕　贾迎欣　刘　冲
艺术指导：李朋威　李春华
出　　版：东方出版社
发　　行：人民东方出版传媒有限公司
地　　址：北京市西城区北三环中路 6 号
邮　　编：100120
印　　刷：三河市嘉科万达彩色印刷有限公司
版　　次：2022 年 3 月第 1 版
印　　次：2022 年 3 月第 1 次印刷
印　　张：24（全六册）
开　　本：700 毫米 ×1000 毫米　1/16
字　　数：350 千字（全六册）
书　　号：ISBN 978-7-5207-2465-4
定　　价：120.00 元（全六册）
发行电话：(010) 85924663　85924644　85924641

文海 编著

# 陪孩子玩转中国史 2

## 隋唐五代简史

人民东方出版传媒
People's Oriental Publishing & Media
東方出版社
The Oriental Press

# 图说历史

**隋朝的统一与灭亡**
581—618
上承南北朝，下启盛唐
国力强盛
是当时世界的一流强国

**杨坚称帝**
581—604在位
结束分裂、统一中国
创造“开皇之治”

**隋炀帝的覆亡**
604—618在位
亡国之君，被乱兵所杀

**唐朝建立**
618—907
存续290年
中国历史上最繁荣和
开放的朝代之一

**李渊晋阳起兵**
618—626在位
扫清隋末割据势力
统一全国

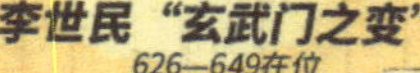

**李世民“玄武门之变”**
626—649在位
通过血腥政变上台
开创唐朝第一个盛世
“贞观之治”

**则天女皇革命**
690—705在位
取代唐朝，建立武周政权
中国历史上唯一的女皇帝

**青年李隆基**
712—756在位
创造“开元盛世”
把唐朝带上鼎盛时期

**“救时宰相”姚崇**
650—721
唐朝四大贤相之一

隋唐五代
安史之乱
755—763
唐朝由盛转衰的转折点
长乐老冯道
882—954
历仕四朝十帝
世称“十朝元老”
唐文宗与“甘露之变”
826—840在位
835年，唐文宗欲诛杀宦官
反被控制
史称“甘露之变”
“小太宗”李忱
短暂中兴
846—859在位
创造“大中之治”
安重荣：天子
兵强马壮者为之
？—942
后唐、后晋时期的将领
黄巢起义
约878—884
唐末历时最久
后果最严重的农民起义
朱温篡唐
907—912在位
后梁政权的建立者
五代
五代乱局
907—960
中国历史上
又一个大分裂时期

# 目录

隋朝是一个承上启下的朝代。它和秦朝一样，虽然短暂，却很重要。

隋文帝杨坚，后人往往说他的皇位得来最易，但有一点毋庸置疑，杨坚本人能力很强，在皇帝这个岗位上做得也很出色。在他的治理下，出现了“开皇之治”。

“前人栽树，后人乘凉”，随之而起的唐朝接收了隋朝的诸多政治遗产，也接收了隋朝创造的经济基础。在太宗、武则天、玄宗等时期，唐朝向全世界展示了它繁荣、强大、自信和开放的特质。给人的印象是：此刻，世界的中心在大唐，在长安。

安史之乱重创了大唐，也间接开启了唐末的藩镇割据。藩镇割据演化到极致，便是五代十国，政权林立，攻伐不休。

# 隋朝的统一与灭亡

公元581年，北周静帝禅位于丞相杨坚，北周覆亡。杨坚定国号为“隋”，定都大兴城（今西安）。杨坚就是隋文帝。公元589年，隋军南下灭陈，统一中国，结束了长期分裂的局面。

在中国历史上，隋朝和秦朝非常相似：都是二世而亡，存续的时间很短（隋朝是38年，秦朝是15年）；都是开局辉煌，结局惨淡；秦始皇、隋炀帝都被视作中国皇帝的反面典型。后世对这两个朝代的评价也相似，一方面是猛烈抨击、贬低，一方面又不得不承认它们对后世影响深远。隋朝上承南北朝，下启盛唐，它确定了三省六部制，开创了科举取士制，被后世朝代继承；它开通的大运河，使后世长期受惠。

隋文帝是一位值得称道的皇帝，他励精图治，开创了开皇之治的繁荣局面。隋朝疆域辽阔，国力强盛，是当时世界的一流强国。继任的隋炀帝则背负无数骂名，他上台后，好大喜功，不恤民情，三征高丽，数下江南，其骄横和奢靡（mí），令人侧目。公元618年，隋炀帝在江都（今扬州）行宫被乱兵所杀，隋朝灭亡。

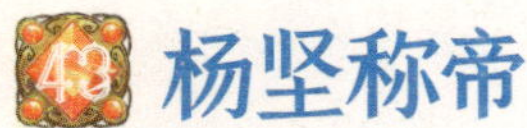

# 杨坚称帝

**发怵**（chù）

胆怯，心里害怕。

**如愿以偿**（cháng）

愿望得到满足。偿：满足。

**嘘寒问暖**（xū）

嘘寒：呵出热气使受寒的人温暖。意思是殷勤地询问别人的生活情况，表示对别人生活的关心。

**胄**（zhòu）

头盔，常用词“甲胄”（铠甲和头盔）。也有“后代子孙”的意思，常用词“贵胄”（帝王或贵族的后代）。

杨坚出身富贵，家里世代为官，父亲还曾经跟随北周太祖宇文泰作战，是北周的开国功臣。杨坚从小积极上进，是个好学生、好孩子。长大后，更是能力超群，承袭了父辈的爵位。跟前辈们一样，因为能力强，他也被很多人忌妒。这些人当中就有当时的北周武帝宇文邕（yōng）。

有官员跟武帝说：“杨坚气度非凡，我每次看见他，心里就直发怵。皇上，为了您的江山着想，可得多留心他呀。”

从那之后，武帝对杨坚就更加提防了，还专门找来看相的高人赵昭，让他偷偷地给杨坚看相。没想到的是，赵昭跟杨坚关系很好，他**装模作样**地给杨坚看完相后，跟武帝汇报说：“杨坚这人不过就是长相奇怪了点儿，我看他也就是能借着老祖宗的福荫，当个将军吧。”

武帝听了，这才放下心来。武帝死后，儿子宇文赟（yūn）登上皇位。宇文赟娶了杨坚的女儿杨丽华，立为皇后。在对待杨坚的问题上，他跟父亲周武帝惊人地相似，一直害怕杨坚作乱。

有一次，宇文赟对杨丽华说：“早晚有一天，我要把你们杨家人统统杀光！”

杨坚吓坏了，整天**提心吊胆**。幸运的是，宇文赟在皇位上折腾了一年，就主动让位给儿子宇文阐，没多久，自己就去世了。杨坚的春天就此来到。

周静帝宇文阐是个八岁的小孩儿。杨坚马上出场，联络掌管机密的汉族大臣、老同学郑译等人，假称受遗诏辅政，以外戚的身份控制了北周朝政。杨坚的得势激起了宇文家族的反对，赵王宇文招反应最大，总想除掉杨坚。

一天，宇文招邀请杨坚来家里喝酒，想借机行刺。杨坚带了几个侍卫去赴约。见了面，宇文招特别热情，又是**嘘寒问暖**，又是拿出**奇珍异果**来招待。杨坚的侍卫元胄很警觉，心里觉得不太对劲儿：平常这家伙也不这样啊，肯定有问题。

这时候，杨坚已经坐下了。宇文招更热情，拿出刀来，亲自切甜瓜给他吃。屋里还有宇文招的两个儿子和小舅子，这几个人早就商量好了，只要宇文招一下令，就会冲上前擒杀杨坚。

元胄守在门口，一直留意屋里的动静。他见宇文招拿出刀来，直觉不妙，就跨进屋来，跟杨坚说："大人，夫人让你回家吃饭，咱们快点走吧！"杨坚没在意。

宇文招在旁边陪着笑脸说："我一直都很仰慕大人的才华，今天好不容易有空闲，还回家吃什么饭呢？你放心，待会我一定拿好酒好菜招待。"

元胄啥也不管，一直劝杨坚快走。就在这时，突然有下人进来通报，说有客来访。杨坚也就跟着起身，一同出去拜会。

元胄连忙凑到他耳边，小声说："今天形势有点古怪，恐怕宇文招想害你。"

杨坚不信，说："不会吧，他现在虽然是个王爷，但是也没有实权，能把我怎么样？"

刚说完，就听到房间里面隐约传来轻微的兵器碰撞声。杨坚惊出一身冷汗，急急忙忙地说："我回家吃饭吧，先走一步了！"

说着就往屋外跑去。宇文招见情况不对，跟着站起来，拿刀就要追杀。元胄挡在门口，怒目圆睁，吓得宇文招后退半步。杨坚趁机拼命跑出王府，元胄紧随在后，两人顺利逃脱，匆匆跑回家去了。

没几天，杨坚就假借皇帝的名义，以谋反罪处死了宇文招等人。而宇文家族经过他的连番打压，在朝中也渐渐丧失了话语权。

公元 581 年，军政大权一把抓的杨坚，终于**如愿以偿**，让静帝禅位，自己登基为帝，改国号为隋，史称隋文帝。

**历史考点**

公元 581 年，杨坚称帝，定国号为"隋"，定都大兴城。杨坚即隋文帝，他统治时期，开创了"开皇之治"的繁荣局面。

公元 589 年，隋军南下消灭陈朝，统一中国。

## 语文考点

### 骑虎难下

杨坚对于要不要自己做皇帝，很犹豫，妻子独孤氏对他说：“大事已然，骑兽之势，必不得下。”事情已经到了眼下这种情况，你就跟骑在凶猛的老虎身上一样，想停下来都不行。比喻事情陷于困境但又不能停止，进退两难。

例句：我原本没想过要参赛，但被老师当着全班人的面这么说，骑虎难下，只得咬着牙开始准备。

### 一衣带水

意思是一条衣带那样狭窄的水；指虽有江河湖海相隔，但距离不远，不足以成为交往的阻碍。出自《南史·陈纪下》。北周和陈朝以长江为界。杨坚代北周建立隋朝后，决心灭掉陈朝，曾说：“我是全国老百姓的父母，难道能因为有一条像衣带那样窄的长江隔着，就看着南方百姓受苦而不拯救他们吗？”后来人们就用“一衣带水”来比喻只隔了一条狭窄水域、靠得非常近的两地。

## 成语迷宫

从“入口”开始，沿横向或纵向行走，经过的路线必须可组成成语，直到成功到达“出口”。

| | | | | | |
|---|---|---|---|---|---|
| | 可 | 摧 | 枯 | 拉 | 朽 |
| | 不 | 一 | 术 | 心 | 木 |
| 入口→ | 坚 | 衣 | 不 | 铭 | 不 |
| 出口← | 杨 | 带 | 正 | 骨 | 可 |
| | 穿 | 水 | 经 | 刻 | 雕 |
| | 步 | 百 | 八 | 篆 | 虫 |

1. 写下你认为的正确路线：
2. 来试试你能找出多少个成语吧！

答案：1.坚不可摧；2.摧枯拉朽；3.朽木不可雕；4.雕虫篆刻；5.刻骨铭心；6.心术不正；
7.正经八百；8.百步穿杨。
一共9个成语哦；9.一衣带水。

# 44 隋炀帝的覆亡

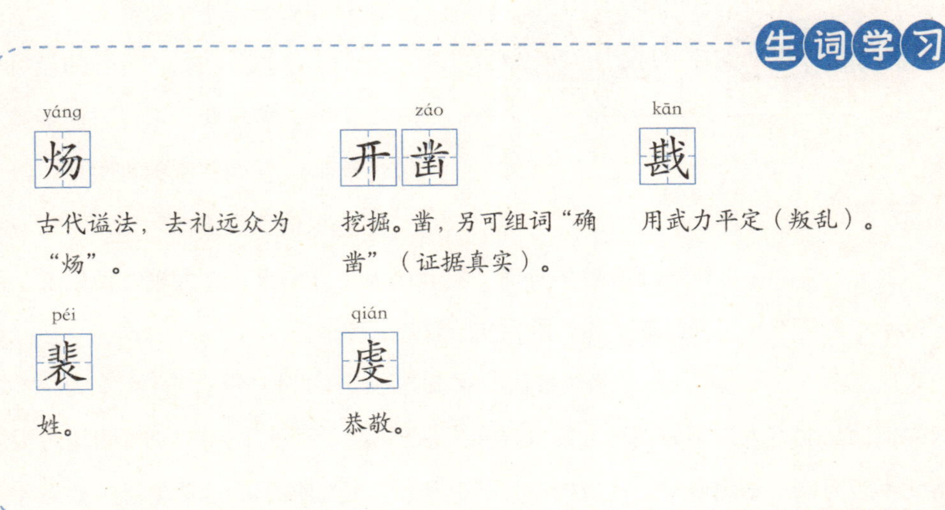
生词学习

yáng 炀

古代谥法，去礼远众为“炀”。

záo 开凿

挖掘。凿，另可组词“确凿”（证据真实）。

kān 戡

用武力平定（叛乱）。

péi 裴

姓。

qián 虔

恭敬。

隋文帝杨坚是一位英明的君主，却做了一件蠢事，那就是让儿子杨广继位。本来，最开始立的太子，是长子杨勇。杨勇知书识礼，没有啥心计；而杨广呢，**很有城府**，在大家面前装得有模有样的，又节俭朴素，又谦虚谨慎。于是，隋文帝上了当，废了杨勇的太子之位，改立杨广。

就这样，杨广**费尽心机**，骗过了父亲，登上了皇位，即隋炀帝。这一下，隋朝的老百姓可遭了殃。因为，这杨广太任性了，把治理国家当儿戏。每天沉迷酒色，到处修建宫殿花园、亭台楼阁，随意摊派收税，抓壮丁出劳力，为他开沟挖渠，根本不顾人民死活。

他年年都要出游，这出游可不是就去城郊转一圈，而是要离开京城，去江都（扬州）这种江南好风光的地方感受**鸟语花香**。兴致一来，他还非要一路坐船下江南。为了开凿运河，老百姓被累死的，**不知凡几**。更可怕的是，杨广接连发动三次对高丽的战争，战士、民夫死伤无数。

这样一来，人民的不满与日俱增，大家觉得，与其这样被累死、饿死，还不如起来反抗皇帝，说不定还能有一条活路。所以，在杨广统治的最后几年，各地纷纷起义。而隋炀帝呢，躲在江都的宫殿里，继续纵情享乐着。

公元 618 年，在隋炀帝宫殿的外面，有几个人正在密谋一件大事。他们就是皇帝亲军的侍卫长司马德戡，和大臣元礼，以及裴虔通。

这三个人，从几年前跟随隋炀帝从中原来到江都，就从来没有开心过。为啥？因为他们是北方人，不习惯南方的气候和生活环境，一直想回中原。可隋炀帝根本就不想回去，不想面对他造成的烂摊子。所以，他们很担心这辈子恐怕要老死在江南了。再加上各地起义不断，眼看隋朝的统治已经摇摇欲坠，于是三人决定造反。

这时的隋炀帝其实也知道外面的局势已经很乱，但他无能为力，只想像个鸵鸟一样，把脑袋埋进沙子里，对外面的事情充耳不闻。有人跟他报告各地有人造反了，隋炀帝不去处理造反的人，反而嫌报告消息的人动摇军心，命人拖出去杀了。

不过，隋炀帝自己也有预感，恐怕大事不妙，因而整天胆战心惊。他为自己备下了毒酒，一想到未来的命运，他就特别恐惧，连睡觉都常常惊醒。他常常拿着镜子照来照去，对身边的人说："好头颅，谁来取？"（我肩上这颗好脑袋，不知道将来会被谁摘走？）

这一天真的来了。公元 618 年农历三月的一天，黎明时分，司马德戡等人带领军队冲进了皇帝的寝宫。隋炀帝被吵闹声惊起来，忙问是怎么回事。

守卫回答说："有人谋反。"

隋炀帝大吃一惊："谁？谁谋反？"

守卫告诉了他。

隋炀帝很吃惊："我之前怎么不知道？"

守卫可淡定了，回答："我们早知道了。"

隋炀帝大怒："那你怎么不早说？"

守卫回答："要是早说了，我现在还能站在你面前吗？"

隋炀帝顿时**百感交集**。这时候，乱兵已经杀到了门口。他立即换了服装，藏了起来。但是，宫殿里到处都是乱军，他根本藏不住。天亮之后，他被活捉了。不久就被带到乱军中间，首领宣布他的罪状，然后下令，要把他勒死。

隋炀帝请求说："我是皇帝，皇帝就该有皇帝的死法，给我一杯毒酒吧。"

乱军没答应，最终，隋炀帝还是被勒死了。死时五十岁，连一口像样的棺材都没有。萧皇后和宫人把床板拆了，偷偷做了一口棺材，把他埋葬了。身为一国之君，下场竟如此凄惨，隋炀帝在九泉下，是怨谋反的人呢，还是该怨自己呢？

## 历史考点

公元 618 年，江都兵变，隋炀帝杨广被乱军所杀。隋朝灭亡。

## 语文考点

### 罄竹难书

罄（qìng），完，尽。竹，指古代的书写用纸。用了很多纸也写不完（某人的罪行）。隋炀帝坏事做得太多，有人批评他是"罄南山之竹，书罪未穷；决东海之波，流恶难尽"。纸写不完他的罪，海水冲不尽他的恶。

例句：拐卖小孩的惯犯被抓后，供出了大量犯罪记录，真是恶迹斑斑，罄竹难书！

# 唐朝的建立与唐初变局

隋炀帝昏庸无道，各地纷纷起义。出身于北周关陇贵族家庭的李渊也在晋阳（今山西太原）起兵，迅速攻取长安，立隋炀帝之孙杨侑（yòu）为帝，遥尊隋炀帝为太上皇，自领大丞相，加封唐王。公元618年，江都兵变的消息传到长安，李渊逼杨侑禅位，自立为帝，建立唐朝，李渊即唐高祖。

唐朝建立后，先后扫除各支起义队伍和地方割据势力，统一了全国。中国由此进入一个较长的稳定时期，恢复生产，安定民生，社会经济获得了很大的发展。

唐朝是继隋朝之后的大一统中原王朝，疆域空前辽阔，国力强盛，社会面貌积极向上，中外交流频繁，文化、艺术也呈现出多元化、开放性等特点，名家辈出。这是一个繁荣而灿烂的时代。

公元626年，唐高祖的二儿子李世民发动“玄武门之变”，杀死太子李建成，逼父亲退位，夺取了政权。李世民即唐太宗，改年号为贞观。他登基之后，吸取隋朝灭亡的历史教训，勤于政事，虚心纳谏，开创了唐朝第一个盛世，史称“贞观之治”。

另一个变局发生在唐太宗的儿子唐高宗时期。唐高宗时，皇后武则天崛起，她与高宗并称“二圣”，参与朝政。高宗驾崩后，武则天以太后身份摄政。公元690年，她正式称帝，改国号为周，定都洛阳，史称“武周”。这是中国历史上唯一的女皇帝。

武则天智略过人，强势果断；知人善任，重视选拔人才；开创殿试、武举及试官制度。但同时兴起“酷吏政治”，晚年独断专行。公元705年，宰相张柬（jiǎn）之等趁她病重，发动“神龙革命”（“神龙”是年号），拥立唐中宗复辟。武则天被迫退位，唐朝继续回到历史的正轨上。

# 李渊晋阳起兵

yòu 侑：助兴，劝人（吃喝）。

jiǎn 柬：信件、名帖等。

wàng 轻举妄动：没有经过仔细考虑，就轻率地行动。

jì 寂：静默，没有声响。也指孤单，冷冷清清。

说起李渊，很多人都知道，这是唐朝的开国皇帝。隋朝就是被李渊带着几个儿子给打没了的。其实李渊跟隋朝的皇帝是亲戚。李渊的母亲，跟隋炀帝杨广的母亲独孤皇后是姐妹，所以，两家是近亲。李家世爵唐国公。

李渊从小就不一般。长大了，为人更有风度，性格也很开朗，对身边的人宽容大度，不计较。所以，大家都很喜欢他，愿意跟他交往。因为身份和性格的关系，李渊非常受皇帝的器重，让他担任太原留守，相当于太原防卫司令。隋炀帝在太原的晋阳行宫，也交给他管理。

这时的隋朝，因为隋炀帝的**昏庸无道**，已经是一团乱了。普通百姓、地方豪强、贵族军阀，纷纷加入起义这个大队伍里来。李渊心里也有想法，但他为人谨慎，在没有成熟计划之前，不敢**轻举妄动**。

李渊有好几个儿子，其中，二儿子李世民智勇双全，很有远见。李世民觉得，隋朝肯定是要灭亡了，**识时务者为俊杰**，应该早点做打算。于是，李世民开始结交人才，那些有本事、有头脑、有志向的人，他都尽力网罗到自己这里来。这其中，就包括晋阳令刘文静，和管理晋阳宫的二把手裴寂。

刘文静为人豪爽洒脱，特别聪明。裴寂膀大腰圆，喜欢喝酒玩乐。这两个人是好朋友，经常在一起喝酒。刘文静非常看重李世民，常跟裴寂说："唐国公的二公子，不是平常之人。二公子豁（huò）达大度，就像当年的汉高祖刘邦一样；做起事来英武果断，就像魏武帝曹操一样。别看年纪轻，将来一定是扬名后世的人物。"

裴寂开始并不怎么认可，但跟李世民接触多了，对他也很看好。

眼看着各地的起义风起云涌，而隋炀帝被围困在江都，已无力回天。李世民认为，不能再等了，机会一旦失去，就再也没有了。于是，他跟刘文静、裴寂开始密谋造反，并商量了一个计策，逼迫谨慎的李渊不得不迅速起兵。裴寂和李渊关系好。这天，裴寂请李渊喝酒，故意把他灌醉，然后从晋阳宫中选出几个美女，让她们假意为李渊侍寝。第二天，李渊醒来后，惊出一身冷汗：晋阳宫是皇帝行宫，官员让宫女侍寝，可是欺君大罪，要掉脑袋的！裴寂、李世民几个就说："一样是要掉脑袋，不如起兵反隋吧！"

李渊骑虎难下，决定起兵。

就这样，李渊带着几个儿子，从太原一直打到隋炀帝的老窝长安城。进入长安后，李渊扶立隋炀帝的孙子杨侑为帝。杨侑才十四岁，无依无靠，大权自然掌握在李渊手上。618 年，隋炀帝身死的消息传来，李渊当即让杨侑退位，自己登基做了皇帝，国号唐，李渊就是唐高祖。

## 历史考点

公元618年，李渊建立唐朝，定都长安，李渊即唐高祖。

## 语文考点

### 识时务者为俊杰

意思是能认清时代潮流形势的、聪明能干的人，才能成为英雄豪杰，成为出色的人物。后也泛指根据形势而作出改变。

例句：你的力气不如他，就不要掰手腕了，识时务者为俊杰嘛！

## 成语迷宫

入口→ 第三行（风）；出口← 第四行（花）

| 过 | 天 | 晴 | 天 | 霹 |
|---|---|---|---|---|
| 雨 | 兼 | 程 | 门 | 雳 |
| 风 | 依 | 马 | 立 | 雪 |
| 花 | 春 | 代 | 刀 | 上 |
| 雪 | 月 | 秋 | 横 | 加 |
| 虹 | 如 | 势 | 气 | 霜 |

1. 写下你认为的正确路线：
2. 来试试你能找出多少个成语吧！

答案：1、风雨兼程；2、程门立雪；3、雪上加霜；4、霜气横秋；5、秋月春花。
一共11个成语哦：6、雨过天晴；7、晴天霹雳；8、横刀立马；9、代马依风；
10、风花雪月；11、气势如虹。

# 46 李世民与“玄武门之变”

李渊起兵灭隋，虽然几个儿子都出力了，但其中二儿子李世民功劳最大，战功赫赫，声望隆盛。包括晋阳起兵这个计划，也是李世民提出来的。李渊曾许诺李世民，会立他为太子。但是天下平定后，李渊变卦了，遵循传统习惯，立长子李建成为太子。当然，他知道李世民**功不可没**，就封李世民做秦王，还有很多其他的赏赐。同时，儿子李元吉也很能干，李渊封他为齐王。

这李建成和李元吉，当然知道李世民有本事，在朝中大臣和天下百姓的心中，威望特别高。所以心里很嫉妒，对李世民很提防。俩人结成一伙儿，处处针对李世民，又在李渊跟前说李世民坏话，说他自恃功劳，不把皇帝老爸放在眼里。甚至还在李世民的酒里下毒，想害死李世民。

李渊这人，有一个优点，为人谨慎；相应地，也就有一个缺点，优容寡断，下不了决心。他明知道几个儿子之间有矛盾，但是下不了决心来解决这件事。今天李建成和李元吉说李世民不好，他就把李世民骂一顿；明天李世民说李建成和李元吉有错，他就把这俩儿子骂一顿。时间一长，仨儿子之间矛盾越来越大。

太子身边有大臣给**出谋划策**，其中就包括大家都熟悉的名臣魏徵。李世民这边更是**人才济济**，文有房玄龄、长孙无忌，武有尉迟恭、秦琼等，个个都是能人。双方**明争暗斗**，一直到武德九年六月，也就是公元 626 年 7 月。

当时，少数民族突厥进犯大唐。李建成就跟李渊说，应该让齐王代替秦王来统率大军迎战。李渊同意了。李元吉一听，机会来了，于是跟李渊要求说，秦王府里的将士都**骁勇善战**，希望皇上能把尉迟恭、秦琼几人拨给我。原来，李建成跟李元吉商量好了，要趁着给军队饯行的时候，把李世民和他的这些手下人全都杀掉。

本来这计划**天衣无缝**。想不到的是，太子身边早就被李世民安插了眼线。这边话刚说完，那边李世民就知道了。情况万分紧急，李世民府中众人密谋之后，定下计谋。

这天，李世民进宫，向李渊告发太子的阴谋。李渊很生气，传令太子和齐王进宫对质。李建成听说李世民进了宫，当即也坐不住了，忙拉着李元吉一起进宫，准备逼李渊表态。

俩人骑着马，带领一小队士兵，往玄武门这边来。这玄武门，是长安城太极宫的北宫门。守卫这里的禁军首领叫常何，是李建成的亲信。所以，李建成根本没防备。可是他万万没想到，常何早就被李世民收买了。

李元吉先警觉了，说："大哥，今天这里感觉不对啊。"

李建成一听，**不由自主**地打了个寒战，说："那先不进宫了，咱们快回去。"

说着，俩人掉转马头要走。突然听见身后有人喊他们，回头一看，正是李世民，领着一群士兵，正向他们靠近。俩人当时就心虚了。李元吉张弓搭箭要射李世民，可是太慌张了，连着几箭都射偏了。李世民也拉开弓箭，一下射中李建成。太子当场就死了。

太子一死，场面更乱了，一片混战。李世民的马受了惊，把他给摔下来。李元吉立刻冲上去，想用弓弦把李世民勒死。尉迟恭看见了，急忙策马飞奔来救驾。

要说李元吉，那也是猛将，但是偏偏就怕尉迟恭。因为当年二人比试过，李元吉三战三败。所以，李元吉知道打不过，转身就跑。尉迟恭立刻拉弓射箭，把李元吉也射杀了。尉迟恭又割下李建成的头颅示众，东宫和齐王府的人一看，主子都没了，还打啥?

李世民让尉迟恭进宫担任警卫。尉迟恭身披铠甲，手拿长矛，径直闯进宫里。当时李渊还在花园里划船呢，一看尉迟恭**来势汹汹**，吓了一大跳："爱卿啊，这是出啥事儿啦?"

尉迟恭大声说："陛下，太子和齐王造反了，秦王正在带兵剿灭叛党，特命我来保护皇上。"

李渊一听，明白了。这是谁造反还不好说呢！事已至此，又能怎样？

李渊只能认命了，很快就下诏，立李世民为太子，军国大事全都交给太子处理。没过多久，他又禅位给太子，自己称太上皇，退休了。

就这样，李世民登基，改年号贞观，史称唐太宗。他统治时期，史称“贞观之治”。

## 历史考点

公元 626 年，李世民发动政变，杀死太子李建成、齐王李元吉，史称“玄武门之变”。

唐太宗李世民在位期间，政治清明、经济复苏、文化繁荣，史称“贞观之治”。

## 语文考点

从谏如流

形容能很快地接受别人的规劝，像水从高处流到低处一样顺畅自然。原句“从谏如顺流”，出自汉代班彪的《王命论》。唐太宗李世民以隋炀帝拒谏亡国为戒，扩大谏官权力，鼓励群臣向他提意见。著名的大臣魏徵，进谏二百多次，在朝堂上直陈皇帝过失，多次让唐太宗下不了台。但唐太宗依然对他很优容、敬重。

例句：他进步很快，是因为虚心听取意见，简直是从谏如流！

# 47 则天女皇革命

cōng 骢：毛色青白相间的马。

jié 竭力：尽全部的力量。

yǒng 踊跃：情绪高涨，争先恐后。

唐太宗李世民带领着一群文武贤臣，共同开创了“贞观之治”。天下越来越太平了，万国臣服。

吐蕃知道太宗爱马，就派人给他送来了一批好马，其中有一匹宝马，名为“狮子骢”，长得膘肥体壮，四肢强劲有力，但性情暴烈，很难驯服。

一天，太宗**兴致勃勃**地带着宫中的妃嫔（pín）去看马。他指着那匹狮子骢说道：“朕非常喜欢这匹烈马，但它野性难去，你们当中谁能想出办法来制服它，朕重重有赏。”

这些妃嫔个个娇弱，面对烈马，都不敢说什么。这时候，一个年轻美丽的女子站了出来，大声说道：“陛下，我有办法。”

太宗一看，这女子**神采飞扬**，就好奇地问道：“你有什么办法？”

女子笑道：“我的办

法很简单，只要陛下能赐我三样东西。我需要铁鞭、铁锤和匕首。先用铁鞭抽它；如果不服就用铁锤敲它的脑袋；还是不服的话，就用匕首割破它的喉咙。”

说完，女子直视太宗，眼里一点畏惧都没有。太宗很震惊，想不到一个女子能说出这些话来。这女子是谁呢？她就是后来的女皇武则天。武则天是功臣之后，十四岁进宫，赐号“武媚”（“武媚娘”的称呼就是这么来的）。太宗虽然欣赏她的坚毅勇敢，但是最爱女子的贤德，所以武则天一直不得宠。但是有一个人，太子李治，跟她年纪相当，很喜欢她。

公元649年，唐太宗去世，按照规定，妃子中没有子女的都要到感业寺出家当尼姑，武则天也在其列。于是，她心不甘情不愿地进了感业寺。过了几年，唐高宗去感业寺上香，再次遇上武则天，旧情复发。说来也巧，当时高宗的后宫中，王皇后和萧淑妃两人争斗得厉害。王皇后知道高宗喜欢武则天后，为了壮大自己的战斗阵营，就把武则天迎回宫中。她不知道的是，正是这名女子很快夺走了她的皇后之位，也窃夺了李唐的万里江山。

武则天从小就**与众不同**，聪慧灵秀，**胆识过人**。这次能够进入高宗的后宫，对她来说有如**枯木逢春**，所以她竭力抓住机会，施展权谋手段，很快就在宫中过得**风生水起**。

为了她，高宗废掉王皇后，改立武则天为皇后。武则天的政治才能也得以充分显露出来，她帮助体弱多病的高宗处理国家大事。时间一长，武则天手中的权力越来越大，并掌握了一批听命于她的大臣。

高宗去世后，唐中宗李显继位。李显一上台，想重用妻子韦皇后的父亲。大臣劝谏说此举不符合规定，李显生气了，

说："我是皇上，即使我把天下都封给他，又怎样？"

武则天知道后，非常生气："这儿子也太不懂事了！"于是**当机立断**，把李显废为庐陵王，赶出都城，囚禁起来。让另一个儿子李旦当皇帝，即唐睿宗。

李旦一看哥哥这下场，知道自己就是个傀儡皇帝，朝廷大事还是母亲说了算。而武则天呢，野心越来越大，只是用太后的名义来摄政，已经不能满足她了。她准备自己当皇帝！在有心人的鼓动下，全国各地纷纷出现祥瑞，各类身份的人踊跃上书，请求武则天当皇帝。就连皇帝李旦都主动退位，请求改姓武。

公元 690 年，武则天宣布改唐为周，称帝，定洛阳为神都。史称"武周革命"，武则天成为中国历史上唯一的女皇帝。

为了镇压反对她的人，武则天实行"酷吏统治"，很多忠于唐室的官员遭到清洗。著名的"请君入瓮（wèng）"的故事就是发生在这一时期。但是，虽然武则天登上权力巅峰的过程不乏阴谋和血腥，但她作为一位皇帝，仍然是非常英明和有为的。她统治时期，实行了很多措施来改革朝政，国家的实力进一步增强，为后来唐玄宗时期的"开元盛世"打下了良好的基础。可以说，武则天是一位杰出的女政治家。

## 历史考点

公元 690 年，武则天称帝，改国号为周，定都洛阳，史称武周政权。武则天是中国历史上唯一一位女皇帝。

武则天的真实名字史无记载。"武媚娘"是因为太宗对她的赐号；"则天"是她退位后，唐中宗给她上的尊号"则天大圣皇帝"（后改为"则天大圣皇后"）。称帝时，武则天特意生造了一个字，来为自己取名：曌。所以也称"武曌"。

## 语文考点

### 请君入瓮

瓮是一种装东西的陶器。武则天为了巩固统治，任用了一批酷吏。其中周兴、来俊臣两人最为狠毒。后来，周兴被告发谋反，武则天责令来俊臣严查此事。来俊臣知道周兴狡猾，于是请他来喝酒，并向他请教审讯的方法。周兴很得意，告诉他找一个大瓮，四周用炭火烤热，让犯人进到瓮里，这样他们就会乖乖认罪。来俊臣当即按此来做，然后对周兴说："有人告你谋反，皇帝让我查办。现在就请老兄自己钻进瓮里吧。"周兴立刻认罪了。

成语"请君入瓮"，比喻用某人自己的办法来对付他，即以其人之道，还治其身。

## 成语迷宫

入口→ 天（第三行）；出口← 则（第四行）

| 神 | 将 | 功 | 补 | 过 |
|---|---|---|---|---|
| 兵 | 无 | 缝 | 丁 | 目 |
| 天 | 衣 | 裁 | 识 | 不 |
| 则 | 量 | 体 | 大 | 忘 |
| 作 | 身 | 以 | 所 | 乎 |
| 法 | 试 | 逸 | 待 | 劳 |

1. 写下你认为的正确路线：
2. 来试试你能找出多少个成语吧！

答案：1. 天兵神将；2. 将功补过；3. 过目不忘；4. 忘乎所以；5. 以身作则。一共 11 个成语哦：6. 以身试法；7. 以逸待劳；8. 目不识丁；9. 不识大体；10. 量体裁衣；11. 天衣无缝

# 唐玄宗与开元盛世

唐初政治虽有波折，但对老百姓来说影响并不大，社会经济稳定发展，唐朝走在一步步地迈向盛世的上坡路上。

公元705年，发生了“神龙政变”，武则天退位，唐中宗李显复位，恢复大唐国号。中宗时期，韦皇后干政。710年，中宗去世，韦后摄政，李旦的第三子李隆基，与太平公主联手发动政变，诛杀韦后集团，迎立睿宗李旦复位。

两年后，李旦禅位，李隆基称帝，即唐玄宗，又称唐明皇。唐玄宗拨乱反正，励精图治，把唐朝带上了鼎盛时期，史称“开元盛世”。当时文化灿烂，科技发达，商业繁荣，民族融合，中外交流频繁，首都长安是当时世界上令人神往的国际性大都会。

然而，成也唐玄宗、败也唐玄宗。唐玄宗在位前期英明神武，后期则追求享乐，任人唯亲，最终导致了“安史之乱”。755 年，安禄山和部将史思明发动叛乱，东都洛阳和长安相继被攻占，唐玄宗仓皇出逃。太子李亨（hēng）被拥立为帝，即唐肃宗，主持平乱事宜。763 年，安史之乱结束。

安史之乱是唐朝盛世的终止符，它极大地破坏了唐朝的经济，兵锋所及，房屋残破，民不聊生。这是唐朝历史的分水岭，国家因此由盛转衰。

# 青年李隆基

hēng
亨
通达，顺利。

zī
临淄
地名，在山东。

jì
社稷
“社”指土神，“稷”指谷神，古代君主都祭社稷，后来就用“社稷”代表国家。

神龙政变后，唐中宗重新上台，但他并没有好好珍惜这**失而复得**的皇帝宝座，而是放任皇后韦氏和女儿安乐公主**胡作非为**，扰乱朝政。唐中宗在位五年，他死后，韦氏仿效武则天，以太后身份摄政。这引起了很多人的不满，其中就有青年王爷李隆基。

李隆基是唐睿宗李旦的第三个儿子，他英明果断，有勇有谋。之前武则天统治时期，把李家的子弟都关起来，禁止和朝廷官员们来往。李隆基被关在宫里整整七年。一直到武则天晚年，决定将政权交还给儿子，李姓子弟才得以**重见天日**。中宗李显继位之后，李隆基被封为临淄王。

李隆基很有**先见之明**，他暗中结交勇士，在皇帝亲军中发展力量。现在中宗死了，眼瞅着韦氏要重演武则天的故事，李隆基坐不住了。他找到姑姑太平公主。

这位太平公主，从小就集万千宠爱于一身，高宗李治和女皇武则天都对这个女儿极为宠爱。武则天当政的时候，很多大事都跟她商量。太平公主为人机敏，在朝中影响力很大。对于韦后摄政，太平公主也是极为不满。于是双方**一拍即合**，决定联手，铲除韦氏。

这天深夜，李隆基率兵攻入玄武门，一路**过关斩将**，冲进后宫。宫里的守卫纷纷**临阵倒戈**，响应李隆基的命令。最终，韦后、安乐公主等人连逃跑都来不及，就死在了乱刀之下。接着，李隆基派人在全城搜捕韦氏一党，将之**斩草除根**。因为这一年的年号是“唐隆”，所以这场政变，历史上称作“唐隆政变”。

政变成功后，李隆基才向父亲李旦报告经过。李旦又惊又喜，抱着李隆基，哭着说：“你平定了宗庙社稷的灾祸，上天和老百姓都仰仗你的力量啊。”李旦重新即位，即唐睿宗。

形势安定下来后，睿宗和大臣们商量立太子的事儿。因为李隆基是老三，按照传统的嫡（dí）长子继承制度，应该立老大宋王李成器为太子。李成器坚决辞让，说：“国家安定的时候可以立嫡长，国家有危难，就应该先立有功的人；弟弟对国家有大功劳，我决不敢抢在他前头。”

参与平定韦氏之乱的功臣们，也都主张立李隆基为太子。睿宗便**顺水推舟**，立李隆基为太子。

睿宗才能平庸，每次讨论国家大事，大臣提出建议，他都要问：“这事儿问

过太平公主了吗？”大臣说问过了。

他接着又问：“这事儿跟三郎商量过吗？”“三郎”就是太子李隆基。大臣再回答说问过了，睿宗才做决定。时间一长，大臣们都明白了，有事儿先问太平，再问太子。

久而久之，太平的势力越来越大。可是另一方面，李隆基成长迅速，慢慢地，睿宗每次都倾向于听太子的意见。太平公主越来越不满意：这个侄子这么能干，将来当了皇上，啥事都不听我的，那我的日子能好过吗？

睿宗知道妹妹和儿子的矛盾，担心会再次大乱，思来想去，决定禅让。公元712年，睿宗退位，李隆基登基，即唐玄宗。

李隆基上台后，当先要处理的一个隐患，就是姑姑太平公主。太平公主久掌权柄，李隆基也是从**腥风血雨**中成长起来的。双方一冲突，李隆基完胜，他不顾父亲李旦的求情，将太平公主赐死。

至此，李唐王朝的至高权力，都被李隆基握在手里了。他改年号为开元，一个全盛的时代即将到来。这一年，李隆基还不到二十八岁，他**风华正茂**，**意气风发**。

## 历史考点

公元712年，李隆基称帝，即唐玄宗，又称唐明皇。他统治前期励精图治，把唐朝带上了鼎盛时期，史称“开元盛世”。

## 语文考点

**励精图治**

振奋精神，想办法把国家治理好。出自东汉班固《汉书》：“宣帝始亲万机，励精为治。”这个成语常用来形容领导者设法治理好国家，也可以形容人设法把事业做好。

**风华正茂**

风采和才华正是美好的时候。形容年轻人朝气蓬勃、奋发有为的精神面貌。出自毛泽东诗词《沁园春·长沙》：“恰同学少年，风华正茂。”

## 49 “救时宰相”姚崇

bǐng
**秉烛夜谈**

秉：拿着、握着。手持点燃的蜡烛在深夜里交谈。比喻谈话很投合，很深入。

huì
**行贿**

贿：财物。指用财物买通他人，谋取不当利益。

míng
**铭刻**

铭记，牢记在心。

jǐng

玉的光彩。

唐玄宗坐稳了皇帝宝座，但他开始发愁了。接二连三的政治动荡，打乱了经济发展的势头，也使得朝廷官员人心不稳。玄宗正当年轻，心里有大抱负，他决心改变这种局面。

治理国家，离不开贤能的大臣。玄宗开始物色可用之才。他发现了一个人：姚崇。姚崇在武后时期就做过宰相，“神龙政变”后被贬；唐睿宗时期，再度为相，因为得罪太平公主，又被贬。玄宗和姚崇本就亲善，只是这时候，姚崇已经六十多岁，他还能胜任宰相这一任务繁重的职位吗？

一天，玄宗在猎场接见了姚崇，问他：“爱卿会打猎吗？”

姚崇回答说：“微臣年轻的时候，斗大的字不识一个，但打猎却是不敢谦让的，我算是个好手。后来有幸遇到一位伟大的老师，我才一心钻研学问，荒废了武艺，不过，也不会逊色太多。”

玄宗大笑道：“我大唐的官员，个个文武双全啊！在朝堂上，可以治国安邦；跨上战马，可以征战沙场。爱卿既然这么说，今天就让朕看看你的本事吧。”

姚崇奉命上马，和玄宗一起打猎。果然如他所说，整个打猎过程中，他骑马或缓或急，或进或退，投枪射箭，操控自如，一点儿也不显老。

玄宗在一旁看了，暗暗赞赏。打猎结束以后，玄宗就拉着他秉烛夜谈，询问国家大事。姚崇有问必答，见解独到，切中要害。

玄宗越听越有精神，最后感慨地说："以爱卿的才能，应该待在朕的身边做宰相啊。"

姚崇听了，却垂着头不吭声。玄宗觉得奇怪，就问他："你不明白我的意思吗？"

姚崇缓缓地回答："不是不明白。只是我这里有十件事，如果陛下能够做到的话，微臣一定尽心尽力辅佐您；如果陛下不能做到的话，那我明白和不明白都是一样的。"

玄宗觉得好笑："这倒奇怪了，宰相之位，不知道有多少人想坐呢！现在让你坐，你还跟朕提要求。行，你说说看是哪十件事？"

姚崇见目的达到，忙跪下行礼，**字正腔圆**地陈述起来："第一，以仁德治国，要改变武后以来的酷刑峻法；第二，以休养生息为重，那些屡战屡败的仗就不要再打了；第三，法律面前人人平等，您身边那些无法无天的宠臣、近侍该管管了；第四，宦官干政，这种事以后不要再发生为好；第五，外戚当高官享受高级待遇，在我大唐已有些年头，这个也得改了，以后对外戚不能再随便封高官；第六，外戚公卿这些大族总是行贿送礼，以后只收他们的租赋，其他进贡一律禁止；第七，陛下今后对大臣应以礼相待；第八，广开言路、集思广益，鼓励官员们讲真话；第九，不搞大工程，从武后开始，修造佛寺、宫殿之类耗费太大了，劳民伤财；第十，外戚参政从汉朝时就有了，大唐也不能避免，臣希望陛下铭刻于心，坚决杜绝这类事情再发生。”

玄宗听完，万分感慨地说：“爱卿一心为国，朕已经知道了，朕一定坚决执行，还望爱卿辅佐。”第二天，任命姚崇为宰相，开始帮助治理国家。

开元初期，很多地方都出现了蝗灾。那时候，老百姓很迷信，把蝗虫看成是老天爷派下来惩罚人类的，所以都不敢灭蝗。

这个时候，姚崇勇敢地站了出来。他对玄宗说：“蝗虫怕人，所以容易驱逐。到了夜里，百姓们可以在田边点起火堆，蝗虫看见火光就会飞过来，到时候就可以边打边烧。百姓们为了自己的庄稼，一定会积极响应的。”

眼看玄宗仍心存疑虑，姚崇就接着说：“陛下，古人早就有灭蝗的记载了。农业是国家的根本，只有灭蝗免灾，老百姓有吃的，国家才能强盛啊。”

当时有的官员劝姚崇说：“宰相，杀生太多不好吧？这毕竟是天灾，人力怎么能对抗呢？不如修德吧。”

姚崇坚定地反驳说：“杀蝗虫保庄稼，守住我大唐江山，这才是正道。如果上天真的要惩罚，我姚崇一人承担就是，决不连累诸公！”

最终，灭蝗取得了胜利。

姚崇在位期间日理万机，呕心沥血，清除时弊，为“开元盛世”作出了卓越的贡献。人们都称他为“救时宰相”。

## 历史考点

姚崇任相，为“开元盛世”作出了卓越的贡献，被誉为“救时宰相”。后世把他和房玄龄、杜如晦、宋璟合称为“唐朝四大贤相”。

## 语文考点

**呕心沥血**

呕：吐。沥：一滴一滴。比喻费尽心血。多用来形容工作、事业、文艺创作等方面非常用心和艰苦。出自唐代韩愈《归彭城》诗：“刳肝以为纸，沥血以书辞。”是说挖出心肝来当纸，滴出血来写文章。

例句：老师为了培养我们，呕心沥血，无悔付出，我们要知道感恩。

## 成语迷宫

| | | | | | |
|---|---|---|---|---|---|
| | 太 | 前 | 所 | 未 | 有 |
| | 平 | 空 | 应 | 必 | 求 |
| 入口→ | 盛 | 况 | 答 | 从 | 计 |
| 出口← | 世 | 百 | 如 | 善 | 听 |
| | 外 | 芳 | 流 | 长 | 言 |
| | 桃 | 源 | 远 | 行 | 文 |

1. 写下你认为的正确路线：
2. 来试试你能找出多少个成语吧！

答案：1.盛况空前；2.前所未有；3.有求必应；4.应答如流；5.流芳百世。

一共11个成语哦：6.太平盛世；7.世外桃源；8.源远流长；9.言文行远；

10.言听计从；11.从善如流。

# 安史之乱

生词学习

hān
憨厚
朴实、厚道。

qiǎng bǎo
襁褓
包裹婴儿的被子和带子。

mǎo
铆足
集中、用尽。

隋唐时期，政府会在一些边关重地设立军事总管，称“节度使”。平常时候，节度使能起到保国卫民的作用；而一旦国家出现问题，节度使往往就成为叛乱之源。安禄山就是这么一位节度使。

安禄山是胡人，体态肥胖，看上去很憨厚。但其实这个人内心狡诈、阴险。他知道玄宗特别宠幸杨贵妃，就极力巴结，不顾自己比杨贵妃大了十多岁，主动请求做她的干儿子。

据说有一次，安禄山到长安述职，正好赶上他过生日。三天后，杨贵妃跟他说：“中原有规矩，孩子出生后三天，要举行沐浴仪式。今天日子正好，咱们就把这礼给行了吧。”

安禄山一听，高兴得**手舞足蹈**。贵妃就让太监宫女用锦缎充当襁褓，把安禄山包裹起来。大家兴致高涨。太监们抬着他到处走，宫女们嬉笑着追逐玩闹，就连玄宗也惊动了。玄宗知道后，也**兴致勃勃**地来观看。安禄山看皇上和贵妃都很高兴，更是铆足了劲演戏，逗得两人**乐不可支**。玄宗一高兴，又赏赐了很多金银珠宝，说是“洗儿钱”。

安禄山每次进宫，都先向贵妃行礼，接着才拜玄宗。玄宗奇怪，问他原因。

唐玄宗
杨贵妃
安禄山

安禄山笑得可憨厚了，说：“这是我们胡人的规矩，拜父亲前都要先向母亲行礼。”玄宗听后，哈哈大笑。

除了讨好贵妃和玄宗外，当时朝廷还有一个人，让安禄山需要刻意讨好，那就是宰相李林甫。李林甫可谓是权势滔天，玄宗对他言听计从。

安禄山每回见了李林甫，态度恭敬无比。不在京城的时候，每次派人进京，都会千叮咛万嘱咐，让使臣一定要去拜会李大人。使臣回来后，他的第一句话总是询问李林甫的近况。如果使臣说李林甫夸奖他，他就会长长地舒一口气，眉开眼笑；如果使臣说李林甫态度不太好，他就会如临大敌，整天唉声叹气，说：“我安禄山怕是不长久了！”

安禄山的用心经营，得到了丰厚回报。天宝年间（唐玄宗使用的第二个年号），安禄山位高权重，掌握了大唐近三分之一的军队。这时杨贵妃的哥哥杨国忠，借着妹妹得宠，也成为宰相。他跟安禄山不和，所以逮着机会就跟玄宗告状，说安禄山想谋反。玄宗不以为然。后来太子也说安禄山要反。玄宗开始犹豫，于是他特召安禄山进京，准备以探虚实。

杨国忠当即向玄宗拍胸脯保证说：安禄山肯定不敢来，他想谋反，肯定怕被扣留在长安。可是，安禄山很了解玄宗的心理，他真的来了，他连夜快马加鞭进京了。一见到玄宗，他就跪倒在地，痛哭流涕：“陛下，臣本来就是一个胡人，被中原人看不起也是正常的。多亏陛下不拘一格，臣才能够有今天。臣对陛下感恩戴德，您下令我又怎么会不回来？现在就是被人害死也不后悔。”

玄宗被他的演技打动了，忙扶起他，安慰说：“朕知道你为官的难处，现在让你回来，是要堵住朝中那一帮官员的嘴。朕本来就对你信任有加，现在再看到你，更是宽慰呀。”

没过几天，玄宗就把安禄山放回去了。安禄山回到老巢，越想越害怕。天宝十四年，也就是公元755年，安禄山在范阳起兵，调集十五万兵马，占领东都洛阳，进攻长安，唐玄宗仓皇逃往四川。长达八年的“安史之乱”开始了。

## 历史考点

公元755年，安禄山在范阳起兵，史称“安史之乱”（“安”即安禄山，“史”指他的部将史思明）。756年，太子李亨被拥立为帝，即唐肃宗，遥尊玄宗为太上皇。

“安史之乱”是唐朝历史的分水岭，唐王朝由盛转衰。

## 语文考点

口蜜腹剑

嘴上说得很甜美，心里却怀着害人的主意。形容两面派的狡猾、阴险。这个成语跟唐朝宰相李林甫有关，出自宋代司马光《资治通鉴》：“世谓李林甫‘口有蜜，腹有剑’。”

例句：这个人表面看起来和和气气，其实口蜜腹剑，人品不好。

## 成语迷宫

| | | | | | |
|---|---|---|---|---|---|
| | 自 | 鸣 | 得 | 意 | 费 |
| | 家 | 争 | 机 | 心 | 尽 |
| 入口→ | 百 | 感 | 交 | 集 | 思 |
| 出口← | 年 | 延 | 寿 | 益 | 广 |
| | 不 | 知 | 凡 | 几 | 净 |
| | 遇 | 人 | 之 | 明 | 窗 |

1. 写下你认为的正确路线：
2. 来试试你能找出多少个成语吧！

答案：1. 百感交集；2. 集思广益；3. 益寿延年。
一共10个成语哦：4. 百家争鸣；5. 自鸣得意；6. 费尽心机；7. 百年不遇；
8. 不知凡几；9. 知人之明；10. 窗明几净。

# 唐朝后期的悲凉与末路

安史之乱使得唐王朝元气大伤。曾经的鼎盛不再，唐王朝又跌跌撞撞地往前走了近一个半世纪。

历史上，西汉亡于外戚，东汉亡于外戚、宦官以及地方军阀；唐王朝外戚势力一直不强，但是宦官之祸不输东汉，藩镇之祸胜于东汉，促成唐王朝最终灭亡的还有农民起义。

# 51 唐文宗与“甘露之变”

wéi
帷幕
悬挂起来的大幕布。

bá hù
跋扈
蛮横、霸道，独断专行。

“安史之乱”后，皇帝为了更好地控制地方军队，开始让宦官直接掌握军权，宦官担任监军也成为常态，这使得宦官的势力越来越大。公元835年，唐文宗不甘心被宦官控制，设计想要诛杀大宦官仇士良，事情败露，众多朝廷要员被宦官所杀，受株连被杀的达一千多人，史称“甘露之变”。

“甘露之变”后，宦官一直牢固地掌握军政大权，包括君主的废立、生杀等。直到公元903年朱温将宦官一网打尽，这股势力才告消失，几年后唐朝也亡了。

唐朝中后期，宦官专权越来越严重。唐文宗在位的时候，大宦官仇士良一手遮天，对皇帝的威胁越来越大。唐文宗不甘心，**想方设法**要除掉他。

公元835年的一天，唐文宗跟往常一样上朝，金吾将军韩约兴冲冲地进殿报告：“启禀皇上，昨夜天降吉兆，我大唐有福了。”

文武百官一听，都兴致高涨起来。文宗忙问怎么回事。韩约回复：昨天晚上，宫里禁卫军大厅的后院里头，有一棵石榴树上降下了“甘露”。“甘露”不就是露水吗？有什么值得**大惊小怪**的？但是韩约说：“这可不一样，这是上天所降的甘露，晶莹剔（tī）透，在那儿挂着，一直不落下来。”

宰相李训听完，连忙跪下，向文宗贺喜，大声说："皇上，这是祥瑞啊！"其他官员也纷纷跟着恭喜。文宗半信半疑，打发李训去看看真假。李训领命去了，没多久回来，回禀说："皇上，微臣看了也不敢确定真假，不如您再派人去查证一下吧。"

文宗微微点头，说："仇爱卿，不如你带人去看看吧。"

仇士良也没多想，就由韩约领路，一群人出了大殿，往禁卫军的地方走。一路上也没什么，快到目的地时，仇士良瞟了一眼韩约。不看还好，一看，问题来了，他发现这韩约脸色煞白，呼吸急促。

仇士良奇怪了，问："韩将军身体不舒服吗？"

韩约见他突然说话，竟然像是被吓着了一样，支支吾吾。就在这时，突然起了一阵风，不远处的帷幕被掀开。仇士良一眼望去，帷幕后竟埋伏了一群手持兵器的士兵。这一瞬间，他明白过来：哪有什么甘露！这是皇帝联合李训、韩约这些人，要干掉自己。仇士良又惊又怒，转身就跑，飞快地召集了一帮宦官，跟大臣们打了起来。最后，仇士良劫持了唐文宗逃进内宫。

仇士良这个气呀，大骂文宗不仁不义："想当初，可是我把你推到龙椅上的。现如今，看我不顺眼了，就搞阴谋诡计要害死我！"一怒之下，他下令捕杀可能参与的大臣，长安城一下子掀起了血雨腥风。宰相李训等人被杀，其他株连被杀的竟有一千多人。这就是"甘露之变"。

从这以后，文宗更是一个傀儡皇帝。公元 840 年，文宗驾崩。本来应该太子继位，可是仇士良不同意，改立文宗的

弟弟李炎做皇帝，即唐武宗。

因为有拥立之功，仇士良在武宗面前更加嚣张跋扈，朝政大事都控制在手里。他肆意而为，铲除异己，先后杀掉了二王、一妃、四宰相，其他被他陷害惨死的多不胜数。

仇士良越来越无法无天，然而武宗可不像文宗那样柔弱。这位新皇帝刚毅果敢，表面上**唯唯诺诺**，心里其实一直在等待时机除掉这个大祸害。他利用宰相李德裕来排挤仇士良，慢慢削弱宦官的势力。公元 843 年，**大势已去**的仇士良向皇帝辞职，告老还乡。没多久，仇士良死在家中。仇士良虽然死了，但宦官干政的局面并未得到彻底的改变。

## 历史考点

安史之乱后，宦官势力越来越大。公元 835 年，唐文宗和宰相李训等谋划诛杀大宦官仇士良，事情败露。多名大臣被宦官所杀，其他株连被杀的达一千多人，史称“甘露之变”。

## 语文考点

**晶莹剔透**

形容某物光亮透明，精致细巧。多用来形容宝石、玉器、露珠之类。

例句：姐姐送我的这件玉像小挂件，晶莹剔透，在灯光下一照，还会出现七色彩虹。

**唯唯诺诺**

“唯唯”是恭敬的应答声；“诺诺”是连声答应。形容没有主见，只知道一味附和、听从别人。

例句：一味地唯唯诺诺，而不懂得自主思考，其实也是一种懒惰的表现。

# “小太宗”李忱短暂中兴

zhì
**贽**
初次拜见长辈所送的礼物。

chén
**忱**
真诚的情意。

zhì
**呆滞**
迟钝；不活跃。

rú
**孺**
小孩子。成语“孺子可教”，意思是年轻人可以教诲，值得培养。

zhēn zhuó
**斟酌**
考虑事情是否可行，或文字是否得当。

> 唐武宗死后，宦官马元贽等拥立光王李忱为帝，是为唐宣宗。李忱为人恭谨节俭，能明察，沉毅果断，从谏如流，惠民爱物。在位时期，整顿吏治，并限制宗室和宦官，对外击败入侵者，收复失地，国家相对安定繁荣，本已衰败的朝政呈现出“中兴”的小康局面。史称“大中之治”，李忱也被称为“小太宗”。

古代的皇帝，有不少人吃丹药，想要长生不老。唐武宗也是其中之一。公元846年，唐武宗因为长期服食丹药而中毒，眼看着不行了。武宗年仅二十三岁，儿子年幼，还没立太子，所以谁来接班的问题就摆在了眼前，朝廷内外，都开始**蠢蠢欲动**。

当权宦官马元贽和仇公武等人，心里早已有了想法。本来，他们想立武宗的儿子。可是这些小家伙看上去很机灵，总有一天长大成人，会不好控制。倒不如立一个痴痴傻傻的亲王合适。

马元贽对仇公武说：“皇帝之位，没有比光王李忱更合适的了。”仇公武和他**相视一笑**，**心领神会**。

光王李忱，是武宗的叔叔。“痴痴傻傻的亲王”，说的就是他。这位亲王多年以来沉默寡言，外人都觉得他是智力有问题。曾经有一次，唐文宗举行宴会。酒席上，文宗看见光王沉默寡言、**不苟言笑**，就对群臣说：“你们当中有谁能让光王开口说话，朕重重有赏。”

群臣领命后，都走到光王身边，**绞尽脑汁**地想让他开口。谁知光王仿佛是个哑巴，任谁在他面前说笑逗趣，他都一副目光呆滞的痴傻模样，大家都拿他没招。从这以后，朝廷内外就开始流传一个说法，说光王是个傻子。

这样的一个傻子，当然最合适当傀儡皇帝了。于是，武宗一死，光王李忱就被马元贽等人拉到龙椅上，这就是唐宣宗。

然而，令人意想不到的是，宣宗一登基，立刻就像变了个人，之前的呆傻**一扫而空**。他每天勤勤恳恳地处理政事，又让人把唐太宗李世民的《贞观政要》抄写在屏风上，一有空就仔细研读。大家发现，这宣宗不但不傻不呆，而且正相反，那叫一个聪明哦！对朝廷事务都有自己的主见，不但**明察秋毫**，而且沉稳果决。谁要是想在工作上敷衍他，那可真是**异想天开**。

就连最受他器重的宰相令狐绹（táo），后来跟人说起：“我执政十年，皇上对我非常信任，但是向皇帝奏事时，我没有一次不是**汗流浃背**的。”

宣宗非常反感党争，即大臣们拉帮结伙，互相攻击。而当时，以牛僧孺和李德裕为首的牛李党争，已经持续了很多年。宣宗刚登基时，下朝后，就惊恐地问身

边人："站在宰相位子上的是谁？朕坐在上面，觉得他面带杀气，很吓人。"大家告诉他说，那是宰相李德裕。

宣宗脸色很不好看，直说："此人留不得。"

就这样，李德裕这位武宗时期最宠信的大臣，就被宣宗贬出去了，此后再也没能回到长安。"牛李党争"也因此结束。

宣宗还是一个很有原则的皇帝。

曾经有一段时间，他胃口不好，健康状况越来越差。后来，一个叫梁新的医生为他治病，药到病除，宣宗非常开心，问梁新想要什么赏赐。梁新乐开了花，赶紧请求给自己一个官做。对皇帝来说，安排一个官职，那不是小事一桩吗？况且眼前的梁新，治好了皇帝的病，也算是有功之人。然而在宣宗时候，任命官员不仅要经过调查，皇帝自己也要再三斟酌，非常谨慎。最后，宣宗拒绝了梁新的请求，只赐给他一些财物，让他回家了。

总之，宣宗治理朝政的十几年里，公正严明，再加上他天生聪慧，善于纳谏，当时人尊称他为"小太宗"，赞扬他统治时期，有"贞观遗风"。

## 历史考点

唐宣宗李忱统治时期，被称为<u>"大中之治"</u>，李忱也被称为<u>"小太宗"</u>。

贞观遗风

"贞观"是唐太宗的年号。这句话意思是说，有太宗时代传留下来的风气。

## 语文考点

### 蠢蠢欲动

蠢蠢，虫子蠕动爬行的样子。比喻敌人准备进攻或坏人阴谋捣乱。含贬义。

例句：看他蠢蠢欲动的样子，就知道要做坏事了。

### 汗流浃（jiā）背

出汗多，流得满背都是。形容非常恐惧或惭愧。也可以指汗水多。

例句：今天上午天气闷热，我们才在操场上活动了一小阵，就个个汗流浃背的。

## 成语迷宫

| | | | | | |
|---|---|---|---|---|---|
| | 过 | 望 | 穿 | 秋 | 水 |
| | 喜 | 功 | 避 | 不 | 火 |
| 入口→ | 大 | 好 | 实 | 就 | 无 |
| 出口← | 势 | 声 | 张 | 虚 | 情 |
| | 已 | 过 | 关 | 斩 | 假 |
| | 去 | 补 | 功 | 将 | 意 |

1. 写下你认为的正确路线：
2. 来试试你能找出多少个成语吧！

答案：1.大喜过望；2.望穿秋水；3.水火不避；4.避实就虚；5.虚张声势。一共11个成语哦：6.大势已去；7.好大喜功；8.过关斩将；9.将功补过；10.水火无情；11.虚情假意。

# 黄巢起义

懿(yì)：美好（多指德行）。

僖(xī)：喜乐。

气息奄奄(yǎn)：形容呼吸微弱，快要断气的样子。也比喻事物即将灭亡。

不第：指科举考试没有考上。

> 唐宣宗之后，唐懿宗与唐僖宗都是无能昏君，唐王朝江河日下。公元 875 年，王仙芝起义爆发，黄巢领导民众响应。878 年，黄巢成为起义军的首领，一直到 884 年起义失败，史称“黄巢起义”。这是唐末民变中，历时最久、波及最大、影响最深远的一场农民起义。

有这样一首诗，很多人都知道：“待到秋来九月八，我花开后百花杀。冲天香阵透长安，满城尽带黄金甲。”

这首诗歌的作者，叫黄巢，他是唐朝人。但他生活的时代，唐王朝已经气息奄奄。宦官专权和藩镇割据造成的各种乱象，统治阶级的腐朽残暴，再加上各种天灾人祸，老百姓的生活**朝不保夕**。

黄巢出生在一个盐商家庭。唐朝末年，经济萧条，官府定的盐税也非常高，所以盐价飞涨。百姓们都穷得买不起盐，有的人为了逃避官税，依靠贩卖私盐挣钱。黄巢家里就是干这个的。

黄巢是一个传奇人物，他文武双全，好**打抱不平**。最开始，他也想通过科举考试进入官场。但是考了几次都不中，他一怒之下，就写了前面那首《不第后赋菊》。从那以后，也彻底放弃了当官的念头。

公元 875 年，全国各地连年发生水旱灾害，其中河南最严重，几乎**颗粒无收**。老百姓要活不下去了，朝廷却加紧收税。于是，私盐贩子王仙芝聚集了几千人，起兵反抗朝廷。黄巢一听，也和几个亲戚朋友，组织了一批人，响应王仙芝的起义。

开始的时候，王仙芝带着起义军南征北讨，吓得政府军**闻风丧胆**。朝廷一时抵挡不住，就派宦官去招降他，答应给他**高官厚禄**。王仙芝一听有官做，就动了心，赶紧向朝廷表示愿意投降。黄巢知道了，**气急败坏**，跑去质问王仙芝："我们兄弟当初早有约定，说要一起打天下。现在朝廷不过是给你一个小官做，你就要背弃当初的誓言吗？兄弟们好不容易有了今天这个局面，你去做官了，我们这些跟随你的兄弟怎么办？"

王仙芝也有些愧疚，但是当官的诱惑太大了，所以，他**支支吾吾**了半天，也不愿意表态。黄巢看他一副**鬼迷心窍**的样子，气得不行，跟将士们说："今天，我黄巢在此跟王仙芝恩断义绝，愿意跟我走的弟兄，我一定不辜负你们。不愿意跟我走的，咱们就此**分道扬镳**（biāo）吧。"

就这样，黄巢和王仙芝散伙了。黄巢领着自己的军队往东去，边走边打，队伍也越来越壮大了。公元 880 年，起义军和朝廷的军队在潼关进行了一场大战。起义军浩浩荡荡地压向潼关，人数达到了六十万。

当黄巢一出现在战场上，军队里爆发出欢呼声，**震天动地**。士兵们高举手中的旗帜，**气势如虹**，喊杀声吓得唐军龟缩不出。黄巢发出号令："夺潼关，进长安。"士兵们**欢呼**

雀跃，纷纷响应。

此刻，胜负已分。唐军丢盔弃甲，有的跪地讨饶，有的四下逃窜。起义军迅速占领了潼关，接着开进了长安城。黄巢称帝，国号大齐。

起义军进入长安时，百姓们都兴高采烈地夹道欢迎。黄巢许诺："我们进长安，是为了让大家安居乐业，不会像皇帝那样压迫你们。我们在长安城，一定秋毫不犯。"同时，还让手下的将士把一路抢劫来的财物分给长安城中的百姓。

然而，起义军的这个承诺并没有兑现。几天以后，军队就开始在京城烧杀劫掠，城里的百姓终日恐惧。因为缺乏纪律，失去民心，再加上朝廷调集藩镇军队进行疯狂镇压，最后，黄巢起义还是失败了。

黄巢起义沉重打击了唐王朝，使得这个已近末路的王朝，离末日只有一步之遥了。这场战乱也给老百姓带来巨大的灾难。晚唐五代时期有一位著名的诗人叫韦庄。他写了一首长诗《秦妇吟》，其中"内库烧为锦绣灰，天街踏尽公卿骨"，描写的就是黄巢军队在长安城大肆破坏的情景。

## 历史考点

公元 875 年，王仙芝起义爆发。878 年，黄巢成为起义军的首领，一直到 884 年起义失败，史称"黄巢起义"。这是唐末民变中，历时最久、波及最大、影响最深远的一场农民起义。

## 语文考点

分道扬镳

原指分路而行。后比喻因目标不同，而各走各的路。

例句：因为人生理念不同，曾经是最好朋友的两个人，终于分道扬镳，再无交集。

气势如虹

形容精神高昂，气势强盛，仿佛可以贯穿长虹。

例句：这篇文章用了一大组排比句来抒发感慨，酣畅淋漓，气势如虹。

# 五代乱局

唐朝亡于朱温。公元907年，唐朝最后一任皇帝唐哀帝，禅位于军阀朱温，朱温称帝，建国号梁，史称“后梁”。历史进入五代乱世。

“五代”是指依次定都于中原的五个政权：后梁、后唐、后晋、后汉、后周。这段历史跟“南朝”相似，但比南朝更混乱，打得更激烈。

与“五代”同一时期，在中原之外存在着众多割据政权，南方有九个：吴、南唐、吴越、前蜀、后蜀、楚、闽、南汉、南平；北方有一个北汉，割据太原。史称“十国”。合在一起，称“五代十国”。

五代十国是唐末藩镇割据局面的延续，开国君主都是手握兵权的武将，靠兵变来改朝换代。军阀安重荣有一句名言，深刻地揭示了这一混乱现象的根源，那就是：“天子，兵强马壮者为之，宁有种乎？”——当皇帝，凭的是兵强马壮，哪有出身什么事儿！正是秉承这一想法，有枪便是王，军阀之间征伐不休，今日你强你登台，明日我强我唱戏，政权频繁更替。

后晋开国皇帝石敬瑭，为了做皇帝，不惜自称“儿皇帝”，成就千古骂名，就是其中最极致的一例。

# 54 朱温篡唐

huàn 涣散
散漫，松懈。

huì 诲
教导，教诲。

cóng 琮
一种玉器。

朱温原本是黄巢的部将，后来归附唐军，因镇压黄巢有功，被唐僖宗赐名“全忠”，担任节度使，封梁王，逐渐成为唐末最大的割据势力之一。公元907年，朱温篡唐称帝，建国号梁，定都开封，史称“后梁”。

黄巢的手下有一员猛将，叫朱温，奉命镇守同州（今陕西大荔）。朝廷派河中节度使王重荣来打同州。王重荣人多，朱温人少。**双拳难敌四手**，眼看着打不过了，朱温赶紧写信向黄巢求救。谁知道一连发了十封求救信，黄巢一个回复都没有。

原来，黄巢手下有个秘书叫孟楷，跟朱温一向关系不好，看朱温有难，高兴都来不及，怎么可能让黄巢知道呢。所以，他私下扣住了朱温的求救信，就等着看朱温的好戏。

这边朱温苦等援军，却连个影子都没见到，心里急得不行。手下有人对他说：“将军，现在起义军早就不是当初刚起兵那会儿了。现在是人心涣散，哪还有心思来救你呢？”

朱温本就是**重利轻义**的人，一听这话，心里开始动摇了。

手下又接着说："黄巢虽然攻下长安，但不一定能守得住。大唐**气数未尽**，各地军队都愿意听从朝廷的号令。您若是继续跟着造反，恐怕有朝一日**自身难保**。不如，趁着这次危机，索性投靠朝廷！"

这话说到朱温心里去了。他看到黄巢大军占领长安之后，**不思进取**，里里外外都乱成一团；现在自己深陷险境，也没人来救。心想：你不仁，就别怪我不义！就这样，朱温爽快地投降了对手王重荣，还认王重荣做了舅舅。

朱温的投降，给黄巢不小的打击。不只是损失了一个人才，还等于是把自己的老底都透露给了朝廷。黄巢是又惊又怒，大骂朱温，可也没办法。朱温投降之后，黄巢就开始连连惨败。最终，黄巢撤出长安，大齐政权也倒了。黄巢带着残兵边打边退，朱温边追边打。公元 884 年，在山东泰山狼虎谷，黄巢被部下杀了。黄巢起义凄凉收场。而朱温则被朝廷加官晋爵，很快就掌握了兵权。

接着，唐昭宗即位。公元 901 年，宦官韩全诲劫持昭宗去凤翔，投靠那里的军阀李茂贞。李茂贞占据凤翔一带，是一股不小的割据势力，早就有反心了。现在一见皇帝来了，更高兴了。**挟天子以令诸侯**的事儿，早就被证明了是非常有效的嘛！

朱温不能眼瞅着他得势，于是带兵勤王，很快就杀到凤翔。结果李茂贞打不出去，朱温也攻不进来，两方人马就这样僵持了一年多。凤翔城里**弹尽粮绝**，903 年，李茂贞向朱温投降。朱温顺势夺取了李茂贞的领地，把傀儡皇帝唐昭宗带回长安，控制在自己手里。

第二年，朱温逼着唐昭宗迁居洛阳。又指使手下的朱有恭、氏叔琮几个人，冲进洛阳皇宫，杀死了唐昭宗。朱温却假惺惺地在大家面前痛哭："是朱有恭这些人害我呀！我一心为大唐奔波，现在竟落下弑君的恶名！”

这当然不是真心话，而是要卸磨杀驴。为了向天下人展示自己对大唐的赤胆忠心，他把朱有恭等人诛杀了。朱有恭死前才幡（fān）然醒悟，痛悔不已，仰天长叹说：“朱温真是个小人啊！我为他出生入死，没想到最终竟落得这样的下场，他日老天有眼，必让他不得好死！”

昭宗死后，朱温扶持昭宗的儿子上台，也就是唐哀帝。经过不断筹划，907 年，朱温正式称帝，国号大梁，史称后梁。唐哀帝被毒死，大唐帝国走完了它全部的路程，而华夏大地迎来又一个分裂动乱的时期——五代十国。

## 历史考点

公元 907 年，朱温篡唐称帝，建国号梁，定都开封，史称“后梁”。历史进入“五代”时期。

“五代”指中原地区依次出现的五个政权，分别是：后梁、后唐、后晋、后汉和后周。

## 语文考点

幡然醒悟

形容迅速而彻底地认识到过错而作出改变。

例句：经过老师的教育，他幡然醒悟，从此不再沉迷电子游戏。

# 55 天子，兵强马壮者为之

| táng<br>瑭 | bǎ<br>靶子 | qì<br>契丹 |
|---|---|---|
| 一种玉。 | 射箭或射击用的目标。 | 古代游牧民族，后来建立辽国。 |

在五代诸多草头王中，安重荣并不是最重要的人物，但他有一句名言：“天子，兵强马壮者为之，宁有种乎？”这句话可以说是整个五代乱战史的解读密码。安重荣是五代后唐、后晋时期的将领。公元936年，因支持河东节度使石敬瑭起兵夺位有功，担任成德军节度使。942年，起兵反叛石敬瑭，兵败被杀。

五代时期，战乱不断，五天一小打，十天一大打。有战争，所以武将出头的机会就多了。安重荣原本是后唐政权的一个巡边指挥使。他武艺高强，箭法超群，他带的队伍战斗力也非常强大。

当石敬瑭造反的时候，想拉他入伙，进行“强强联合”。安重荣很愿意，但他的老母亲不同意，连连劝阻。安重荣很孝顺，但又很想加入石敬瑭的团队。怎么办呢？为了打消母亲的顾虑，安重荣就想了个办法，他随手抽出一支箭，狠狠插在地里，然后走到一百步外，拉开弓摆好姿势，说：“啥也别争了，一切交给老天来决定吧，如果石敬瑭最后能当上皇帝，那么我这箭就肯定能中。”

说完，松手放箭。这箭果然正中目标。其实，安重荣很明显是在忽悠人。作为一名武将，他最厉害的就是箭法，射中百米之外的目标并不是什么难事。不过，老太太看这箭真的射中了，心里就开始动摇起来。

安重荣**趁热打铁**，又立了一个靶子，说：“如果我跟随石敬瑭，能够做到节度使那样的高官，那么这次也必定射中。”

说完又一箭射出，**毫无悬念**地再次命中。老太太一看，那就顺应天意吧，也就不再阻拦儿子。

就这样，安重荣归顺了石敬瑭，石敬瑭建立后晋政权，让安重荣做了镇州节度使。本来是**皆大欢喜**的事儿。但是别忘了，石敬瑭能当上皇帝，靠的是契丹人的帮助，他向契丹皇帝自称“儿皇帝”。因此，石敬瑭无论做什么事，都要看契丹人的脸色。除了每年要向契丹皇帝、贵族送钱送物，甚至一个普通的契丹使节来了，石敬瑭也得跪下来，三叩九拜之后再来接旨，活得相当憋屈。

虽然石敬瑭本人很满意，但手下人意见可就大了。尤其是安重荣，时间长了，他觉得石敬瑭也不过如此：他能做皇帝，难道我就不能？有一次，安重荣和手下人喝酒，借着酒劲，他说出了心里话：“天子，兵强马壮者为之，宁有种乎？”天子是天生的吗？我看是谁拳头大谁就当皇帝！

抱着这样的想法，安重荣开始**拥兵自重**。他先跟朝廷提意见，要求石敬瑭对契丹开战，做个有骨气的人。石敬瑭当然拒绝。安重荣便以讨伐“卖国贼”的名义，出兵攻打石敬瑭。

本来安重荣信心十足，谁知道还没开战，手下部队叛变了，一下子军心大乱。最后，安重荣被活捉，砍了脑袋，只留下那句“天子，兵强马壮者为之”的名言。

## 历史考点

公元923年，李克用称帝，建立后唐，同一年灭后梁，定都洛阳。936年，石敬瑭灭后梁，建立后晋，定都汴梁（开封）。947年，契丹灭后晋，刘知远趁机称帝，建立后汉，定都汴梁（开封）。951年，郭威灭后汉，建立后周，定都东京开封府（开封）。

### 儿皇帝

石敬瑭借契丹的力量建立后晋。他比契丹皇帝耶律德光年长十岁，却称耶律德光为父，自称“儿皇帝”。“儿皇帝”一词，后来泛指依靠外力取得统治地位的投降卖国分子。

## 语文考点

### 宁有种乎

宁（nìng）：难道，岂。多用于反问语气。

除了“天子，兵强马壮者为之，宁有种乎”之外，历史上还有一句很有名的话，即陈胜起事时说的：“王侯将相，宁有种乎？”那些做了王侯将相的人，难道天生就是这么好的命吗？——当然不是的，所以我们要起来反抗他们。

# 56 长乐老冯道

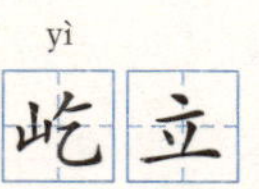


稳固地挺立。

xù
勖

勉励。

> 冯道是五代时期的著名宰相，曾历仕后唐、后晋、后汉、后周四朝，先后效力十位皇帝，其间还向辽太宗称臣，始终担任将相或三公三师之位。世称“十朝元老”。
>
> 冯道自号长乐老，透露出一种及时行乐的消极人生态度。冯道的存在，或许可以看作五代乱世的一种生存模式：武将争夺天下，文士逆来顺受。

俗话说，乱世出英雄。其实，乱世也出奇人。在五代十国这动荡混乱的年代，有一位奇人，实在让人无法忽略。他就是冯道。

说他奇，是因为他的仕途经历在中国历史上**绝无仅有**。他这一生，经历了五代中的后唐、后晋、后汉、后周四朝，先后服务过十代君王，为六个皇帝做过宰辅大臣。服务过的主子，有的是沙陀人，有的是汉人。算下来，真是**流水的皇帝、铁打的冯道**。冯道是怎么在乱世中屹立不倒，成为政坛不倒翁的呢?

冯道出生于唐末。唐朝灭亡那一年，冯道二十五岁，正当大好青年。因为会写文章，在幽州节度使刘守光手下做了书记员。初入军营，冯道**年轻气盛**，不懂官场规矩，因此惹上大祸。刘守光为人暴虐，他想出兵定州，然后自立称帝。这天，他举行军事例会，会上问：“我要讨伐定州，你们怎么看？”

营帐内一片寂静，各级官员都不敢出声。冯道起身，劝阻说："将军三思，不可出兵，宜徐缓图之。"

刘守光的笑容顿时消失了，厉声道："你一个穷酸读书人，懂什么用兵之道？"

冯道还没来得及说明理由，就被丢入牢房。好在他平时**与人为善**，在军营中人缘极好，没坐几天牢就被偷偷放走了。向一个**穷兵黩（dú）武**的将军直谏，可能会丢了小命，有了这一次的经历后，冯道再不敢顶撞上司了。

刘守光很快兵败，冯道趁乱投奔了晋王李存勖，还是因为擅长写文书，受到重用。他的公文写得相当规范，尤其是奏章，被朝臣们纷纷拿去做范本。923年，李存勖建立后唐，冯道开始在政坛崛起。以后不管是后晋、后汉，直到后周，每一任新上台的皇帝为了招揽人心，都会给予冯道优厚的待遇，给他崇高的地位。冯道也充分利用这些机会，**尽己所能**地做一些事情，尽可能地保护百姓少受战乱的伤害。

冯道私生活极为检点，随军出征时，与士兵同吃同住。军中缺少军粮，冯道就自己掏腰包，为军士买粮，他自己则与仆役吃一锅饭。行军路上，总有想巴结他的将领，将抢掠来的民间美貌女子悄悄塞进他的营帐。冯道既不追究、责问送礼的人，也不收纳这些女子，他自己掏钱，把这些无辜的民女送回家或者妥善安置起来。

后晋时期，契丹人（后来的辽国）强大，石敬瑭自称"儿皇帝"，可谓耻辱至极。在这样的背景下，出使契丹是一件**费力不讨好**的差事，无人愿意前往，而冯道**自告奋勇**，挑起重任。

契丹皇帝耶律德光很看重冯道，赏赐他很多贵重物件，并说："你留在我这里做宰相如何？”

冯道回答：“晋和契丹是一家人，我在哪里做臣子，又有什么分别呢？”耶律德光把他扣留了两年，才放他回去。

几年后，契丹大军南下，扫平后晋，中原大地眼看要遭受兵灾。危急关头，冯道不顾个人声誉可能会受损，以亡国宰相的身份前去求见耶律德光。

耶律德光问他：“天下百姓，如何可救？”

冯道既是恭维也是**实话实说**地回答：“当下中国的百姓，就算佛祖再世也救不得，只有皇帝您能救得。”在冯道的努力下，百姓受到的伤害降到了最低。

但在五代那种军阀横行的时代，冯道能做到的事情其实很有限。因为他曾历仕多朝，在忠君思想深厚的古代，这种行为不容于世，所以后世有人骂他不知廉耻。954 年，冯道病逝，结束了他传奇的一生。

## 历史考点

公元 960 年，后周权臣赵匡胤发动陈桥兵变，建立宋朝，史称“北宋”，“五代”结束。

“十国”的结束要到 979 年，北宋灭亡北汉。

## 语文考点

**穷兵黩武**

黩（dú），轻率、轻举妄动。成语的意思是穷尽所有的兵力，轻率地发动战争。形容极其好战。

例句：和平是人类共同的心愿，那些穷兵黩武的好战分子，最终都会被人民唾骂。

书读完了，来测验一下你的学习成果吧！

成语迷宫（10分）。沿横向或纵向行走，试着找出迷宫中的全部成语。

| 语 | 虫 | 夏 | 畏 | 六 |
|---|---|---|---|---|
| 冰 | 卧 | 日 | 可 | 亲 |
| 求 | 收 | 冬 | 藏 | 不 |
| 鲤 | 秋 | 毫 | 雨 | 认 |
| 枯 | 犯 | 无 | 化 | 有 |
| 木 | 逢 | 春 | 风 | 伤 |

成语理解（每题5分）。

1. 成语“穷兵黩武”中，“黩”的意思是（ ）？

A. 玷污　B. 轻率　C. 依赖

2. 成语“一衣带水”中，“带”的意思是（ ）？

A. 衣服的带子　B. 携带　C. 连着

3. 成语“罄竹难书”中，“罄”指的是（ ）？

A. 一种乐器　B. 尽，完　C. 声音

4. 成语“请君入瓮”中，“瓮”的本义是（ ）？

A. 盛东西的陶器　B. 城池　C. 陷阱

5. 成语“宁有种乎”中，“宁”的意思是（ ）？

A. 难道　B. 安定　C. 宁愿

6. 成语“嘘寒问暖”中，“嘘”的意思是（ ）？

A. 叹气　B. 阻止人说话　C. 呵出热气

连连看（每题 5 分）。将历史人物和对应的典故，正确地连起来。

| | |
|---|---|
| 隋文帝 | 天子，兵强马壮者为之 |
| 来俊臣 | 请君入瓮 |
| 李林甫 | 一衣带水 |
| 安重荣 | 口蜜腹剑 |

连连看（每题 5 分）。将历史人物和对应的事件，正确地连起来。

| | |
|---|---|
| 李世民 | 安史之乱 |
| 李隆基 | 玄武门之变 |
| 安禄山 | 开元盛世 |
| 石敬瑭 | 儿皇帝 |

选择题（每题 10 分）。

1. 下列人物属于“唐朝四大贤相”的有（ ）？

A. 魏徵　　B. 房玄龄　　C. 姚崇

2. 下列五代政权中，开创者和政权名称都正确的是（ ）？

A. 朱温，后梁　　B. 石敬瑭，后唐　　C. 郭威，后周

参考答案

成语迷宫：1. 秋毫无犯；2. 秋收冬藏；3. 冬日可亲；4. 夏日可畏；5. 夏虫语冰；
6. 卧冰求鲤；7. 枯木逢春；8. 春风化雨；9. 有伤风化；10. 六亲不认。

成语理解：1.B；2.A；3.B；4.A；5.A；6.C。

选 择 题：1.BC；2.AC。

你的得分：________

图书在版编目（CIP）数据

陪孩子玩转中国史 . 2, 隋唐五代简史 / 文海 编著.—北京：东方出版社，2022.3

ISBN 978-7-5207-2465-4

Ⅰ . ①陪… Ⅱ . ①文… Ⅲ . ①中国历史－隋唐时代－青少年读物 ②中国历史－五代十国时期－青少年读物 Ⅳ . ① K209

中国版本图书馆 CIP 数据核字 (2022) 第 002072 号

陪孩子玩转中国史 2：隋唐五代简史
(PEI HAIZI WANZHUAN ZHONGGUOSHI. 2，SUI TANG WUDAI JIANSHI)

编　　著：文　海
责任编辑：辛春来
策　　划：闫　冬
封面设计：后声文化・胡振宇
美术设计：壹点插画工作室
插画绘制：王梦婕　贾迎欣　刘　冲
艺术指导：李朋威　李春华
出　　版：东方出版社
发　　行：人民东方出版传媒有限公司
地　　址：北京市西城区北三环中路 6 号
邮　　编：100120
印　　刷：三河市嘉科万达彩色印刷有限公司
版　　次：2022 年 3 月第 1 版
印　　次：2022 年 3 月第 1 次印刷
印　　张：24（全六册）
开　　本：700 毫米 ×1000 毫米　1/16
字　　数：350 千字（全六册）
书　　号：ISBN 978-7-5207-2465-4
定　　价：120.00 元（全六册）
发行电话：(010) 85924663　85924644　85924641

文海　编著

# 陪孩子玩转中国史 2

## 宋元简史

人民东方出版传媒
People's Oriental Publishing & Media
東方出版社
The Oriental Press

# 图说历史

**北宋开国**
960—1127
结束五代
基本统一中国
历史上一个较长期的繁荣时期

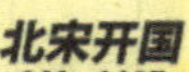

**“陈桥兵变”**
960
赵匡胤取代后周
建立宋朝

**宋太祖：“杯酒释兵权”**
960—976在位
和平解除武将兵权
立下崇文抑武国策

**“词中天子”李煜**
961—975在位
南唐末代君主，杰出词人

**“澶渊之盟”**
1005年年初
维持宋、辽边境百年和平

**王安石变法**
1069—1085
持续16年，中国历史上最著名的社会变革运动之一

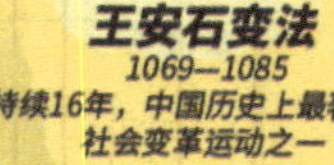

**徽宗轻佻**
1100—1126在位
历史上有名的文艺皇帝

**开封保卫战**
1126
北宋灭亡前夕的一次
重要战役

**南宋偏安**
1127—1276
定都临安（杭州）
享国约150年

宋元简史
宋高宗登基
1127—1162在位
南宋开始，维持半壁江山
文天祥慷慨就义
1236—1283
“宋末三杰”之一
岳飞之死
1103—1142
南宋“中兴四将”之一
被投降派杀害
范成大出使金国
1126—1193
南宋“中兴四大诗人”之一
张世杰与崖山之战
1279
南宋残部灭亡
元朝统一中国
元
蒙古国的兴起
1206
铁木真建立大蒙古国
上尊号“成吉思汗”
忽必烈建元
1271
第一个由少数民族贵族为主
建立的全国性统一王朝
成吉思汗横空出世
1206—1227在位
带领蒙古骑兵横征欧亚多国

# 目录

宋朝之前，几大统一王朝中，秦朝亡于起义，西汉亡于外戚，东汉亡于宦官和豪强（军阀），隋朝亡于兵乱，唐朝亡于宦官和藩镇（军阀）；西晋略有不同，亡于内乱（八王之乱），给它最后一击的是匈奴人建立的政权。

对比之下，宋朝的历史就有些“古怪”：既没有宦官专权，也没有外戚之患；开国之始便疯狂打压武将，断绝了军阀作乱之路；而且，在两宋三百多年的时间里，一次大规模的农民起义都没有。

社会开明、国民富裕、文艺发达，宋朝的“幸福”指数这么高，可它也有一个最大的麻烦：自始至终，宋朝都生活在外族政权强大压力的阴影之下。辽、西夏、金、元，纷纷而来，最后，北宋亡于金国，南宋亡于元朝。

元朝的统治不到一百年，建立了影响深远的行省制度；元朝疆域辽阔，是中国历史上版图最大的时期。

《诗词里的历史》索引

# 北宋开国与统一

北宋政权是从“五代”的最后一个政权后周政变而来。公元959年，七岁的小皇帝后周恭帝即位，军权掌握在大臣赵匡胤（yìn）手上。第二年正月，发生“陈桥兵变”，赵匡胤称帝，改国号为“宋”，定都开封（称“东京”）。赵匡胤即宋太祖。

宋太祖是通过兵变上台的，对此他有很清醒的认识。为了杜绝其他人通过同样的方式从他或者他的继承者手上夺走政权，建国之初，宋太祖便着手解决武将专权的问题。他先是解除高级禁军将领石守信等的兵权，又通过一些制度化建设，形成了颇具宋朝特色的文官领兵，兵不识将、将不专兵的局面。

建国之初还有一个重要任务便是结束分裂、完成统一。宋太祖和宋太宗两任皇帝，前后经过十九年，到979年平定北汉政权，基本上实现了中国的统一。中国历史进入一个较长的繁荣时期。

宋朝上承五代十国，下启元朝，分北宋和南宋两个阶段。北宋最令人向往，这是中国古代历史上经济和文化都非常繁荣的时代，文人地位前所未有地提高，儒学得到复兴，科技发展突飞猛进，政治也较开明。但北宋的突出问题是“弱”，重文轻武的国策助长了文化的繁荣，同时也抑制了军队的战斗力，这一问题随着时间的推移，越来越严重。

# “陈桥兵变”

生词学习

yìn 胤：后代，后嗣。

yì 驿：驿站。

zé 啧啧称奇：咂着嘴称赞它的奇妙。

公元959年，后周世宗柴荣驾崩了。继承皇位的，是他的儿子柴宗训。这孩子才七岁，显然不能处理国家大事。没办法，他的母亲符太后垂帘听政了。孤儿寡母，要管那么大的一个国家，这日子不好过啊。就像走钢丝一样，发生危险，那是迟早的事儿！

果然，960年春节刚过，边境就传来警报了：北汉跟辽国联手，大军直奔后周而来。

符太后一点主见都没有，一听到报告，吓得**六神无主**，**手足无措**。急忙把宰相范质等叫来，商量对策。范质思来想去，满朝文武，只有一个人可用。谁呢？那就是禁军统帅赵匡胤。

赵匡胤年纪不大，才三十三岁，但是资历不浅，能力很强。他曾跟随周世宗柴荣南征北战，立下了赫赫战功。如今边关告急，能担当御敌重任的，首推就是他。

于是，赵匡胤就带着军队出发了。后周大军才走出开封四十里，到了陈桥驿，天也快黑了，便停下来扎营休息。就在这天晚上，一件大事发生了。

据史料记载，当时，随军参谋苗训站在营外，仰头看天。赵匡胤的亲信楚昭辅走过来，看到他就问：“苗先生，你在看什么呢？”

苗训不说话，继续看天。天早就黑了，现在是满天星斗。苗训又看了一会儿，指着西边跟楚昭辅说："你没看见太阳下面，还有一个太阳吗？"

楚昭辅以为自己听错了，但苗训一脸严肃认真。楚昭辅赶忙瞪大眼睛往那边看。他竟然真的看到了太阳下还有一个太阳。两个太阳互相碰撞震荡，慢慢地熔成一片黑光。突然，一个太阳沉没了，剩下另一个太阳，格外明亮。

楚昭辅就问苗训："这就怪了，怎么回事呀？"

苗训说："实话跟你说吧，这就是天命。先没的太阳，应验在周；后现的太阳，就要应验在赵统帅身上了。"

楚昭辅立即把这件事传了出去，顿时一传十，十传百，军中上下都**啧啧称奇**："既然天意如此，那我们是不是该做点什么来顺应天意呢？"

于是，赵匡胤手下的大将兼好兄弟高怀德首先站出来，说："咱们现在的皇帝是个小孩子，他懂得什么呢？咱们兄弟们再怎么拼命作战，他也不会记得的。我看倒不如顺应天意，先立赵大哥为天子，然后北征，大家觉得这样好不好？"

将士们全都应声说道："好！我们就这么办。"

又有人觉得应该跟赵匡胤汇报一声。但大家都担心赵匡胤不答应。好在他的亲弟弟赵光义也在军中。大家就跑到赵光义那里，想听听他的意见。赵光义一听，大吃一惊，说："这么大的事，我也做不了主，咱们还得去找一个人。"

这个人叫赵普，是赵匡胤最重要的谋士。赵普开始还有点犹豫，说："这么做不合适吧？"

大家说："有啥不合适的？"

赵普一看群情高涨，就说："也是，现在皇帝年纪这么小，国家又有危难，只有咱们赵统帅一向威望高，他确实是皇帝的最佳人选！那我们今晚就准备准备，明天一早就把这事办了。"

第二天，天还没亮，士兵们纷纷冲出大营，请求赵匡胤当皇帝。大家来到赵匡胤的营帐，将宿酒未醒的赵匡胤扶起来，又拿出一件早已准备好的黄袍（皇帝专用）披在他身上，这就是"黄袍加身"。

赵匡胤开始还不答应，说："你们这样做，不是要害我吗？"

经不住大家再三请求，赵匡胤就说："真要这样做的话，你们可就必须听我的。"

大家连忙点头："我们都听您的！"

于是，赵匡胤整顿军队，又杀回了后周的都城开封。胁迫小皇帝退位，**取而代之**，定国号为宋。赵匡胤就是宋太祖。这就是历史上非常具有传奇色彩的"陈桥兵变"。

## 历史考点

公元 960 年，赵匡胤发动陈桥兵变，称帝，改国号为"宋"，定都开封。赵匡胤即宋太祖。

## 语文考点

### 之乎者也

这是古文中最常见的四个虚词。据说，赵匡胤当上皇帝以后，准备拓展外城。他来到朱雀门前，看见门额上写着"朱雀之门"四个字，觉得别扭，就问身旁的大臣赵普："为什么不直接写'朱雀门'三个字？多用一个'之'字有什么用呢？"赵普告诉他："这是把'之'字作为语助词用的。"赵匡胤听后哈哈大笑，说："之乎者也这些虚词，能助得什么事情啊！"

"之乎者也"后来用作成语，用来形容说话或写文章半文半白，咬文嚼字。

# 58 “杯酒释兵权”

生词学习

眼花缭(liáo)乱：眼睛看见复杂纷繁的东西而感到迷乱。

揣摩(chuǎi mó)：反复思考、推求。

尴尬(gān gà)：指处境困难、窘迫，不知所措，不好处理。

宋太祖赵匡胤自从当上皇帝以后，就常常思考一个问题。这个问题，他**百思不得其解**。那就是：为什么五代时期的皇帝换得那么快，跟走马灯一样，一会儿换一个，搞得人们**眼花缭乱**的？

于是，他问宰相赵普。赵普回答说：“因为有那么多高级将领，他们手握重兵，**位高权重**，还离皇帝那么近。所以，他们很容易就能把皇帝推下龙椅。”

宋太祖**若有所思**，随即欣慰地笑着说：“现在掌管中央军的，都是我的好兄弟，他们是不会背叛我的。”

赵普揣摩着皇帝的心思，笑笑说：“他们是不可能背叛，但他们手下的士兵呢，谁敢保证啊？”

赵匡胤一愣。赵普继续说：“您当初也不想背叛后周，可当将士们把黄袍穿在您身上的时候，您能拒绝得了吗？”

这说的是“陈桥兵变”的那一段。赵匡胤有点尴尬，于是赶紧转移话题，说：“我把这些人当兄弟看啊。”

赵普马上接话：“后周世宗皇帝也把您当成兄弟啊。”

这句话太戳（chuō）心窝了：我当你是兄弟，你却夺我江山啊！赵匡胤词穷了，只好问道：“那我应该怎么办？”

赵普想了想，给赵匡胤出了个主意。赵匡胤一听：妙！实在是妙！

于是，这天一下朝，赵匡胤就把在京城的几位将领留了下来。都是多年交情的好兄弟，大家一边喝酒，一边回忆从前的光辉岁月。这场酒宴，大家都喝得特别高兴，一直喝到掌灯时分。

赵匡胤感觉是时候了，于是清了清嗓子，突然长叹了一声：“唉——”

石守信先听到了，碰了碰身边的王审琦，说：“皇上为啥唉声叹气？”

王审琦一见赵匡胤**垂头丧气**的样子，赶紧就问：“您如今已经是皇上了，还叹什么气呢？”

赵匡胤马上说：“你们不知道，自从当上皇帝，我就神经性头痛，每天都睡不好。”

大家一时不知道该怎么办，都沉默下来。又听到赵匡胤接着感叹：“你们是不知道呀，我如今做皇帝，还不如当初做禁军统帅时快活。”

大家都愣了。赵匡胤继续说：“我能当皇帝，是因为你们的拥戴。所以，我一想，就睡不着。”

石守信听明白了，倒抽了一口凉气，酒也醒了一半，试探地问："陛下怎么说这样的话？现在天下已定，谁敢有异心？"

赵匡胤故意皱着眉，指着他们说："你们当然不会有异心，但如果你们手下的人贪图富贵，也把黄袍披在你们身上，就算你们不想做皇帝，能行吗？"

大家全都惊呆了，谁也不敢说话，都推开桌子跪在地上。

赵匡胤继续说："人生就这么几十年，多攒点儿钱享受生活，让子孙也享福，不好吗？你们不如放弃兵权，去选个好地方做官，为自己和子孙多买田产，快活地过一生。我和你们结成儿女亲家，彼此之间不猜疑，你好我好大家都好，这样多好啊！"

石守信几个人马上领悟了，这是让大家主动辞职啊。无论心里乐不乐意，都跪下来叩头谢恩："陛下为我等考虑得这样周全，真是让我们感激涕零。"

第二天，这些老部下开始请病假，接着，大伙儿接二连三地辞职了。赵匡胤假装挽留了一番，然后愉快地接受了辞职信。

这就是历史上著名的"杯酒释兵权"。发生在大宋立国的第二年（961）七月。通过这一怀柔手段，宋太祖顺利地消除了唐末以来武将专权这一大患，很好地巩固了宋朝的统治。

**历史考点**

宋太祖赵匡胤接受宰相<u>赵普</u>的建议，采用<u>"杯酒释兵权"</u>的办法，消除了武将专权的隐患。

**语文考点**

烛影斧声

公元976年，宋太祖赵匡胤和弟弟赵光义夜间单独在一起；之后，突然传出宋太祖去世的消息；紧接着，赵光义继承皇位，即宋太宗。传闻有人在屋外看到烛光下身影晃动，听到斧头劈物的响声，故而怀疑太宗谋杀了太祖，史称"烛影斧声"。这是宋史上的未解之谜之一。后人也用"烛影斧声"一词来表示对某事持有怀疑。

# 59 “词中天子”李煜

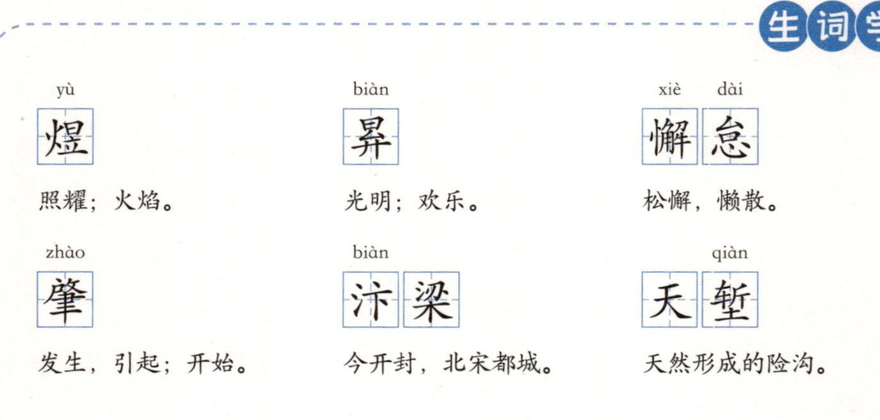


宋初统一战争中，曾先后灭掉后蜀、南唐、北汉等诸多割据政权。那个曾写下名句“十四万人齐解甲，更无一个是男儿”的花蕊夫人，她的故事就与宋灭后蜀有关。而写下“问君能有几多愁，恰似一江春水向东流”的著名词人李煜，他的故事则与宋灭南唐有关。

南唐，是五代十国时期李昪在江南地区建立的王朝，定都江宁（今南京），是十国中版图最大的政权。南唐地大物丰，文化昌盛，为中国南方的经济开发作出了重大贡献。公元975年，南唐为宋太祖所灭。宋太祖即位后，末代君主李煜被赐死。李煜精书法、工绘画、通音律，以词的成就为最高。在晚唐五代词中别树一帜，对后世词坛影响深远。

古代的皇帝，能打仗的多，能写文章的少。这其中，有一个皇帝，他的文学成就可以说是非常出众。这个人，就是南唐的最后一位君主，叫李煜。

李煜登基的时候，正是北宋刚刚开国。李煜还挺有**自知之明**的，马上就派人出使宋朝，给大宋进贡。

公元966年，宋太祖灭掉了后蜀，接着把目标锁定为南汉。李煜大概认识到危险，居然**奋发图强**起来。他下令，让所有的高级官员，都要在朝廷轮流值班，跟皇上讨论国家大事。这讨论会，常常一开就开到半夜三更。这可让大家**刮目相看**了。这位年轻皇帝，是他们看着长大的，本来只爱读书写字弹琴画画，现在这是要做工作狂人了?

然而，这样的情况只持续了一年，李煜发现宋太祖那边没有要灭南唐的意思，于是很快懈怠下来，继续**风花雪月**去了。他觉得只要给宋太祖送礼，礼厚重了，对方就会让他继续在江南小朝廷里过好日子。

970年，北宋聚集兵力，猛攻南汉，边防空虚。南唐大将林仁肇给李煜提供了一个大胆的想法：主动出兵攻打北宋老巢。

李煜吓坏了，他把头摇得跟拨浪鼓一样："咱们这点家底，能守住基业就不错了，还敢进攻?"

宋太祖听说了这件事，认为林仁肇是个不安定因素，不趁早除去，日后恐怕是个麻烦。于是，给李煜**量身定做**了一个反间计。他拿出一幅林仁肇的画像，让南唐的使臣看，说这是林仁肇准备来投降的信物。使臣一看，赶紧跑回南唐报告。李煜气得不行，当即让林将军喝了毒酒。

林仁肇可是南唐军队的灵魂，现在，灵魂没了，南唐的将士就成了**一盘散沙**。南唐的国势也越来越弱，成了落山的太阳，**不可救药**了。

宋灭了南汉，李煜赶紧向宋太祖表示：我不当皇帝了，我就自称"江南国主"

吧，我也不用皇帝的仪仗队了，所有的待遇都降级。

李煜以为这么做，还可以让自己的南唐勉强活下去。可惜，他太幼稚了。宋太祖不停地派遣使者来，要求他去东京汴梁面圣。李煜再傻也知道不能去，于是一直拖着。终于，宋太祖失去了耐心，联合吴越王，共同发兵攻打南唐。

最开始，李煜还不相信宋军能顺利渡过长江天堑。直到宋军**兵临城下**，他望着城外遍地的大宋旗帜，才知道**大势已去**。975 年，宋军攻进南唐都城。李煜投降，被送到了汴梁。宋太祖没杀他，封他为“违命侯”，把他软禁了起来。李煜做了亡国之君，每天的事情，就是写写词，喝点闷酒。

后来宋太宗即位了，第三年七夕这天，李煜写下了著名的《虞美人》词：

春花秋月何时了？往事知多少。小楼昨夜又东风，故国不堪回首月明中。

雕栏玉砌应犹在，只是朱颜改。问君能有几多愁？恰似一江春水向东流。

宋太宗听了，非常厌恶，于是让人拿着毒酒，赐给李煜。一代“词中天子”，就此被终结了生命，享年四十二岁。

## 历史考点

李煜是南唐的末代君主，晚唐五代时期的著名词人，代表作有《虞美人·春花秋月何时了》等。

975 年，宋灭南唐。

## 语文考点

**卧榻之侧，岂容他人酣睡**

宋灭南唐之前，宋太祖赵匡胤召南唐后主李煜到汴京朝见。李煜不敢去，派大臣徐铉（xuàn）到汴京求和。宋太祖说：“不须多言，江南亦有何罪？但天下一家，卧榻之侧，岂容他人鼾睡乎！”——你们也没什么过错，但是我的卧床之侧，不容许有别的人在睡觉。

“卧榻之侧，岂容他人鼾睡”成为后世的著名典故，比喻自己的势力范围或利益不容别人侵占。

## 成语迷宫

沿横向或纵向行走，试着找出迷宫中的全部成语。

| 二 | 合 | 不 | 鼎 | 七 |
|---|---|---|---|---|
| 为 | 一 | 言 | 九 | 零 |
| 认 | 锤 | 不 | 全 | 八 |
| 不 | 定 | 音 | 四 | 落 |
| 亲 | 次 | 五 | 番 | 三 |
| 六 | 神 | 无 | 主 | 丢 |

答案：1.合二为一；2.一锤定音；3.一言九鼎；4.一言不合；5.丢三落四；6.三番五次；7.五音不全；8.六神无主；9.六亲不认；10.七零八落。

## 述国亡诗

（五代）花蕊夫人

君王城上竖降旗，妾在深宫那得知？

十四万人齐解甲，更无一个是男儿。

北宋建立后，开始向五代十国中剩下的割据小政权用兵。宋朝采取的策略是先易后难，这样，实力不强的后蜀，便排在了北宋统一战争清单的前列。

964 年，北宋发起灭后蜀之战，四十多天内就兵临成都城下。事实上，宋军此时只有六万人马，而城内后蜀军队还有十四万，不乏一战之力。但是后蜀已经被宋军的声势吓破了胆，无心抵抗，国君孟昶（chǎng）叹息着说：“我父子温衣美食，养士四十年，如今大敌当前，连个肯为我向敌人阵营里放一箭的人都没有，更不要说愿意为我固守江山了！”于是开城投降。

花蕊夫人是孟昶最宠爱的妃子，国亡后被押解到了开封。宋太祖赵匡胤早就听说过花蕊夫人的大名，如今一见更是惊为天人。他令花蕊夫人当场作诗，花蕊夫人思考片刻，便吟出了这首《述国亡诗》。

在诗中，作者质问：国家兴亡，我一介女流哪里担得起如此重责；那些本应该为国家为妻儿而战的人，却都放下武器、束手就擒，还能算是男儿吗？

花蕊夫人后来被宋太祖纳为妃子，几年后死去。

# 宋辽和战与北宋变革

宋朝一直没有真正统一中国。不仅如此，在北宋的周边，还存在着契丹族建立的辽国、党项族建立的西夏、女真族建立的金国。这些政权都和北宋发生过战争冲突，成为宋朝挥之不去的威胁。

1004 年秋，辽军南下攻宋。在宰相寇准的坚持下，宋真宗御驾亲征，鼓舞了前线士气，宋军抵挡住了辽军的攻势。最终双方议和，史称“澶（chán）渊之盟”，弱势的宋朝一方给辽国“岁币”（相当于战争赔款，每年送给对方钱物）。此后双方百年间不再有大规模的战事。

西夏对宋也接连发动战争，宋朝处于弱势。1044 年，双方达成和议，宋朝给西夏岁币。

这些强势外来政权，一直是宋朝最大的祸患。每年的巨额岁币支出，给北宋的财政造成了巨大压力。到了北宋中期，政府开始“积贫积弱”，不得不寻求变法来改变困境。1069 年，宋神宗任用王安石变法。变法取得了一定效果，但因为阻力太大，最终失败。

## 60 “澶渊之盟”

chán
澶渊
古地名，在今河南濮阳西南。

tà
挞
用鞭、棍等打人。

北宋开国以来，一直有一个劲敌，那就是契丹人建立的辽国。到宋真宗时期，辽国掌权的是萧太后。公元1004年秋天，萧太后和辽圣宗耶律隆绪，率领二十万大军，南下攻打宋朝，一路**势如破竹**，很快就到了澶州（今河南濮阳）城下。一过澶州，那就是大宋的都城开封了。

消息传来，满朝震动。大家都吓坏了。宋真宗也没有主意，第一个念头就是逃跑，把都城往南方迁，避开这个强大的敌人。这事儿跟大臣们一商量，群臣立刻分成两派。一派主张逃跑，参知政事王钦若主张迁都金陵，因为他是江苏人；知枢密院事陈尧叟主张迁都成都，因为他是四川人。

另一派是主战派，以宰相寇准为首。支持他的是宰相毕士安和武将高琼。寇准坚决不同意迁都逃跑。他对宋真宗说：“谁为陛下出这样的主意，谁就该杀。前线将士还在**浴血奋战**，我们却在这准备迁都逃跑，这会让将士寒心的。只要皇帝御驾亲征，士气自然大振，文武大臣**同心协力**，团结一致，一定能打退辽军。”

为了让皇帝下定决心，寇准把前线的告急文书压下来，堆积到一定程度，才一起送给宋真宗看。真宗急得满头是火：“这该如何是好啊？”

寇准就一句话：“御驾亲征！”

宋真宗被逼无奈，硬是被寇准几个人给架上了马背，往澶州城进发。

澶州城被黄河分成南北两个部分。宋真宗的车驾到达时，辽国大军已经抵达北城附近。宋真宗远远一看，只见黄河对岸烟尘滚滚，顿时满心恐惧，磨磨蹭蹭地不肯过河。

寇准几个人极力劝说。宋真宗还是不吭声。高琼**当机立断**，命令兵士把车驾直接往北城开，强行带着宋真宗过河，来到澶州北城。

好在将士、百姓们离得远，也看不见皇帝浑身在打哆嗦。他们远远地看见皇帝亲临战场，这比得了金山还令人激动。一时之间，城上城下的宋军和百姓山呼万岁，震天动地。宋军顿时气势倍增。

宋真宗虽然害怕，但是此刻一见群情振奋，自己心里头也安定多了。鼓舞完了士气，车驾赶紧退下来，回到南城。由寇准留守北城，主持战事。宋军运气很好，对垒中，辽军的先锋统帅萧挞凛中箭而死。这萧挞凛可是大辽国的猛将，他一死，立刻动摇了辽军的军心。

同时，因为**孤军深入**中原很长时间了，供给线出现问题，萧太后只好暂缓攻城。这样一来，讲和的可能性大大提高了。萧太后遣使入城，表达了讲和的意愿。宋真宗本来就不想打，正好**就坡下驴**，不顾寇准的坚决反对，派曹利用作为使者去谈判。

宋真宗对曹利用说：“只要不割地，可以多给银钱。一百万以内都可以。”

寇准则瞅着机会揪住曹利用，警告他说：“虽然皇上有旨意，不过百万都可以；但你去交涉，如果敢超过三十万，我就砍掉你的脑袋！”

曹利用也算是个谈判高手，同时辽国也的确不想再耗下去，所以，最终结果，曹利用把价码谈到了每年十万两银子、二十万匹绢布。回来汇报的时候，宋真宗询问结果，曹利用伸出三个指头。宋真宗大惊失色，以为是三百万，顿时大怒。曹利用赶紧说明情况，这下宋真宗乐开了花。就这样，双方订立和约，这就是历史上著名的“澶渊之盟”。

“澶渊之盟”以后，辽、宋长期保持友好往来，一百年间，几乎没有大的战争，双方互相做买卖，也互派使者。老百姓也过了一段安定日子。

## 历史考点

公元1004年，北宋和辽国缔结“澶渊之盟”，为宋辽两国间带来了百年和平。

## 语文考点

### 势如破竹

像用快刀劈竹子一样，劈过几节后，竹子就迎刃破裂。比喻作战或工作节节胜利，毫无阻碍。出自《晋书·杜预传》。

例句：部队武器精良、士气旺盛，一鼓作气打过来，势如破竹。

### 御驾亲征

皇帝的车驾为“御驾”。这个成语的意思就是皇帝亲自率兵征讨敌人。也比喻亲自出面做某事。

例句：打个电话就能说清楚的一点小事，用不着我“御驾亲征”吧?

# 61 王安石变法

生词学习

琦（qí）
美玉；不凡的、美好的。

桀骜不驯（jié ào）
倔强或傲慢、暴躁，不受管束，不驯顺。

贫瘠（jí）
（土地）薄，不肥沃。

淘汰（táo tài）
在选择中去除（不好的或不适合的）。

在北宋的各位帝王当中，宋神宗是一个有着远见卓识的皇帝。他已经感觉到了，大宋的现状是表面繁荣，实则如履薄冰。

具体有哪些问题呢?

在他统治的时代，政府公务员数量庞大，**人浮于事**，并且国家每年要因此支付巨额费用。同时，还有军队的费用。宋朝军队庞大，都由政府开支，每年的军费支出是个天文数字，可是养出来的士兵又不会打仗，战斗力低下。另外每年要送给辽国和西夏数额庞大的钱粮财物……

神宗皇帝知道：必须有所改变，方能拯救大宋！但是这么大一个国家，单靠皇帝一个人不行啊。他开始物色人选，想要找个**志趣相投**的人，来帮助他出谋划策、管理国家。这时候，有人向他推荐了王安石。

对王安石，神宗皇帝早就听说过。这个人，说好听的，是**特立独行**；不好听的，叫**桀骜不驯**。一直当地方官，老是表现得跟别人不一样。早在仁宗朝，王安石就**三番五次**地推掉朝廷的任命，婉拒皇帝的邀请。

神宗皇帝兴奋异常，坚信王安石一定是**栋梁之材**。于是，邀请他来中央。王安石跟之前一样，也拒绝。理由是，正生着病呢，不宜远行。

神宗皇帝说：“不着急，你养着，好了再来。”

见皇上这么上心，别的大臣不乐意了。宰相秘书吴奎说：“我和王安石曾是同事，他**刚愎（bì）自用**，喜欢吹牛，如果被重用了，恐怕会祸乱朝政。”

神宗皇帝意志坚定，**不为所动**。最后，三朝元老、宰相韩琦见皇帝这么固执，就以辞职相要挟。结果，要挟没有成功，辞职却马到成功。

临走前，神宗皇帝问他：“你非要走，我也没有办法。你去后，谁适合坐你的位置？”

韩琦很懊恼，说：“陛下已有人选，何必问我。”

神宗皇帝说：“王安石怎么样？”

韩琦无可奈何道：“王安石学问不错，但如果做辅佐之臣，器量不足。”

虽然有这么多人反对，但是在神宗皇帝的保护下，王安石冲破各种障碍，顺利进入了中央机构。神宗皇帝询问治国之道，王安石指出富国强兵的唯一途径就是变法。这话说到神宗心里去了。他马上任用王安石主持政务，开始变法。

王安石的变法，内容主要有这样几条：

一个是农田水利法，开垦国内的废田；

一个是方田法，只要户口在大宋，就必须按规定交税；对全国耕地重新评估，按照肥沃贫瘠，分为五等，肥沃的耕地赋税多，贫瘠的耕地赋税相应地减少；

还有青苗、免役法，农民种地可以获得贷款，同时清查

漏税耕地和整理田赋。当时，地主兼并贫农的耕地之后，往往都隐瞒不报，也就不用缴税。王安石下令，清查全国的耕地，结果查出三百六十万亩之多；

还有繁荣市场的市易均输法。这些都是为了富国。

强兵呢？那就是淘汰废物，训练精锐，创办民兵，这个叫保甲保马法。

新法一出台，立刻遭到众多官员的极力反对。比如方田法，很多政府官员都是大地主，这些人属于被改革的对象。他们把土地占为己有，用廉价的钱雇用百姓种地，然后把收成分出微小的两份，一份给国家，一份给农民。王安石现在让他们按照土地多少来缴税，他们当然不干。

再比如青苗法，农民可以贷款种地，可农民真的拿这钱去种地了吗？贷款有利息，如果农民还不上怎么办，那公务员的工资怎么办，就没保障了。

又比如保甲保马法，宋朝重文轻武，官员们对兵事非常抵制。神宗皇帝曾询问宰相富弼如何挽救帝国尊严，富弼的回答是：“愿陛下二十年不言兵。”所以对于这一条变法内容，他们也反对。

官员们的反对如此强烈，王安石变法的阻力可想而知。几年后，宋神宗去世，由太子赵煦（xù）继位。赵煦年仅十岁，凡事都听祖母太皇太后的；而太皇太后，凡事都听老臣司马光的。司马光反对变法，视王安石的新法为毒药，于是新法被废除，王安石变法宣告失败。宋神宗希望通过改革来实现富国强兵的愿望也就落了空，北宋继续走在贫弱的老路上。

## 历史考点

1069 年，宋神宗任用王安石开始变法，旨在改变北宋建国以来积贫积弱的局面。王安石变法是中国历史上继商鞅变法之后又一次规模巨大的社会变革运动。1085 年，宋神宗去世，变法也随之失败。

## 语文考点

积贫积弱

意思是长期积累的贫困、衰弱。形容极度贫困和弱小，或指以前的行为导致现在的局面衰弱。

例句：为了改变积贫积弱的局面，一代又一代人付出了艰辛努力。

刚愎自用

意思是十分自信，固执己见，自以为是，听不进别人的意见。愎：任性。刚愎：强硬、固执。自用：自以为是。

例句：他这个人刚愎自用，别人说什么他都不肯听。

## 自题金山画像

（北宋）苏轼

心似已灰之木，身如不系之舟。

问汝平生功业，黄州惠州儋州。

苏轼是历史上最著名的大文豪之一，他和父亲苏洵、弟弟苏辙，时称“三苏”。传说苏轼和苏辙同时被录为进士，宋仁宗皇帝下朝后得意地对人说：“吾今又为吾子孙得太平宰相两人！”

苏轼做官的时候，正遇上王安石变法，朝廷党争激烈，局势反复。正直、真性情的苏轼，先是因反对新法而被斥，后又因人构陷入狱，差点被处死，一生辗转多地，命运波折。这首《自题金山画像》，写作于作者晚年的最后岁月，以短短二十四个字浓缩了诗人的一生。

“心似已灰之木”，指心如死灰的木头，已经无欲无求；“身如不系之舟”，这一生就像没有拴系的小船，靠不了岸，任由水上漂泊。回想一生经历，要是问我这一生有何突出事业，我只能回答：黄州、惠州、儋州。作者一生三次被贬，贬黄州五年，贬惠州三年，贬儋州四年。一共十二年，这是作者一生最重要的时光。

但是虽然被贬，苏轼却并没有消极无为，而是积极关心民生，修水利，促农桑，在各地都留下了很好的官声。

这首自题诗，堪称作者一生最贴切的概括，感慨中带着诙谐、自嘲，表面看似情绪低沉，底子里其实仍是作者一生不改的豁达。

# 靖康之耻：北宋的末路

如果你一直弱势，没有谁会停下来等你成长。北宋王朝寻求变革的路走不通，强大的外敌不断崛起，等待它的结局自然不可能美好。

1115年，女真族首领阿骨打正式建立政权，国号大金，他就是金太祖。金国迅速壮大，1125年，金灭辽国；1127年，金灭北宋。

金国崛起之时，北宋正是宋徽（huī）宗赵佶（jí）在位。北宋王朝本已是强弩（nǔ）之末，偏偏徽宗还是一个艺术型和享乐型的皇帝，政治上他重用奸臣蔡京，生活上他穷奢极侈，醉心书画珍玩，导致朝政恶化，农民起义不断。靖康元年（1126），金军兵临开封城下，宋徽宗无计可施，匆忙让位给太子赵桓，即宋钦宗；靖康二年（1127）三月，开封城破，徽、钦二帝都做了金人的俘虏。这就是“靖康之变”，也称“靖康之耻”。北宋灭亡。

# 62 徽宗轻佻

huī 徽：美好的；表示标志，如“徽标”。

jí 佶：健壮的样子。

dūn 惇：敦厚。

tiāo 轻佻：轻浮，不庄重。

时间来到公元1100年，年初，宋哲宗赵煦去世了，给大宋留下了一个难题：他唯一的儿子多年前就死了，谁来继承皇位?

宋朝历史上有过“兄终弟及”的旧例，哥哥死了，弟弟接班，太祖与太宗就是例子。现在宋哲宗有五个兄弟，选谁来当皇帝呢?

宰相章惇最先提出一个人选：“依照礼法，应该立哲宗皇帝的同母弟简王。”

向太后不同意：“现在的皇子都是庶出，彼此之间没有什么分别。”

章惇又提出一个人选：“申王年纪最大，应该立他。”

向太后还是不同意，因为申王眼睛有毛病，这五官就不过关。

向太后说了一个人选：“我看，立端王最合适。”

章惇吃了一惊，立刻反驳说：“端王为人轻佻，不适合做皇帝啊！”在章惇看来，这五个人中，立其他任何一个人，都比立端王强。

向太后非常恼火。按说这端王赵佶又不是向太后亲生的，向太后干吗这么袒（tǎn）护他呢？原来，赵佶很会处理关系，三天两头跑到太后那去请安问好，所以，深得太后欢心。

向太后看着章惇，慢慢地说：“先帝曾经说过，端王赵佶有福寿相，人又仁孝，有当皇帝的资格。”

向太后这么一明确表态，自然就是**一锤定音**了。

其他几个大臣都跟着表态：“我们听从太后的安排。”就这样，“轻佻”的端王坐上了皇位，这就是历史上有名的艺术家皇帝宋徽宗。

章惇说宋徽宗“轻佻”，是说他不自重，做的事都是跟正事无关的闲事。徽宗是宋神宗的第十一个儿子，长得英俊潇洒，又聪明伶俐，多才多艺。他喜欢的事情可多了，书法、画画、写词，还有骑马、射箭、踢足球等等，只要是玩耍的，他都会，属于全才型的人物。

有这么多才能当然不是坏事，问题在于，当了皇帝，还是只知道写字画画踢球，这国家怎么办呢?

宋徽宗可不管，相反地，他这一当皇帝，天下都在手里，正好，把自己的兴趣爱好再发展一下。别的皇帝是过奢侈生活，他呢，那叫穷奢极侈，什么都要追求最好的。

宋徽宗崇尚道教，自称昊天上帝元子，给自己起的称号叫“教主道君皇帝”，又铸造九鼎，建了九成宫，在全国各地建立道观。

更可怕的是，他的审美水平相当高，对玩的东西就更为讲究。刚即位时，为了修景灵西宫，他就命人到南方太湖里采石头，一共四千六百枚。臭名昭著的大奸臣蔡京为了讨好他，专门跑到浙江一带搜集**奇形怪状**、**色彩斑斓**的石头来送给皇上。宋徽宗一高兴，就下令全国各地都来进贡

好石头，越稀奇古怪越好。这件事慢慢发展成大宋朝老百姓最有特色的一项“赋税”——江南各地每年都要向皇上进献石头，叫“花石纲”。并且朝廷在苏州设立总局，专门负责办理这件事，搞得**民怨沸腾**。小说《水浒传》一开头的故事，就是跟这个“花石纲”相关。

总之，皇帝应该做的事，宋徽宗一件都没有做；皇帝不能做的事，他一件都没有落下。最终，北宋陷进了深渊，皇帝自己还不知道呢。

据说，在赵佶出生的前一天晚上，父亲宋神宗梦见了一个人：南唐后主李煜。他梦见李后主翩翩而来，紧接着赵佶就出生了。宋神宗一看，这儿子**风流倜傥**（tì tǎng），才华横溢，这肯定是李煜转世啊。当然了，他只是希望赵佶能有李煜的文采，实在没想到，赵佶居然会**阴差阳错**地当了皇帝，最后也像李后主那样，断送了江山！

## 历史考点

1115年，女真族首领完颜阿骨打正式建立政权，国号大金。1127年，金军攻破北宋都城开封，北宋灭亡。史称“靖康之变”。

宋徽宗艺术造诣极高，书画俱佳，自创“瘦金体”。

## 语文考点

**强弩之末**

弩（nǔ）：古代射箭的机械。强弩射出的箭，飞到最后，力量减弱到极点，毫无杀伤力。比喻强大的势力已经衰弱，起不了任何作用了。

例句：对手已经是强弩之末了，我们应该趁机进攻。

# 63 开封保卫战

yīng
义愤填膺

胸中充满义愤。膺，胸膛。

fú lǔ
俘虏

战争中被敌方活捉的人员。

靖康元年，也就是公元1126年，金兵分成两路，大举南下，准备灭掉大宋。听说金兵要来，宋徽宗吓得**魂飞魄散**，急忙把皇位传给儿子赵桓。

赵桓也是够倒霉的，摊上这么一个爸爸，危急关头了才甩锅给自己！赵桓稀里糊涂地登基了，这就是宋钦宗。金兵一路猛攻，渡过黄河之后，眨眼之间，就来到了首都开封城下。整个大宋朝，上上下下乱成了一团，人心惶惶。

宋钦宗向大臣们询问对策。文武百官说啥的都有。总结起来，就是抗战派和妥协逃跑派。宋钦宗本来就是被**赶鸭子上架**，现在更是**胆小如鼠**，立刻站到了逃跑派一边：那就安排跑路吧！

这时候，大臣李纲站了出来，他对钦宗说："太上皇（指徽宗）传位给您，正是希望陛下能留守京城，陛下怎么能走呢？"

钦宗苦着脸说："我也不想跑啊，可是京城城池挡不住敌人，根本无法固守。"

李纲说："天下的城池，没有比京城更坚固的了。只要皇上亲自督战，一定能守住！"

钦宗只好硬着头皮留下。既然是李纲的主意，就任命李纲带队，负责保卫京城。

李纲知道这事必须**全力以赴**，于是他积极组织军民备战，加固城楼，安装炮座，搬运砖石，准备火油，补充足够的防守器械。同时，他还在城的四方，每处都配备正规军，再加上辅助部队和民兵协助，又把军队分为前、后、左、右、中五军，每天进行训练。

正月初八，金军在开封城下集结。李纲站在城上，亲自指挥防卫。金军疯狂猛攻，李纲就指挥士兵奋力抵抗，把金军打下去。几个回合下来，金军一直被挡在城外。打是捞不到什么好处了，那便议和吧。金国要求以黄河为界，让大宋割地，还要给金国进贡。大宋不同意，送钱可以，割地免谈。于是，和谈破裂了，双方再次回到战场上。

金军又开始疯狂进攻，李纲与将士誓死保卫都城。金军死伤无数，还是没什么进展。李纲率领的军民，意志坚定，跟开封的城墙一样坚固无比。而且，大宋各地支援的军队陆续来到京城附近。现在金军是**孤军深入**，这形势对他们来说十分不利。

强攻不行，金国开始利诱。派使者出来，接着谈条件讲和。钦宗本来就害怕，一见金军服软了，顿时心花怒放。那些本来就主张妥协的大臣，正好趁机吹风，整个朝廷里，求和的意见又占了上风。

李纲这个气啊：“要是想讲和，咱之前还费这么大劲打仗干吗？”

但是钦宗更生气：“你是皇上还是我是皇上？见好就收吧！”

于是就把不听话的李纲给

免职了。

李纲被罢免的消息一传出，京城军民义愤填膺，向朝廷抗议。钦宗被逼无奈，只好再次起用李纲，但和金国的和谈协议仍旧进行。金国拿到和约，撤兵走了。

开封保卫战，在李纲的率领下，取得了阶段性胜利。

然而，短视的大宋朝廷等风头一过，又把李纲贬出中央政府。第二年，金兵再度南下，围攻开封，宋钦宗紧急调李纲入京，但已经来不及，开封城破，宋徽宗、宋钦宗以及众多大臣都成了金人的俘虏。这一年是靖康二年，史称“靖康之变”，北宋灭亡。

## 历史考点

1126 年，金兵攻打开封，北宋军民以李纲为首，奋起抗击，并取得了阶段性胜利。史称“开封保卫战”。

1127 年，金军俘虏徽、钦二帝和后妃、皇子、宗室、贵戚等三千多人北撤。这就是令人震惊的“靖康之变”，北宋灭亡。

## 语文考点

### 赶鸭子上架

比喻强迫去做能力达不到的事情。鸭子不会像鸡一样上架，所以赶它上架，是强它所难。引申为一个人在不了解别人情况的时候，强迫别人去做不能做到的事情。

例句：他明明不会游泳，为了参赛才让他临时去学，这真是赶鸭子上架。

## 诗词里的历史

### 病牛

（宋）李纲

耕犁千亩实千箱，力尽筋疲谁复伤？

但得众生皆得饱，不辞羸病卧残阳。

李纲生活在两宋之际，官至宰相，却因性格耿直，几度被贬。

1126年，金兵入侵，李纲挺身而出，主持开封保卫战，击退金兵，成功挽救了大宋。按说有了这份功劳，在这风雨飘摇之际，李纲会受到朝廷的大力重用，但是，他却被皇帝和投降派排挤，不得不离开京城。

李纲被贬之后，随即发生了“靖康之变”，北宋灭亡。宋室南渡，李纲被宋高宗倚重，再度担任宰相，他殚精竭虑，重振朝纲，积极组织抗金。然而，他又没逃过被投降派弹劾的命运，不久被贬至武昌。第二年，李纲再被贬至澧（lǐ）州，这首《病牛》即写于此时。

在诗中，诗人说：“一头牛帮助人民耕耘千亩良田，换来千仓余粮，为此筋疲力尽，可又有谁同情、怜悯？但要是能够使天下苍生都能吃饱饭，老牛就算病倒在残阳之下，也在所不辞。”

诗人托物言志，以病牛自喻，表达了自己虽像病牛一样疲惫不堪，但仍心系国家和苍生，时刻不忘抗金报国的志向。

在中国传统文化中，“牛”代表着一种任劳任怨、无私奉献的精神。数千年来，这种精神激励着无数中华儿女。诗人将牛的精神进一步升华：病牛并不在乎同情和怜悯，而是在乎苍生能否吃饱；为此，它不惜负重前行。

# 南宋的偏安

1127年，金人攻破开封，掳走宋徽宗、宋钦宗二帝，北宋覆灭。为了统治中原，金人立宋朝议和派大臣张邦昌为大楚皇帝，建立伪楚政权。金兵撤后，张邦昌退位，康王赵构称帝，即宋高宗。

宋高宗在南京应天府（今河南商丘）即位，在金军的压迫下继续南逃，最终定都临安（杭州）。史称南宋。

与金国的战争，是南宋初期的主要任务。岳飞等一批抗金将领涌现，从金军手中收复了许多失地。但宋高宗害怕抗金力量壮大，杀害了岳飞，与金国达成和议，南宋向金称臣，给金岁币，双方以淮水至大散关一线为界。南宋政权的偏安岁月由此开始。

## 64 宋高宗登基

生词学习

liáo
潦草

（做事）草率，不精细；
（字迹）不工整。

jīng
战战兢兢

形容因为害怕而微微发抖的样子。也形容小心谨慎的样子。

公元 1127 年，金兵攻下开封，北宋覆亡。这就是历史上著名的“靖康之变”，也称“靖康之耻”。

金人还得找一个傀儡，来替他们打理中原地区。看来看去，他们看中了一个人：张邦昌。

张邦昌是北宋的宰相，主和派的代表，他曾经跟随康王赵构，去金兵的大营谈判，极力求和。金人觉得，这个人不错，听话！于是决定扶植他做皇帝，在开封建立大楚政权。

**莫名其妙**地当了皇帝，这事儿搁平常时候，那肯定是**天上掉馅饼**。可是张邦昌知道，这实在是个**烫手山芋**（yù）！全国人民都在抗金，而自己接受了金人的安排，做了皇帝，这还了得！张邦昌死活不肯当。但金国人硬逼着他当，在开封城里给他安排了登基仪式。

张邦昌**痛哭流涕**，一连绝食四天，以示抗议。最后金人生气了：“限你三天之内登基，再不答应，我们就要屠城！”

这下子张邦昌没有办法了，只好哭哭啼啼地当了伪皇帝。金人表示很满意，带着徽、钦二帝和金银财宝撤走了，大宋的人都松了一口气。

金人一走，张邦昌赶紧请出宋哲宗的皇后孟氏："金人逼我当皇帝，我不得不接受，但这只是缓解国家危难的权宜之计。如今该怎么办？"商量来去，决定请康王赵构登基。

赵构是宋徽宗的儿子，宋钦宗的弟弟，正统的皇室血脉，他做皇帝，**名正言顺**。就这样，当年的农历五月初一，赵构在应天府（今河南商丘），登基为帝。

这次继位，恐怕是历史上最匆忙、最潦草的一次了。没有辉煌的宫殿，没有**前呼后拥**的队伍，没有风光的朝拜。没有欢天喜地的热闹，没有**皆大欢喜**的赏赐。不仅如此，金兵还可能随时再杀过来。但是赵构没办法，只能战战兢兢地接过大宋政权，史称南宋。赵构即宋高宗。

## 历史考点

1127年"靖康之变"后，赵构在南京应天府（今河南商丘）登基，史称南宋，赵构即宋高宗。之后，南宋定都临安（杭州）。

## 语文考点

烫手山芋

山芋（yù）：一般指番薯。比喻要解决的事情很棘（jí）手，一旦成功则收获巨大。

例子：这件事真让人头痛，简直是个烫手山芋。

# 65 岳飞之死

内讧（hòng）：指集团内部由于争权夺利等原因而发生冲突或战争。

万俟卨（mò qí xiè）：人名。万俟是复姓。

兀术（wù zhú）：人名。

南宋初期，各地自发涌现出多支抗金队伍，他们英勇奋战，取得了很多胜利，对金军的南下形成了巨大的阻挠。这其中，岳飞和他率领的岳家军，是一面重要的抗金旗帜。

公元1140年，金国发生内讧，主战派的完颜兀术掌握了大权，再度带兵南下，进攻南宋。

南宋朝廷虽然消极抗金，但看金军**来势汹汹**，也不得已地积极配合岳飞等将领，要把金军赶出大宋的领土。岳飞率领的岳家军，已经**枕戈待旦**、**厉兵秣（mò）马**三年了。为了恢复中原，岳飞一直有计划地联络北方的民间力量。现在终于等到机会，岳家军士气高涨，一口气收复了怀州（河南沁阳）、卫州（河南卫辉）等地方，截断了太行山的南北通道。这气势，跟以前宋金作战中的宋军表现大不相同，兀术接连吃到败仗，只好逃回开封。

然而正当岳飞要**乘胜追击**，收复中原**指日可待**之时，想不到，荒唐的事情出现了。南宋小朝廷里，高宗赵构和奸相秦桧（huì），都害怕武将们在战争中越来越壮大，威胁他们的利益。尤其是抗金将领们总把“迎回徽钦二帝”挂在嘴边，高宗心想：“真把二帝迎回来了，我还能坐稳皇位吗？”所以在他们眼里，抗金的胜利只是对金谈判的筹码，岳飞打胜几场，让金人吃点苦头，就可以讲和了。可是现在岳飞一直在打胜仗，严重阻碍了议和。于是，高宗一连发了十二道金牌，召岳飞**班师回朝**。

君命难违，接到命令，岳飞仰天痛哭，说：“这是奸相秦桧误国啊！我经营了十年，心血全都毁了！”等岳飞回到临安，就被解除了兵权。接着，秦桧**紧锣密鼓**地筹划，指使人诬告岳飞，说他要挟朝廷，意图谋反。高宗下令，把岳飞父子打入大牢，命令大理寺的御史中丞何铸主持审理。

何铸本来是秦桧小团伙的人，让他审案，他很明白要怎么去审，审出个什么结果。于是他上来就一拍桌子，喝问：“岳飞，你伙同他人谋反，快从实招来！”

岳飞比他声音还洪亮：“我没有谋反。我忠于朝廷，**苍天可鉴**。你们看！”岳飞背过身去，解开衣服，露出后背给他们看。后背上刺着四个大字：尽忠报国！

这字，是岳飞的母亲刺的。岳飞少年时，看到金兵烧杀抢掠，人民家园被毁，报国之心激荡不已。母亲为了激励他，就把“尽忠报国”四个字刺在他的背上。如今字迹深深嵌在肌肤里，无比刺眼。

何铸审理良久，得不到想要的结果，便报告秦桧，说找不到谋反证据，岳飞是无辜的。秦桧很生气，说：“这样子不行啊。定他的罪可是皇上的意思。”既然何铸无能，那就换人。秦桧让万俟卨（mò qí xiè）来接手。

这万俟卨跟岳飞有矛盾，一直在找机会报复，现在可让他逮着了。万俟卨对岳飞严刑拷打，厉声呵斥，让岳飞招供。岳飞只说一句话：“日月可鉴。”

无论他怎么逼供，岳飞都不承认谋反。万俟卨又跟同伙商议，说岳飞之前增援淮西的时候，故意拖延行军时间。可是军队里有行军记录，日期都清清楚楚，全都符合事实，并无拖延。万俟卨竟然让人篡改行军记录，把日期颠倒过来，作

为案件的证据。

秦桧、万俟卨这样黑白颠倒，大臣们都看不下去了。名将韩世忠本来已经辞官在家，听说岳飞被抓起来，他也坐不住了，找到秦桧，当面质问："说岳飞谋反，有确凿的证据吗？"

秦桧回答说："确凿证据现在还没有发现，但事情恐怕是'莫须有'。"

韩世忠气愤地说："'莫须有'三个字，如何能让天下人心服？"

不但大臣们不服气，老百姓也纷纷抗议，为岳飞鸣冤。秦桧怕事情一拖，越闹越大，不好收场。于是怂恿高宗果断点。不久，高宗就下诏，处死了岳飞父子。

岳飞虽然死了，但他的爱国精神，一直鼓舞着后人。

## 历史考点

名将岳飞，位列南宋"中兴四将"之首。所率"岳家军"号称"冻死不拆屋，饿死不打掳"。金军有"撼山易，撼岳家军难"的评语，以示对岳家军的由衷敬佩。

宋高宗赵构和宰相秦桧一意求和，以"莫须有"（不需要有）的罪名陷害岳飞。1142 年，岳飞遇害。

## 语文考点

### 枕戈待旦

意思是枕着兵器，以待天明。指时刻警惕，连睡觉时也不放松戒备，随时准备着杀敌。

### 厉兵秣马

厉：同"砺"，磨。兵：兵器。秣（mò）：喂牲口。意思是磨好兵器，喂饱战马。形容准备战斗，也比喻事前做好准备工作。

## 诗词里的历史

### 贺新郎·同父见和再用韵答之

（南宋）辛弃疾

老大那堪说。似而今、元龙臭味，孟公瓜葛。我病君来高歌饮，惊散楼头飞雪。笑富贵千钧如发。硬语盘空谁来听？记当时只有西窗月。重进酒，换鸣瑟。

事无两样人心别。问渠侬：神州毕竟，几番离合？汗血盐车无人顾，千里空收骏骨。正目断关河路绝。我最怜君中宵舞，道男儿到死心如铁。看试手，补天裂。

辛弃疾写作此词时，正离职闲居。陈亮（字同父）来看他，共话北伐抗金大业。在词中，辛弃疾既感叹抗金义士们报国无门，又不忘鼓励陈亮：我最佩服你半夜仗剑起舞、壮怀激烈，还说男子汉大丈夫，就算死，北伐抗金的决心也坚定如铁；那么我就等待你大显身手，收复失地、光复神州！

辛弃疾很早便有抗金报国之志。他二十一岁参加义军领袖耿京的部队，宋高宗亲自召见他，盛赞他的才干。但是就在这一年，叛徒张安国杀害了耿京，投降金人。辛弃疾在从临安返回军营的路上，闻知消息，率领五十人就去报仇。

要知道，金军大营足有数万人马，戒备森严，辛弃疾要杀进金营，抓住叛徒张安国并全身而退，这几乎是不可能完成的任务。可是辛弃疾偏偏就这么干了。张安国正在和金军将领喝酒作乐，没想到辛弃疾犹如神兵天降，突然出现，绑起张安国就走，趁乱跑出金营。然后将张安国带到临安，当众处斩。

但是在投降派主导的南宋朝廷里，辛弃疾不被重用，壮志难酬，只能徒呼奈何。

# 66 范成大出使金国

古代南北的距离称袤，东西的距离为广。词语“广袤”，形容非常辽阔。

què
阙

泛指帝王的住所，如“宫阙”。故事中指陵墓前竖立的石雕。

南宋王朝长期处于金国的严重威胁之下。宋高宗朝与金朝外交议和的过程十分复杂，最终以称臣、割地、岁贡等屈辱条件与金朝达成和议。1170 年，南宋名臣范成大出使金国，路过旧都城开封，写下《州桥》一诗。

范成大也是著名诗人，与杨万里、陆游、尤袤合称南宋“中兴四大诗人”。

南宋和金这两国，一直是打一阵子，再和谈一下。但整体上，宋是屈辱的一方。金和宋交换国书的时候，金国使者到南宋，捧着书上殿，南宋皇帝要走下御座来接。到孝宗初年的时候，这些规矩有了一些改变，使者上殿后，让跟从的人把国书进献上来。

后来，孝宗北伐失败了，宰相汤思退主持议和，就又恢复了以前的礼仪。这几年，孝宗有些后悔，希望能改成最初的样子。他贵为一国之君，要对金人毕恭毕敬，实在是憋屈。

要改礼仪，还得谈判。时间到了公元 1170 年，孝宗派范成大出使金国。任务有两个：其一，宋朝的皇陵位于河南巩洛一带，现在被金人占领着，所以，恳请金国归还这一片土地；其二，重新商量一下两国交换国书的礼仪。前一条写在国书里了，后一条，需要范成大自己去积极争取。

就这样，长途跋涉之后，范成大到了金国的占领区。前面就是北宋的旧都东京开封了。可这真是东京吗？为什么这么荒凉？范成大本来很激动，可一看，心情顿时悲怆(chuàng)起来。眼前一片残破，如同废墟。进了城门，他看到的是几堵破墙，风刮过来，尘土也扑面而来。尘土中，走来几个金人模样的人，一问话，才知道是汉人，不过是剃了头而已。

走过一个村庄，碰到几位老人，才确认这里就是曾经的国土，是皇城。老人们看见他穿着汉人官服，全都涌过来，拉着他的手，一路感叹，不停地问："咱们大宋的人马什么时候打回来？皇上什么时候回来啊？"

范成大**百感交集**，却什么也说不出来。他又特意去看了看北宋皇陵。神道前的双阙（què）还在，但大部分遭到了破坏，不是檐角掉了下来，就是檐顶秃了。琉璃斑驳，失去了往日的光彩。野草茂盛，小动物在草丛里乱窜。

"这样子下去真是不行啊。这次一定得要回皇陵，不然再过几年真不知会成什么样子了。"范成大心里想，更觉得责任重大。

到了金廷，范成大秘密撰写了一道奏章，塞在袖子里，来见金世宗完颜雍。

范成大递上国书，一边慷慨地说："我们汉人崇拜祖宗，所以祖宗死后必厚葬。葬后还得定期洒扫，视死如生，不可怠慢。这次我路过东京，看到陵园残破，感觉实在是愧对祖宗。所以，我们要求归还巩洛这一片土地，至少得允许我们去祭拜、洒扫。"

金世宗表示可以商量。范成大又拿出秘密奏章，大步向前，递了上去，说道：

“还有一件事要说。两国既然是叔侄，接受国书的礼仪很不合理，请考虑修改一下。”金世宗一愣，见范成大递奏章，又有点吃惊，还从没见过外国使臣给自己上奏章的，就说道：“你在这里上奏章？不大合适吧？”说完，把奏章扔回去。

范成大也不管那么多，捡起奏章，又递了过去。

金国太子大喝一声：“你再无礼，就拖下去砍了。”金世宗摆摆手，只是叫人把范成大拉了下去。第二天一大早就给了他回书，让他赶紧走。在回书中，金世宗还是那个意思，归还巩洛之地的事可以商量，但礼仪绝不可更改。

范成大的出使就这样结束了。虽然没有达到预期目的，但他的风骨、忠义把金世宗打动了。范成大在途中写下了一首《州桥》诗：“州桥南北是天街，父老年年等驾回。忍泪失声询使者，几时真有六军来？”至今读来，催人泪下。

## 历史考点

南宋“中兴四大诗人”分别是：范成大、杨万里、陆游、尤袤。

## 语文考点

### 几时真有六军来

“州桥南北是天街，父老年年等驾回。忍泪失声询使者，几时真有六军来？”范成大奉命出使金国，将沿途所见所闻所感写成诗篇。这首《州桥》就是其中的一首，是过汴京时所作，表现了沦陷区人民盼望光复的殷切心情，真实感人。

# 蒙古国的兴起与南宋悲歌

在宋金对峙的时候，更北方的草原上发生了一连串深刻的变化。孛儿只斤·铁木真经过一系列战争，统一了蒙古诸部。1206年，他召开大会，建立大蒙古国。诸部为他上尊号“成吉思汗”。

此后，蒙古帝国多次发动对外战争，扩张疆域。1219年，成吉思汗西征中亚花剌子模，一直进攻到东欧的伏尔加河流域。1227年，灭西夏，成吉思汗在这次远征中去世，第三子窝阔台继位。1234年，蒙古灭金。之后蒙古多次对南宋发动战争，持续四十多年。

1260 年，成吉思汗的孙子忽必烈继承汗位，到 1271 年，改国号为元，次年定都大都（今北京）。这就是中国历史上第一个由少数民族贵族为主建立的全国性统一王朝——元朝。

1276 年，元军攻入南宋都城临安，南宋灭亡。1279 年，崖山之战中，南宋残部被灭，元朝完成全国的统一。元朝的版图是我国历史上最大的，它的统一，结束了较长时期的分裂割据局面，为统一多民族国家的进一步发展奠定了基础。

# 67 成吉思汗横空出世

生词学习

áo 翱翔

展翅飞翔。

mán 蛮

粗野，不通情理；鲁莽。

wěi mǐ 萎靡不振

形容精神不振，意志消沉。

jù 飓风

强风暴。

wò 斡难河

河流名。斡，另有词“斡旋”，调解的意思。

铁木真的父亲，本来是蒙古草原上的部落首领，但是被仇人毒死了。所以，从幼年起，铁木真和母亲兄弟就过着苦日子。

当时，札（zhá）达兰部落的首领叫札木合。他和铁木真从小就结为“安答”（义兄弟）。铁木真一家落魄的时候，札木合收留了他们，并且帮助铁木真复仇。两个人的关系非常亲密。长大后，两人又一起合作，消灭了不少其他部落，各自的势力都不断壮大。

但是，**一山不容二虎**，辽阔的大草原只能容纳一只雄鹰翱翔。札木合和铁木真之间有了竞争，昔日的兄弟变成了敌人。札木合很快就被铁木真打败了，只好投奔乃蛮部的太阳汗。太阳汗是当时蒙古高原的一股强大势力。札木合失败后，太阳汗就成了唯一能够对抗铁木真的力量了。所以，其他被铁木真打败的部落，都靠拢到太阳汗这里，希望联合起来，一齐对付铁木真。

公元1204年春天，太阳汗和铁木真的军队，在杭爱山展开对垒。太阳汗狂妄自大，没把铁木真放在眼里。但铁木真不一样，他知道乃蛮强大，所以一直认真思考怎么能打胜这场战争。

“**打草惊蛇**，先吓吓他，看他们怎么反应。”铁木真想到了一个办法。当天晚上，他布置了一个火光阵，安排部分士兵都举着火把。太阳汗一看，以为铁木真要搞夜袭，赶紧都准备起来，兵营里一阵骚动，灯火通明。但是铁木真很快又让士兵们把火灭掉，没动静了。太阳汗看不懂了：不夜袭了？那就接着睡吧。然后铁木真阵营里又亮起火把了……一晚上就这么反反复复，太阳汗的士兵度过了一个很煎熬的夜晚。

第二天天一亮，铁木真就率领部队向太阳汗发动攻击。太阳汗的士兵一晚上没睡好，个个萎靡不振。铁木真带着精兵一阵冲杀，太阳汗这边瞬间**溃不成军**。

铁木真准备一举攻下对方。但他的大将木华黎献上一个计策，说：“咱们昨晚骚扰了太阳汗一个晚上，他们没休息好，今晚肯定挺不住。我们等他们睡熟了，就去劫营。再安排一支人马堵住山口，保管能全歼敌人。”

“好。”铁木真听完，豪爽地哈哈大笑，“这一仗我们要彻底打垮太阳汗，只准进，不准退。”

果然像木华黎预料的那样。晚上，铁木真的士兵偷偷杀到敌人的大营，太阳汗的士兵们睡得正香呢，很多还在睡梦中就被砍杀了。剩下的全都投降了。太阳

汗自己也死于乱兵之中。

不久，札木合被部下出卖，也被送到了铁木真手里。札木合回想起自己的过去，他曾经是铁木真的好兄弟，因为部落利益，两人成了仇人，这些年一直在打仗。自己**节节败退**，铁木真却慢慢征服了蒙古各部落，眼看就要统一蒙古草原了。此时的札木合**羞愧难当**，觉得铁木真才是真正的草原英雄，没脸再见他，请求自杀。铁木真同意了。

障碍都扫除了，1206 年冬天，铁木真在斡难河源召开大会，建立蒙古汗国，即汗位，被尊为“成吉思汗”。

从此，世界上刮起了一股草原骑兵的飓风。

## 历史考点

孛儿只斤·铁木真统一蒙古诸部。1206 年，建立大蒙古国，被尊为“成吉思汗”。

1227 年，蒙古灭西夏。1234 年，蒙古灭金。

## 语文考点

### 上帝折鞭处

公元 1259 年，蒙古几十万人马围攻南宋潼川府路合州钓鱼城，却始终无法攻克。战斗中，蒙古大汗蒙哥也阵亡在城下。之后忽必烈建立元朝，直到 1279 年，南宋灭亡后，忽必烈答应绝不伤害城中百姓，钓鱼城守将才选择投降。弃城后，没有一个人乞求怜悯，守城的三十多名将军全部拔剑自刎，可谓忠烈千秋。因此，钓鱼城也被称为“上帝折鞭处”。

## 68 忽必烈建元

è
怒不可遏

愤怒得不可抑制。比喻愤怒到了极点。遏：阻止、禁止。

páo xiào
咆哮

像猛兽般怒吼。形容人暴怒喊叫，也形容水奔腾轰鸣。

1260 年，成吉思汗的孙子忽必烈登基，成为蒙古帝国的皇帝。

蒙古帝国自从成吉思汗建国以来，还没有一个正式的国号，一直都是用民族名作为国名。忽必烈即位后，仿照汉人的政治制度，开始使用年号“中统”，并且设立了从中央到地方的行政单位和官职，但就是没定国号。

忽必烈不着急，可有人着急。那就是他手下的一帮汉族大臣。一天上朝的时候，一个汉族大臣突然站出来，问忽必烈：“大汗，您只是蒙古草原的主人，还是全天下的主人？”

忽必烈愣了愣，回答：“我是全天下的主人，全天下的君王！”

大臣又问：“那您的统治中心是不是在中原？”

忽必烈迟疑了一会儿说："是的。"

大臣再问："大汗，您从心里说说，是不是您的臣民，汉人居多，而且汉人的制度更能让您的江山传万代？如果是这样的话，您应该赶快确立国号，推行儒家文化，这样才能维系汉民的人心，也有利于打败南宋。"

这话就像凉水滴进了热油锅，顿时就炸开了。一个个蒙古贵族都怒不可遏地跳出来，冲着汉族大臣就是一阵咆哮、训斥。

原来，忽必烈登基之后，越来越多地采用汉人的制度，这让蒙古贵族很不痛快。他们当然要维护自己的传统。而且，他们也怕汉人靠着改革，登上政治舞台，夺走本属于他们的权力。所以，只要有机会，他们就对汉人打击报复。但是这位汉族大臣并不害怕，依然跟忽必烈说："我是为大汗的天下着想啊！您还是赶快下定决心吧！"

忽必烈一直端坐着，等大家不再争吵了，他说："我知道，蒙古传统不能丢。没关系，我们可以保持传统，同时也尊重汉人的传统。但在政治制度方面，还得实行汉人的东西。以后这就是国策！不管是蒙古人，还是汉人，大家都要和平共处！"

大汗都发话了，当然没有人再说什么了。

接着，忽必烈又问："你们说说，我们该取个什么国号好？"

一个大臣说："我看就以'大元'为国号。《易经》中说：'大哉乾元，万物资始，乃统天。'意思就是说，天的大德，是万物的开始和依靠，所以，天子的江山可以永固。而且，元是乾德（元亨利贞）里面最美好的一种品德。这个国号，肯定会得到天下臣民的欢迎！"

他刚说完，其他的汉族大臣也都纷纷说好。

于是，忽必烈改国号为元，就拍板说："好！就以元为国号，我们就是大元！"

就这样，在公元1271年，忽必烈成为元朝的第一位皇帝，后世称他为"元世祖"。元朝建立了，第二年定都于大都（今北京）。

## 历史考点

1271 年，忽必烈取《易经》中“大哉乾元”之义，改国号为“大元”，次年定都大都。

元朝是中国历史上第一个由少数民族贵族为主建立的全国性统一王朝。

## 成语迷宫

沿横向或纵向行走，试着找出迷宫中的全部成语。

| 天 | 川 | 为 | 鹿 | 指 |
|---|---|---|---|---|
| 包 | 平 | 马 | 一 | 窝 |
| 胆 | 小 | 如 | 鼠 | 蛇 |
| 狗 | 饮 | 鱼 | 目 | 惊 |
| 尾 | 水 | 思 | 寸 | 草 |
| 续 | 貂 | 源 | 光 | 打 |

答案：1.胆小如鼠；2.鼠目寸光；3.打草惊蛇；4.蛇鼠一窝；5.指鹿为马；6.一马平川；7.狗胆包天；8.狗尾续貂；9.如鱼饮水；10.饮水思源。

| 二 | 合 | 不 | 鼎 | 七 |
|---|---|---|---|---|
| 为 | 一 | 言 | 九 | 零 |
| 认 | 锤 | 不 | 全 | 八 |
| 不 | 定 | 音 | 四 | 落 |
| 亲 | 次 | 五 | 番 | 三 |
| 六 | 神 | 无 | 主 | 丢 |

答案：1.合二为一；2.一锤定音；3.一言不合；4.一言九鼎；5.丢三落四；6.三番五次；7.五音不全；8.六神无主；9.六亲不认；10.七零八落。

# 69 张世杰与崖山之战

**生词学习**

| bǐng | shì | liáo | huì |
|---|---|---|---|
| 昺 | 昰 | 寥寥 | 晦暗 |
| 明亮，光明。 | 同“是”（多用于人名）。 | （数量）稀少。 | 昏暗，暗淡。 |

公元1276年，南宋都城临安被元军攻占。宋恭帝和谢太后投降，南宋覆亡。但是南宋的反元活动仍在继续着，两位小皇子赵昰和赵昺被救了出来，得到大臣张世杰、陆秀夫、文天祥等人的保护，一路往南逃，最后在广东崖山一带落脚，形成南宋小朝廷。

转眼就是两年多，1279年正月，文天祥不幸被俘了；张世杰率领水军死守崖山。元朝追兵由大将张弘范带领，向崖山发起进攻。

张弘范是汉人，但一直为

元朝服务，有勇有谋，在灭宋的过程中立下不少战功。来到崖山之后，张弘范兵马少，而且不太习惯水战。他觉得不能硬碰，于是派人去劝降。

张世杰是抗元名将，临安城被围的时候，朝廷号召各地军队勤王，但应者寥寥，张世杰便是为数不多的勤王军队之一。从此，张世杰成为南宋军民的主心骨。面对劝降，张世杰当然严词拒绝。

张弘范没办法，只好准备战斗。他去观察张世杰的布阵，发现了一个大问题。只见海面上足有一千多艘船，密密麻麻，面对海面，背靠着山，一字摆开。船和船之间都系着绳索，紧紧连接在一起。四面立起桥楼、栅（zhà）栏，形成了一个自成体系的水寨。中间一条大船，装饰不同一般，想必就是小皇帝的御船了。

张弘范看完，心中大喜。心想：海岸不派重兵守着，我只要占领海岸，他就近不了岸，变成半渡形势。敌人半渡，我出击一定会胜。再者，船和船这样相连，那就成了三国时曹操的赤壁船阵，如果也放一把火，一定全军歼灭。这张世杰，是没读过兵书和战争案例啊？

其实，张世杰早就知道这一点。但他担心连年在海上航行，将士都无依无靠，久了一定会军心离散。当下要紧的是迅速和敌人决出胜负，所以不得已，才做成现在的死守局面。

张弘范立刻派人抢占崖山出海口。但他还是小瞧了张世杰。第二天火攻，一点效果都没有。原来张世杰早有防备，把船身都涂上了灰泥，船舱里准备了黄土，随时灭火。两边又安排士兵拿着长木棍，火船稍稍靠近一点，就被撑开。元军一点便宜也没占到。

张弘范只能退兵，另想办法。月底，元军大批战船赶到，反观南宋这边，残部作战，无援无依，将士们已经疲惫不堪。决战很快展开。

这一天，海面风雨交加，天色晦暗，元军一大早就发动了突然攻击。大家都知道这是最后一战，战斗非常激烈，**短兵相接**，肉搏上阵，场面异常惨烈。

战斗从早上打到黄昏，最终南宋全线溃退，一大批将领投降了。张世杰见形势无法挽回，只能斩断绳索，带领十几艘船突围。但南宋小皇帝乘坐的船只太大了，无法突围。眼看**大势已去**，大臣陆秀夫背着小皇帝投海而死。张世杰虽然突围成功，但心里无限绝望，最后遭遇飓风，溺死了。

张弘范打败了张世杰，灭了南宋，心里很是得意，派人在巨石上刻下了“张弘范灭宋于此”七个大字。后来，有人在前面加了个“宋”字，变成了“宋张弘范灭宋于此”，讽刺张弘范帮助外人打自己的国家。

这几个字一留就是一百年，见证着南宋最后的悲剧一幕。

## 历史考点

1276 年，元军攻占南宋都城临安，南宋覆亡。1279 年，崖山之战，元朝消灭南宋残部，统一全国。

## 语文考点

短兵相接

意思是刀剑相碰。指作战时近距离厮杀。也比喻双方面对面进行尖锐的斗争。

例子：战斗异常残酷，最后两军短兵相接，只有几人幸存下来。

## 诗词里的历史

### 山坡羊·潼关怀古

（元）张养浩

峰峦如聚，波涛如怒，山河表里潼关路。望西都，意踌躇。
伤心秦汉经行处，宫阙万间都做了土。兴，百姓苦；亡，百姓苦。

元朝入主中原的时间不足百年，而这一百年里，称得上政治清明、社会安定的时间非常之少。

元初统治者四处征伐，多次对周边国家如安南、日本等用兵。连年战争，民生凋敝，元政府很快陷入财政困境。百姓负担加重，人民的反抗运动连绵不断。社会矛盾激化，民不聊生。

元朝统治者内部也不稳定，皇族之间争权夺利。朝廷吏治混乱，官僚腐败严重。除此之外，黄河泛滥成灾，无数人民流离失所，食不裹腹，乃至发生易子而食的惨剧。

张养浩是一位正直的汉族知识分子，他深感世道混乱，决意辞官隐居，但是听说朝廷征召他去陕西赈济灾民时，他不顾自己年事已高，毅然赴任。在赴任途中，他写下了这首元曲名作。

“西都”，指长安（今西安），这里是秦朝和汉朝（以及隋唐）的都城所在，曾经最兴盛、最繁荣的一国之中心；如今繁荣褪尽，一片荒凉。作者因此感慨：山峰林立、黄河怒吼，潼关古道，雄伟依旧；但是远望着长安，我不禁心意难平：秦宫汉阙，昔日繁华都化作了一片黄土；朝代兴盛也好，灭亡也罢，受苦受难的都是老百姓啊！

# 10 文天祥慷慨就义

bó
孛罗

人名。

páng huáng
彷徨

表示走来走去，犹豫不决，不知往哪个方向去。也表示坐立不安，心神不定。

有这样一首诗，大家肯定都不陌生：“辛苦遭逢起一经，干戈寥落四周星。山河破碎风飘絮，身世浮沉雨打萍。惶恐滩头说惶恐，零丁洋里叹零丁。人生自古谁无死？留取丹心照汗青。”

这首诗的名字是《过零丁洋》，作者是文天祥。文天祥是南宋末年的大臣，有名的抗元领袖。1278年底，文天祥率领的军队，在广东五坡岭和元军激战，最终失败。文天祥也被俘虏，一起被俘的，还有他的母亲和妻子女儿。

元军主帅张弘范押着文天祥，继续攻打崖山。在经过零丁洋的时候，文天祥写下了这首名作。等到了崖山，张弘范

几次让文天祥写信劝降张世杰。文天祥就又把这首诗写出来，表明自己不屈的决心。张弘范看完，也是非常佩服。

崖山之战后，南宋彻底灭亡，文天祥被押到大都（今北京）。忽必烈很敬佩文天祥的品格，一直想招降他，就把他软禁了起来。忽必烈前前后后安排了五次劝降活动，还发动宋朝旧臣给文天祥写信。但是文天祥都不为所动。

第一次派去劝降的人叫留梦炎，这是南宋的一名宰相。临安城被围的时候，这人投降了元朝。忽必烈以为两人都是状元出身，又都当过宰相，可能会有共同语言。但留梦炎见了文天祥，刚一劝降，文天祥对着他就是一顿怒骂："你这个无耻之徒！我看你死后，有什么脸面去见地下的列祖列宗！"

同事关系不能感动文天祥，那上级总可以了吧。忽必烈派出了被俘虏的南宋恭帝。文天祥一见到这个被废的小皇帝，马上就伏在地上痛哭起来，希望能够重整河山。宋恭帝才九岁，啥也不知道，看到文天祥哭得这么动情，他也跟着哭起来。结果劝降行动一路跑偏，成了感情宣泄大会。

忽必烈没辙，第三次派去的是元朝宰相阿合马、孛罗。这两个人本来是胜利者，去了想羞辱文天祥，结果在文天祥那里碰了一鼻子灰，讨了个没趣。

第四次，忽必烈想用亲情打动文天祥，他让人把文天祥的两个女儿带来，一家人抱头大哭，但文天祥仍然没有动摇、彷徨。

最后一次，忽必烈让文天祥的夫人来劝。文天祥也拒绝了。

忽必烈非常生气，但还是爱惜文天祥，不肯杀他。就一直关押着，一关就是三年。这三年中，文天祥遭受各种痛苦，但是始终坚贞不屈。

到了 1282 年，忽必烈又想起了文天祥，决定亲自出面劝降。忽必烈对他说："你很有骨气，我很欣赏你，只要你投降，像效忠南宋一样效忠于我，我可以任命你为丞相。"

文天祥冷冷地回答说："我是大宋宰相，国家灭亡了，我有责任。我只求快点死，不求荣华富贵。"

忽必烈彻底放弃了招降的念头，不久就下令处死了文天祥。文天祥虽死，但他的骨气，和他的名作《过零丁洋》一样，始终流芳后世。

**历史考点**

张世杰、文天祥、陆秀夫，三人被称为"宋末三杰"。

**语文考点**

汗青

文天祥的名句"人生自古谁无死？留取丹心照汗青"。汗青，指史书、史册。古代以竹简为纸，为了制作竹简，需要先用火把竹里的水分烤干，就像竹子在出汗一样，后世便以"汗青"来指代书籍、史册。

书读完了，
来测验一下你的
学习成果吧！

成语迷宫(10分)。沿横向或纵向行走，试着找出迷宫中的全部成语。

| 待 | 旦 | 在 | 立 | 市 |
|---|---|---|---|---|
| 戈 | 夕 | 危 | 竿 | 若 |
| 枕 | 烛 | 影 | 见 | 庭 |
| 色 | 声 | 斧 | 弄 | 门 |
| 犬 | 动 | 所 | 向 | 班 |
| 马 | 不 | 为 | 披 | 靡 |

成语理解（每题5分）。

1. 成语“桀ào不驯”，“ào”的正确写法是（ ）？

A. 骜　B. 鹜　C. 骛

2. 成语“义愤填膺”中，“膺”的意思是（ ）？

A. 胸腔　B. 承受，接受　C. 打击

3. 与成语“厉兵秣马”中的“秣”，读音相同的是（ ）？

A. 和　B. 末　C. 秩

4. 成语“刚愎自用”中，对“愎”的正确理解是（ ）？

A. 心思复杂　B. 任性，固执　C. 骄傲自大

5. 成语“枕戈待旦”中，“旦”的本义是（ ）？

A. 元旦　B. 胜利　C. 天亮

6. 与成语“人浮于事”，组词结构相同的是（ ）？

A. 溃不成军　B. 形而上学　C. 指日可待

连连看（每题4分）。将历史朝代和对应的都城，正确地连起来。

| | |
|---|---|
| 东晋 | 大都（北京） |
| 唐朝 | 建康（南京） |
| 北宋 | 长安（西安） |
| 南宋 | 开封 |
| 元朝 | 临安（杭州） |

连连看（每题4分）。将下列政权和其建立者的民族，正确地连起来。

| | |
|---|---|
| 北魏 | 蒙古 |
| 辽国 | 女真 |
| 西夏 | 契丹 |
| 金国 | 党项 |
| 元朝 | 鲜卑 |

选择题（每题10分）。

1. 靖康之变中，交战的双方分别是（ ）？

A. 宋和辽　　B. 宋和金　　C. 宋和元

2. 下列与宋太祖赵匡胤直接相关的事件有（ ）？

A. 陈桥兵变　　B. 澶渊之盟　　C. 烛影斧声

你的得分：________

参考答案

成语迷宫：1.烛影斧声；2.马放南山；3.不动声色；4.不为所动；5.所向披靡；6.班门弄斧；7.门庭若市；8.立竿见影；9.枕戈待旦；10.危在旦夕。

成语理解：1.A；2.A；3.B；4.B；5.C；6.A。

选择题：1.B；2.AC。

图书在版编目（CIP）数据

陪孩子玩转中国史．2，宋元简史 / 文海 编著．—北京：东方出版社，2022.3

ISBN 978-7-5207-2465-4

Ⅰ．①陪… Ⅱ．①文… Ⅲ．①中国历史－宋元时期－青少年读物 Ⅳ．① K209

中国版本图书馆 CIP 数据核字（2022）第 002071 号

陪孩子玩转中国史 2：宋元简史
(PEI HAIZI WANZHUAN ZHONGGUOSHI．2，SONG YUAN JIANSHI)

编　　著：文　海
责任编辑：辛春来
策　　划：闫　冬
封面设计：后声文化・胡振宇
美术设计：壹点插画工作室
插画绘制：王梦婕　贾迎欣　刘　冲
艺术指导：李朋威　李春华
出　　版：东方出版社
发　　行：人民东方出版传媒有限公司
地　　址：北京市西城区北三环中路 6 号
邮　　编：100120
印　　刷：三河市嘉科万达彩色印刷有限公司
版　　次：2022 年 3 月第 1 版
印　　次：2022 年 3 月第 1 次印刷
印　　张：24（全六册）
开　　本：700 毫米 ×1000 毫米　1/16
字　　数：350 千字（全六册）
书　　号：ISBN 978-7-5207-2465-4
定　　价：120.00 元（全六册）
发行电话：(010) 85924663　85924644　85924641